中國學術思想 研究輯刊

十二編

林慶彰 主編

第 9 冊

《詩經》男性人物形象研究（下）

譚莊蘭 著

花木蘭文化出版社

國家圖書館出版品預行編目資料

《詩經》男性人物形象研究（下）／譚莊蘭 著 — 初版 — 新
北市：花木蘭文化出版社，2011〔民 100〕
目 4+180 面；19×26 公分
（中國學術思想研究輯刊 十二編：第 9 冊）
ISBN：978-986-254-651-2（精裝）
1. 詩經　2. 男性　3. 形象　4. 研究考訂
030.8　　　　　　　　　　　　　　　　　100015768

ISBN-978-986-254-651-2

中國學術思想研究輯刊
十二編　第九冊　　　　　　　ISBN：978-986-254-651-2

《詩經》男性人物形象研究（下）

作　　者　譚莊蘭
主　　編　林慶彰
總 編 輯　杜潔祥
出　　版　花木蘭文化出版社
發 行 所　花木蘭文化出版社
發 行 人　高小娟
聯絡地址　新北市永和區中正路五九五號七樓
　　　　　電話：02-2923-1455／傳眞：02-2923-1452
網　　址　http://www.huamulan.tw 信箱 sut81518@gmail.com
印　　刷　普羅文化出版廣告事業
封面設計　劉開工作室
初　　版　2011 年 9 月
定　　價　十二編 55 冊（精裝）新台幣 90,000 元

《詩經》男性人物形象研究（下）

譚莊蘭　著

目

次

第三章 《詩經》專有名稱人物形象
——以「彼其之子」、「君子」爲例

第一節 彼其之子

　　《詩經》中出現「彼其之子」的詩篇計有：〈王風・揚之水〉、〈鄭風・羔裘〉、〈魏風・汾沮洳〉、〈唐風・椒聊〉、〈曹風・候人〉等五篇，出現的次數，凡十四次。【參見附表一】。《毛傳》對於「彼其之子」沒有解釋，鄭玄說：「之子，是子也。……，『其』或作『記』，或作『己』，讀聲相似。」〔註1〕季旭昇則將後世對於「彼其之子」中「其」字的說法，綜合歸納分爲三類：一是語詞，舉了孔穎達、馬瑞辰、王引之三人的看法；其二是指稱詞，引了裴學海《古書虛字集釋》的說法；其三則是姓氏。〔註2〕有關「其」字是姓氏的觀點，則有林慶彰提出「彼其之子」的「其」，是姬姓的「姬」；〔註3〕而余培林則認爲「彼其之子」的「其」，是姜姓支出的「己氏」。〔註4〕至於季旭昇則據周代的習慣，男子稱氏，以表明政治所歸屬；女子稱姓，以表明血緣所歸屬，並引《左傳》爲證，而認爲「其」字以作「氏」稱爲宜。另引古文字的資料而判定：畀、其、己、紀是同一國家，所以，季氏提出了「彼其之子」當釋

〔註1〕鄭玄：《毛詩鄭箋》，頁32。
〔註2〕季旭昇：《詩經古義新證》，（台北：文史哲出版社，1995年3月），頁189～196。
〔註3〕林慶彰：〈釋詩彼其之子〉，《詩經研究論集》（二），（台北：臺灣學生書局，1987年9月），頁389～393。
〔註4〕余培林：〈詩經成語試釋〉，《慶祝莆田黃天成先生七秩誕辰論文集》，（台北：文史哲出版社，1991年6月），頁28。

爲「那個量（其、紀、己）氏之子」的說法。〔註5〕

　　三說中，前二者的缺點，林、余二人已分析得很清楚，所以，龍宇純則針對余、季二人說法之缺失，提出幾點看法，首先，他說：「所謂男子稱氏不稱姓，當於作爲私名時言之，若詩人對某人的泛指，自又別論；不然等於說周人不可以說他姓姬，恐怕沒有這個道理。」〔註6〕又「如女子稱姓不稱氏，而余文所舉《左傳》卻有『從己氏』的說法。可見此一論點，並不生效力。」〔註7〕其二：「銅器銘文中量國的量可以作其，也可以作己，與《詩經》『彼其之子』的『其』看不出有何必然的關係，無論量國與周室的關係如何友善，也無論銅器出土分布情況與王、鄭五國地域如何一致，恐都不能構成必須讀爲量的『絕對因』。」〔註8〕其三：「余、季二文，以『其』爲己氏，既有異文作『己』的直接證據，……，然而經傳異文也有作『記』字的，爲銅器銘文所不見，所顯示的眞相，恐仍屬書字重音的習慣，未必即以量、其、己爲『本字』；『本字』理亦不應有三種不同，並作記與紀者計之，竟至多達五種。另一方面，恆見於銅器銘文所謂『本字』的『量』，於經傳異文則不一見；而所謂量、其、己即《春秋》、三《傳》中的紀國，此一紀字亦不一見於『彼其之子』的經傳異文。這些現象都表示，從異文談『其』字的取義，對於己氏的說法，不必都是正數。」〔註9〕

　　至於林慶彰以彼其之子諸句，出現於王、鄭、魏、唐、曹諸風。諸國皆姓姬。其他各國皆無彼其之子的句子，證明彼其之子的其，應該是姬姓的姬的說法，龍宇純則以其縝密的邏輯推理，提出了他的看法：「出現『彼其之子』的詩句都屬姬姓國，無疑爲林文讀其爲姬的有利條件。但『彼留之子』與〈揚之水〉『彼其之子』同見於〈王風〉，『留』則明非此一地區的『國』姓；而不屬於姬姓的國家，若齊、秦、陳、檜，又不見有同其國姓的『彼某之子』的句子，可見林主讀爲姬，並不具充分條件，初不過可作如是觀而已。然而，『彼其之子』只出現於姬姓的國風，非姬姓國風則絕不見『彼其之子』的語句；也就是說，林的主張並沒有反證，所以仍屬有效。」〔註10〕除此之外，龍宇

〔註5〕　季旭昇：《詩經古義新證》，頁 194～212。
〔註6〕　龍宇純：《絲竹軒詩說》，頁 198。
〔註7〕　龍宇純：《絲竹軒詩說》，頁 198～199。
〔註8〕　龍宇純：《絲竹軒詩說》，頁 199。
〔註9〕　龍宇純：《絲竹軒詩說》，頁 199～200。
〔註10〕　龍宇純：《絲竹軒詩說》，頁 199。

純還根據文字學的觀念說明:「『其』本是箕字,聲韻調三者與姬字全同,說以為假借,稀鬆尋常便可以交代。或者有人會懷疑,『彼其之子』既是『彼姬之子』,何以姬字都要用假字,經傳中一個姬字的異文都沒有?關於這一點,我有另外的想法,這實在不是一般的『假借』,而是詩人故意的選用同音字,因為照〈詩序〉的說法,這五首詩都是用來諷刺政情的。……,諷刺人挖苦人,總以不著痕跡為好;在君擅重權的古代,恐怕尤其有此需要。……,於是利用諧音之法,以逃刑誅,一人創意,而眾人傚之。凡刺詩的姬字都為『其』,其緣故大概就在『其』字通常用為語辭,容易推得乾淨。」〔註11〕

是以,本研究即採「彼其之子」即是「彼姬之子」的說法,以觀〈王風・揚之水〉、〈鄭風・羔裘〉、〈魏風・汾沮洳〉、〈唐風・椒聊〉、〈曹風・候人〉這五篇,所呈現的「彼其之子」各是何種形象。

一、〈王風・揚之水〉

揚之水,不流束薪。彼其之子,不與我戍申。懷哉懷哉!曷月予還歸哉?(一章)

揚之水,不流束楚。彼其之子,不與我戍甫。懷哉懷哉!曷月予還歸哉?(二章)

揚之水,不流束蒲。彼其之子,不與我戍許。懷哉懷哉!曷月予還歸哉?(三章)

《詩序》:「〈揚之水〉刺平王也,不撫其民,而遠屯戍于母家,周人怨思焉。」〔註12〕《毛傳》:「平王母家申國,在陳鄭之南,迫近彊楚,王室微弱,而數見侵伐,王是以戍之。」〔註13〕方玉潤更進一步闡述:「夫周轍既東,楚實強盛,京洛形勢,左據成皋,右控崤函,背枕黃河,面俯嵩高,則申、甫、許,實為南服屏蔽,而三國又非楚敵,不得不戍重兵,以相保守,然後東都可以立國。觀於三國吳魏相持,兩家重鎮,必屯襄樊,則往事可知,平王此時不申、甫、許之是戍,而何戍耶?其所以至民怨嗟,見諸歌詠而不已者,以徵調不均、瓜代又難必耳。」〔註14〕周之盛也,諸侯聽役于王室,無敢違命,

〔註11〕龍宇純:《絲竹軒詩說》,頁203。
〔註12〕鄭玄:《毛詩鄭箋》,頁31～32。
〔註13〕鄭玄:《毛詩鄭箋》,頁32。
〔註14〕方玉潤:《詩經原始》,頁432。

及其衰也，雖令而不至。〔註15〕是故，詩人以為姬姓之人戌守母家，理應動用其「姬姓」部隊，今則反是，因此深感不平，而作為此詩。〔註16〕所以，〈揚之水〉三章首二句，皆以激揚的水開頭，卻流不動成束成捆的薪、楚、蒲，暗示「彼其之子」在此詩中是個權大勢大的形象，就連周室也差使不動他，拿他沒辦法，導致其他戌者產生不平之鳴。

二、〈鄭風・羔裘〉

羔裘如濡，洵直且侯。彼其之子，舍命不渝。（一章）

羔裘豹飾，孔武有力。彼其之子，邦之司直。（二章）

羔裘晏兮，三英粲兮。彼其之子，邦之彥兮。（三章）

《詩序》：「〈羔裘〉刺朝也，言古之君子以風其朝焉。」〔註17〕朱熹《詩經集註》認為：「蓋美其大夫之辭」，〔註18〕馬瑞辰《毛詩傳箋通釋》也以為：「古人服其服，則必其德能稱之。……此詩『羔裘如濡』即言『洵直且侯』，二章『羔裘豹飾』即言『孔武有力』，蓋以羊有五善，豹有力而勇猛亦取德稱其服之義。」〔註19〕馬氏前二句所言甚是，但因此詩強調「彼其之子」，若用德能稱服而美之，在此則頗有不妥。誠如朱鶴齡《詩經通義》所說：「《詩》所稱彼其之子，如〈王風・揚之水〉，〈魏風・汾沮洳〉，〈唐風・椒聊〉，〈曹風・候人〉，皆刺；則此詩恐非美之，三章末二句皆有責望之意，若曰彼其之子果能稱是服而無愧否乎？」〔註20〕龍宇純認為「彼其之子」是當時的姬姓貴族，並以為：「所謂『舍命不渝』，不過言其理當如此，而實則不然；其他『邦之司直』、『邦之彥兮』，也都是挖苦人的話。諷刺人挖苦人，總以不著痕跡為好；在君擅重權的古代，恐怕尤其有此需要。」〔註21〕據此，此詩當以刺為主，亦即《詩序》所言：「〈羔裘〉刺朝也。言古之君子，以風其朝

〔註15〕何楷：《詩經世本古義》，卷十九下，頁 629。

〔註16〕龍宇純：《絲竹軒詩說》，頁 200。

〔註17〕鄭玄：《毛詩鄭箋》，頁 35。

〔註18〕朱熹：《詩經集註》，頁 41。

〔註19〕馬瑞辰：《毛詩傳箋通釋》，頁 81。

〔註20〕朱鶴齡：《詩經通義》，《文津閣四庫全書》經部・詩類 29，（北京：商務印書館，2005 年），卷三，頁 236。

〔註21〕龍宇純：《絲竹軒詩說》，頁 203。

焉。」〔註22〕或當以合龍、朱二人所說：要諷刺人挖苦人，總以不著痕跡為好，故以「彼其之子」混淆視聽，看是美之，實則刺之，為一反語，說其果能稱其服而無愧乎？所以，「彼其之子」在此詩中的形象是個德不稱服的形象。〈候人〉詩云：「彼其之子，不稱其服」，是從威儀與等級身分不合，而對「彼其之子」進行批評；《左傳‧僖公二十四年》，曾記鄭國公子子臧喜歡戴鷸鳥羽毛製成的冠。鄭文公很厭惡這種奇裝異服，便派人殺掉了他。也曾引詩：「『彼其之子，不稱其服』，子臧之服不稱也。」〔註23〕對此，左氏更評述說：「服之不衷，身之災也」。〔註24〕足見周代對於服飾與其身分是否相襯，相當重視。

三、〈魏風‧汾沮洳〉

　　彼汾沮洳，言采其莫。彼其之子，美無度；美無度，殊異乎公路。
　　（一章）

　　彼汾一方，言采其桑。彼其之子，美如英；美如英，殊異乎公行。
　　（二章）

　　彼汾一曲，言采其藚。彼其之子，美如玉；美如玉，殊異乎公族。
　　（三章）

《詩序》：「〈汾沮洳〉刺儉也。其君儉以能勤，刺不得禮也。」〔註25〕《孔疏》：「作〈汾沮洳〉詩者，刺儉也，其君好儉而能勤躬自采菜，刺其不得禮也。」〔註26〕姚際恆則駁之曰：「《序》謂『刺儉』，此蒙上篇之誤而為說也。」〔註27〕何楷亦強調：「從來未聞有國人斥其君為『彼其之子』者。」〔註28〕今觀〈汾沮洳〉一詩，全詩三章，每章前二句為興，言魏地之人，生活條件極差，〔註29〕在汾河的旁邊採摘野菜，而「彼其之子」卻修飾無度，過著浮靡的生活，一點

〔註22〕鄭玄：《毛詩鄭箋》，頁35。
〔註23〕左丘明著，杜預集解，竹添光鴻會箋：《左傳會箋》，頁494～495。
〔註24〕左丘明著，杜預集解，竹添光鴻會箋：《左傳會箋》，頁494。
〔註25〕鄭玄：《毛詩鄭箋》，頁44。
〔註26〕孔穎達：《毛詩正義》，頁363。
〔註27〕姚際恆：《詩經通論》，頁124～125。
〔註28〕何楷：《詩經世本古義》，卷十九下，頁628。
〔註29〕朱熹《詩經集註》：「其地陋隘，而民貧俗儉。」屈萬里也云：「魏詩多怨怒之音，一片政亂國危現象。」（分見朱熹：《詩經集註》，頁50。屈萬里：《詩經詮釋》，頁181。）

也不關心人民生活疾苦，一點憂患意識都沒有，無怪崔述說：「魏當春秋以前，其君大夫已無遠慮，而但以修飾儀容爲事，植基本不深固，故其亡也忽焉。」〔註30〕是以，〈汾沮洳〉一詩當如屈萬里所言：「此蓋刺某大夫愛修飾之詩。」〔註31〕所以，「彼其之子」在此詩中的形象是個過度打扮，只管個人，一點都不關心民間疾苦的貴族，還比不上那些掌君路車〔註32〕、掌君兵車〔註33〕、掌君宗族的大夫們。〔註34〕

四、〈唐風·椒聊〉

椒聊之實，蕃衍盈升。彼其之子，碩大無朋。椒聊且！遠條且！

（一章）

椒聊之實，蕃衍盈匊。彼其之子，碩大且篤。椒聊且！遠條且！

（二章）

《詩序》：「〈椒聊〉刺晉昭公也，君子見沃之盛彊，能脩其政，知其蕃衍盛大，子孫將有晉國焉。」〔註35〕《孔疏》：「作〈椒聊〉詩者，刺晉昭公也，君子之人見沃國之盛彊，桓叔能脩其政教，知其後世稍復蕃衍盛大，子孫將并有晉國焉，昭公不知，故刺之。」〔註36〕嚴粲云：「此詩言桓叔之彊，而不及昭公；其意則憂昭公之弱，而非主桓叔；言在此而意在彼也。」又說：「桓叔日彊，昭公其危哉！爲告昭公，故稱桓叔爲彼也。」〔註37〕龍宇純也認爲：「〈椒

〔註30〕崔述：《讀風偶識》，《續修四庫全書》經部詩類 64（上海：上海古籍出版社，2002 年據清道光四年陳履和刻崔東壁遺書本影印原書版），卷三，頁280。

〔註31〕屈萬里：《詩經詮釋》，頁 184。

〔註32〕「公路」，《孔疏》：「公路與公行一也。以其主君路車，謂之公路；主兵車之列者，則謂之公行，正是一官也。」（語見孔穎達：《毛詩正義》，頁364。）

〔註33〕「公行」，朱熹《詩經集註》：「公行，即公路也。以其主兵車之行列，故謂之公行也。」即屈萬里所謂：「掌戎車之官。」（分見朱熹：《詩經集註》，頁 50。屈萬里：《詩經詮釋》，頁 185。）

〔註34〕「公族」，鄭玄《毛詩鄭箋》：「公族，主君同姓昭穆也。」即屈萬里所謂：「掌君宗族之官。」

（分見鄭玄：《毛詩鄭箋》，頁 45。屈萬里：《詩經詮釋》，頁 185。）

〔註35〕鄭玄：《毛詩鄭箋》，頁 48。

〔註36〕孔穎達：《毛詩正義》上，頁 385。

〔註37〕嚴粲：《詩緝》，《文津閣四庫全書》經部·詩類 25，（北京：商務印書館，2005年），卷十一，頁 635～636。

聊〉詩言桓叔將取昭公而代之，詩人當然更不敢明目張膽，說得露骨。於是利用諧音之法，以逃刑誅。」〔註38〕故〈椒聊〉全詩二章，每章首二句以「椒聊之實，蕃衍盈升」，「椒聊之實，蕃衍盈匊」起興，而以「彼其之子，碩大無朋」，「彼其之子，碩大且篤」言桓叔之強盛。是以，〈椒聊〉一詩中「彼其之子」是個勢力龐大足以威脅君王的貴族。

五、〈曹風‧候人〉

　　彼候人兮，何戈與祋。彼其之子，三百赤芾。（一章）

　　維鵜在梁，不濡其翼。彼其之子，不稱其服。（二章）

　　維鵜在梁，不濡其咮。彼其之子，不遂其媾。（三章）

　　薈兮蔚兮，南山朝隮。婉兮孌兮，季女斯飢。（四章）

《詩序》：「〈候人〉刺近小人也，共公遠君子，而好近小人焉。」〔註39〕《毛傳》：「候人，道路送賓客者，……，言賢者之官，不過候人。」〔註40〕姚際恆則駁之甚詳，姚氏曰：「《毛傳》謂候人為『賢者』，似鹵莽。或謂候人即在『三百赤芾』之中，然詩明有兩『彼』字，亦非，按此亦興意，言彼候人尚何戈與祋，任其職則必供其事，彼『三百赤芾』者何為耶？」〔註41〕言候人之官，雖是個小小的官職，但是，仍盡忠職守，而「彼其之子」卻如「維鵜在梁，不濡其翼」，「維鵜在梁，不濡其咮」，在其位而不做事，徒領乾薪，所以，在〈候人〉一詩中的「彼其之子」是個尸位素餐、德不稱服的形象。

　　綜上所述：「彼其之子」在〈王風‧揚之水〉、〈鄭風‧羔裘〉、〈魏風‧汾沮洳〉、〈唐風‧椒聊〉、〈曹風‧候人〉等五篇中的形象，分別是：在〈王風‧揚之水〉中是個權大勢大的形象，就連周室也差使不動他，拿他沒辦法；在〈鄭風‧羔裘〉中是個德不稱服的形象；在〈魏風‧汾沮洳〉中是個過度打扮，只管個人，一點都不關心民間疾苦的貴族形象；在〈唐風‧椒聊〉中是個勢力龐大足以威脅君王的貴族；在〈曹風‧候人〉中則是個尸位素餐，德不稱服的形象。

〔註38〕龍宇純：《絲竹軒詩說》，頁203。
〔註39〕鄭玄：《毛詩鄭箋》，頁58。
〔註40〕鄭玄：《毛詩鄭箋》，頁58。
〔註41〕姚際恆：《詩經通論》，頁155。

第二節　君　子

「君子」一詞，根據王澤民在〈「君子」考釋〉一文中指出：

> 「君子」一詞，最早出現在《書・酒誥》中：「庶士有正越爾庶伯
> 君子，其爾典聽朕教。」這段話是周公對受封貴族的教典。由於
> 接受教典的貴族不是某一特定人物，而是眾多受封貴族，所以，
> 周公不能單稱「某君」、「某子」稱謂，只能將君與子並在一起，
> 用以泛指各受封貴族。……，從周初使用的情況來看，它的內容
> 還是指實性的，即它指認的對象仍是君統人物。《尚書》之中，君
> 子凡四見，一次在〈酒誥〉中，是周公對受封者的教典；一次在
> 〈無逸〉中，是周公對成王的訓導；一次在〈秦誓〉中，是秦穆
> 公自指；只〈召誥〉中「百君子」所指不確，爭議性較大，但仍
> 不出君統範圍。〔註42〕

由上述而知，周初的「君子」所指，可以是一個多數，並不一定是單指某一
人，但其共同的地方即是，「君子」所指的對象是屬「君統人物」，也就是所
謂的統治階級，換言之，「君子」一詞從周朝開始，就一直穿梭、活躍在中國
的政治舞台中。

而《詩經》時代，出現的這眾多「君子」，其意義所指，朱東潤於〈國風出
於民間論質疑〉一文中即云：「君子二字在《詩》三百五篇之時代，爲統治階級
之通稱，上自天子、諸侯，下至卿、大夫、士，皆可稱君子。」〔註43〕李衛軍・
李齊鑫將其歸納爲以下幾類：一、周王或各國諸侯；二、有德之貴族青年；三、
對丈夫或情人的愛稱；四、尸位素餐之當政者；五、帶兵之將軍；六、以君子
喻女子。〔註44〕而林葉連則將君子身分無爭議者，分爲：一、天子（13 篇）；
二、諸侯（8篇）；三、官員（17篇）；四、將士（3篇）；五、無官（1篇）；六、
高尚道德者（2篇）；七、貴族青年（1篇）；八、遺佚的賢才（1篇）；九、不
特指某人（3篇）；十、特指某人但身分不詳（1篇）。〔註45〕以上所言或異或同，
或簡或繁。

〔註42〕 王澤民：〈「君子」考釋〉，《文史知識》，（1996 年 12 月），頁 21。

〔註43〕 朱東潤：〈國風出於民間質疑〉，《詩三百篇探故》，（台北：漢京文化事業有限
公司，1984 年 2 月），頁 35。

〔註44〕 李衛軍・李齊鑫：〈從詩經中的君子形象看周人的人格追求〉，《商丘職業技術
學院學報》，（2005 年第一期第四卷），頁 43。

〔註45〕 林葉連：〈詩經中的「君子」身分〉，《輔仁國文學報》，（2006 年 1 月），頁 58。

又據林葉連的研究經驗,《詩經》篇章主旨及詩中「君子」,所指的人物往往有多種說法,無庸置疑地,這種紛亂現象是「廢《詩序》的後果。」〔註46〕是以,吾人試以《毛詩序》、朱熹《詩經集註》、屈萬里《詩經詮釋》、朱守亮《詩經評釋》、余培林《詩經正詁》等對有關「君子」詩篇之解題爲主要資料【參見附表二】,再旁參姚際恆《詩經通論》、方玉潤《詩經原始》等,以解讀「君子」在各詩篇中所代表的身分爲何,並助清楚呈現「君子」在各詩篇中所扮演的角色。

《詩經》中的人物形象相當鮮活,其中出現「君子」的詩篇,共有 61 篇。而「君子」一詞在《詩經》中凡 180 見【參見附表三】,除一般人稱代詞「彼」出現 306 次,「其」出現 502 餘次外,〔註47〕在稱謂中「君子」是出現頻率最高的,於此可見周人對君子的鍾愛。然而 61 篇有關「君子」的詩中,有的「君子」形象十分豐富,有的則是相當單薄,甚至有的則只是稱呼,「君子」並非詩中的主角,是以,本節擬將〈衛風‧淇奧〉、〈秦風‧小戎〉、〈終風〉、〈曹風‧鳲鳩〉、〈小雅‧南山有臺〉、〈蓼蕭〉、〈瞻彼洛矣〉、〈裳裳者華〉、〈桑扈〉、〈采菽〉、〈大雅‧旱麓〉、〈假樂〉、〈泂酌〉、〈卷阿〉等十四篇,君子較具形象者,作爲研究「君子」形象之詩篇,試圖從這十四篇中探究「君子」之形象,並從其中探索詩人如何形塑君子形象。

一、〈衛風‧淇奧〉

瞻彼淇奧,綠竹猗猗。有匪君子,如切如磋,如琢如磨。瑟兮僴兮,赫兮咺兮。有匪君子,終不可諼兮。(一章)

瞻彼淇奧,綠竹青青。有匪君子,充耳琇瑩,會弁如星。瑟兮僴兮,赫兮咺兮。有匪君子,終不可諼兮。(二章)

瞻彼淇奧,綠竹如簀。有匪君子,如金如錫,如圭如璧。寬兮綽兮,猗重較兮。善戲謔兮,不爲虐兮。(三章)

《詩序》:「〈淇奧〉,美武公之德也。有文章,又能聽其規諫,以禮自防,故能入相于周,美而作是詩也。」〔註48〕孔穎達亦曰:「作〈淇奧〉詩者,美武公之德也。既有文章,又能聽臣友之規諫,以禮法自防閑,故能入相於周

〔註46〕林葉連:〈詩經中的「君子」身分〉,頁 56。
〔註47〕李衛軍‧李齊鑫:〈從詩經中的君子形象看周人的人格追求〉,頁 43。
〔註48〕鄭玄:《毛詩鄭箋》,頁 25。

為卿士，由此故美之而作是詩也。」〔註49〕屈萬里更引徐幹《中論》云：「昔衛武公年過九十，猶夙夜不怠，思聞訓道。……，衛人誦其德，為賦〈淇奧〉。」〔註50〕由上述而知，詩中所描繪的「有匪君子」，當是指衛武公。

〈淇奧〉一詩，全詩三章，首二句皆以美盛的綠竹起興，而詩三章則從不同的角度讚美衛武公之德。一章言其修養之勤、進德之精、容貌之莊、威儀之盛。二章於容貌威儀外，又言服飾之盛，內德外文，相得益彰。卒章言其德業有成，故能汪汪有容，雖居相位，而幽默有趣，親切有味。〔註51〕

是以詩中除了藉由美盛的綠竹興起斐然的君子外，還使用了許多的比喻技巧，貼切具體地將這位有德的君子呈現於讀者面前。首先將這位君子在修養品德，鑽研學問方面，以治骨角玉石為喻，需經用心地切磋琢磨，〔註52〕方能成為文章斐然的君子，以見其進德修業所下功夫之深。也因為內德美盛，而其所呈現出來外在的威儀則更是顏色矜莊，有威嚴，明德外現的。〔註53〕

接著，從外在服儀的角度來描繪，這位君子雙耳所戴的是晶瑩的美石，〔註54〕而頭上所戴的皮弁中縫，飾結之玉，閃爍如星。〔註55〕服飾之美盛、

〔註49〕孔穎達：《毛詩正義》，頁214～215。

〔註50〕屈萬里：《詩經詮釋》，頁100。

〔註51〕余培林：《詩經正詁》上冊，頁161。

〔註52〕《毛傳》：「治骨曰切，象曰瑳，玉曰琢，石曰磨。」孔穎達進一步闡釋：「〈釋器〉云：『骨謂之切，象謂之磋，玉謂之琢，石謂之磨。』孫炎曰：『治器之名。』則此謂治器加功而成之名也。故《論語》注云：『切磋琢磨以成寶器』，是也。」（分見鄭玄：《毛詩鄭箋》，頁25。孔穎達：《毛詩正義》，頁217。）

〔註53〕《毛傳》：「瑟兮，顏色矜莊；僴兮，容裕寬大；赫兮，明德外見；咺兮，威儀宣著，有斐然文章之君子盛德之至如此，故民稱之終不可以忘兮。」孔穎達進一步闡釋：「此四者，皆言內有其德，外見於貌，大同而小異也。『瑟，矜莊』，是外貌莊嚴也。『僴，寬大』，是內心寬裕。『赫，有明德赫然』，是內有其德，故發見於外也。『咺，威儀宣著』，皆言外有其儀，明內有其德。故〈釋訓〉與〈大學〉皆云：『瑟兮僴兮，恂慄也。赫兮咺兮，威儀也。』以瑟、僴者，自矜持之事，故云『恂慄也』，言其嚴峻戰慄也。赫、咺者，容儀發揚之言故言『威儀』也。其實皆是威儀之事，但其文互見，故分之。」（分見鄭玄：《毛詩鄭箋》，頁25。孔穎達：《毛詩正義》，頁217。）

〔註54〕《毛傳》：「充耳或謂之瑱。琇瑩美石也，天子玉瑱，諸侯以石。」陸景琳《詩經服飾研究》中則進一步說明：「充耳琇瑩所指為充耳下端所懸之瑱，為晶瑩之美石。充耳又可稱瑱，以玉石製作，象徵諸侯之身分與品德。」（分見鄭玄：《毛詩鄭箋》，頁25。陸景琳《詩經服飾研究》，頁25。）

〔註55〕《毛詩鄭箋》：「會謂弁之縫中，飾之以玉，皪皪而處，狀似星也」。《孔疏》引《周禮‧弁師》云：「王之皮弁，會五彩玉琪。《注》云：會，縫中也。皮弁之縫中，每貫結五彩玉十二以為飾，謂之綦。《詩》云：『會弁如星』又曰：

合禮，所襯托出來外在的威儀也是顏色矜莊，有威嚴，明德外現的，可謂德服相稱矣。〔註56〕

此外，又連用「如金如錫，如圭如璧」四個比喻，以承首章「如切如磋，如琢如磨」，以比喻君子德器已成，前後呼應，詩意連貫。最後，將君子之舉止剪影特寫鏡頭，落在倚靠在車子兩輢旁立木，〔註57〕顯現出其恢宏寬大的氣質風度；而其言談之間，常發揮他的幽默風趣，得體但不過分，分寸拿捏得很好，顯見君子之德已日臻完美的境界。〔註58〕方玉潤《詩經原始》對此評之甚詳，方氏云：「德容根乎心性，內美既充，外容必盛，未有德成睟然而不見面盎背者。故但卽威儀動靜間，已知其學之日進無疆也，始雖瑟僴赫咺，猶有矜嚴之心，終乃寬兮綽兮，絕無勉強之迹，故篇末又言及善謔以見容止，語默無不雍容中道，詩之摹寫有道，氣象可謂至矣。」〔註59〕可見內德之美不是一蹴可幾的，須經日積月累，精進不已而成，且內德既成，威儀自然外顯，非矯揉造作可成，因爲一動一靜之間即可察知，所謂相由心生矣。

二、〈秦風·小戎〉

小戎俴收，五楘梁輈，游環脅驅，陰靷鋈續，文茵暢轂，駕我騏馵。
言念君子，溫其如玉。在其板屋，亂我心曲。（一章）

『其弁伊騏』是也。此云武公所服非爵弁，是皮弁也，皮弁而言會，與〈弁師〉皮弁之會同，故云謂弁之縫中也。」陸景琳闡述更詳：「由於皮弁是由數塊鹿皮縫合而成，必然有針線綴連的痕跡，鹿皮間的縫隙稱爲『會』，『會』爲中縫，以絲線縫合，繫結使其牢固，故會爲弁縫，其中有結，可以爲飾，與〈召南·羔羊〉：『羔羊之縫，素絲五總』之義同。〈衛·淇奧〉：『會弁如星』，所指如星之會，則爲皮弁中縫，飾結之璱玉，士之皮弁有結而無玉飾。故本詩舉中縫之『會』而連言如星之璱飾。」（分見鄭玄：《毛詩鄭箋》，頁25。孔穎達：《毛詩正義》，頁218。陸景琳：《詩經服飾研究》，頁24〜25。）

〔註56〕 朱熹：《詩經集註》：「以竹之堅剛茂盛，興其服飾之尊嚴，而見其德之稱也。」（語見朱熹：《詩經集註》，頁28。）

〔註57〕 「猗重較兮」，屈萬里《詩經詮釋》：「猗，讀爲倚，憑也。較，車兩輢（車箱兩旁立板）旁立木也；以其高出式上，故曰重較。」（語見屈萬里：《詩經詮釋》，頁101。）

〔註58〕 孔穎達《毛詩正義》：「言有匪然文章之君子，謂武公，器德已成，練精如金錫。道業既就，琢磨如圭璧。又性寬容兮，而情綽緩兮，既外脩飾而內寬弘，入相爲卿士，倚此重較之車兮，實稱其德也，又能善戲謔兮，而不爲虐兮，言其張弛得中也。」（語見孔穎達：《毛詩正義》，頁219）

〔註59〕 方玉潤：《詩經原始》，頁385〜386。

四牡孔阜，六轡在手。騏駵是中，騧驪是驂。龍盾之合，鋈以觼軜。

言念君子，溫其在邑。方何爲期？胡然我念之？（二章）

俴駟孔群，厹矛鋈錞。蒙伐有苑，虎韔鏤膺。交韔二弓，竹閉緄縢。

言念君子，載寢載興。厭厭良人，秩秩德音。（三章）

《詩序》：「〈小戎〉，美襄公也。備其兵甲，以討西戎。西戎方彊，而征伐不休，國人則矜其車甲，婦人能閔其君子焉。」〔註60〕屈萬里認爲：「此武人出征，其婦念之之詩。」〔註61〕朱守亮亦認爲：「此夫出征，其婦念之之詩。」〔註62〕余培林則駁《序》曰：「『備其兵甲，以討西戎』及『婦人能閔其君子』數語尚合詩義，其他不僅有乖詩義，亦不合『美襄公』之旨，是自爲抵捂也。」「此秦大夫遠征西戎，其婦念之之詩。」〔註63〕余氏之說是也。朱熹闡述更詳：「西戎者，秦之臣子所與不共戴天之讎也。襄公上承天子之命，率其國人往而征之，故其從役者之家人，先誇車甲之威如此，而後及其私情，蓋以義興師，則雖婦人亦知其勇於赴敵而無怨矣。」〔註64〕是故，此詩所美之君子或是隨襄公討西戎之大夫，而其婦則因夫出征而思念之。

〈小戎〉一詩，全詩三章，每章前十句。每章前六句寫兵車、戰馬、武器等武事，後四句則寫思念征夫之情，並讚美之。一章主寫車乘，二章主寫馬及其飾，末章寫兵器，井然不亂。〔註65〕余培林評論此詩曰：「三章皆有『言念君子』則此一語當是全詩之重心。其寫思念之情，一章曰『亂我心曲』，似有『無那金閨萬里愁』；二章曰『胡然我念之』，似『不思量，自難忘』；末章曰：『厭厭良人，秩秩德音』，則又似『東方千餘騎，夫婿居上頭』矣。前六句充滿殺伐之氣，後四句則又柔情萬種，如此一剛一柔，而以『言念君子』一語，貫通上下，融而爲一，了無斧鑿之迹，的是奇筆。」〔註66〕余氏所評，可謂一語中的。

是以，〈小戎〉一詩，所塑造的君子是透過婦人的口吻，婦人一方面藉由想像來描述其夫在沙場上的表現，一方面則寫其思念丈夫之情，而其夫之所

〔註60〕鄭玄：《毛詩鄭箋》，頁51。

〔註61〕屈萬里：《詩經詮釋》，頁217。

〔註62〕朱守亮：《詩經評釋》，頁350。

〔註63〕余培林：《詩經正詁》上冊，頁350。

〔註64〕朱熹：《詩經集註》，頁59。

〔註65〕余培林：《詩經正詁》上冊，頁351。

〔註66〕余培林：《詩經正詁》上冊，頁351。

以能爲婦人日夜思念，蓋因這位君子有美好的品德。是以，此詩中君子美好的品德表現於兩方面，其一是奔赴沙場，爲國效忠。其二則是其溫和柔順的對待，讓婦人眷戀不已，更加使婦人捨不得其夫過著起居不寧的生活。〔註67〕而君子在戰場上的表現，詩人並非從衝鋒陷陣、殺伐敵人這方面來呈現，詩中亦無血腥慘烈畫面的描繪，而是透過兵甲、車馬之盛來表現秦軍之威武雄壯，君子的英勇善戰。是故此詩中的君子有剛強爲國的一面，也有溫柔爲情的一面，一剛一柔間更現男人魅力之所在，無怪乎其婦人爲之傾倒。

三、〈秦風・終南〉

> 終南何有？有條有梅。君子至止，錦衣狐裘。顏如渥丹，其君也哉！
> （一章）
>
> 終南何有？有紀有堂。君子至止，黻衣繡裳。佩玉將將，壽考不亡。
> （二章）

《詩序》：「〈終南〉，戒襄公也。能取周地，始爲諸侯，受顯服，大夫美之，故作是詩以戒勸之。」〔註68〕朱熹《詩經集註》：「此秦人美其君之辭」，〔註69〕余培林《詩經正詁》則以爲：「《集傳》之說是也，但所謂秦人當是秦大夫，秦之庶民百姓固不能爲之。而由詩文『君子至止』一語觀之，當指秦襄公亦無可疑，……，蓋襄公始有其地也」，〔註70〕余氏之說是也。故〈終南〉當是秦大夫美秦襄公之詩。而此處之君子，即爲秦襄公矣。

　　觀〈終南〉一詩，二章首二句分別以「終南何有？有條有梅」，「終南何有？有紀有堂」起興，象徵萬物各得其所。而首章讚美其服飾之盛，並以「其君也哉」表達發自內心的讚美之情。二章則除了讚美其服飾之盛外，尚以「佩玉將將」表現襄公的行止得宜，德稱其服，〔註71〕最後則以「壽考不亡」表

〔註67〕「載寢載興」，余培林：「《箋》：『此閔其君子寢起之勞。』《集傳》：『言思之深而起居不寧也。』按此句鄭指君子而言，朱指念君子者而言，義皆可通。但一章『溫其如玉』，二章『溫其在邑』，皆指君子，不應此章獨異，故鄭說爲長。」（語見余培林：《詩經正詁》上冊，頁350。）余氏推論有理，但若將其指爲婦人捨不得其夫過著起居不寧的生活，則義更順矣。

〔註68〕鄭玄：《毛詩鄭箋》，頁52。

〔註69〕朱熹：《詩經集註》，頁61。

〔註70〕余培林：《詩經正詁》，頁356。

〔註71〕「佩玉將將」，《禮記・玉藻》曰：「古之君子必佩玉，右徵角，左宮羽。趨以采齊，行以肆夏，周還中規，折還中矩，進則揖之，退則揚之，然後玉鏘鳴

達對君子深深的祝福，所謂「欲其居此位，服此服，長久而安寧也」。〔註72〕

是故，在〈終南〉一詩中，其摹寫君子形象的方式是首先藉由「終南何有？有條有梅」，「終南何有？有紀有堂」起興，象徵萬物各得其所，並引起秦襄公著顯服的盛德君子形象。〔註73〕接著描繪秦襄公穿著狐裘，外面再加上錦衣這樣的諸侯之服，〔註74〕並搭配邊邊繡著幾何圖案為裝飾的黼黻服，〔註75〕整個人的面色看起來紅潤如厚漬之丹，身上佩玉，發出鏘鏘的玉佩聲，顯示行止得宜，德稱其服的君子形象。

也。故君子在車則聞鸞和之聲，行則鳴佩玉，是以非辟之心，無自入也。」又曰：「君子無故，玉不去身，君子於玉比德焉。」（語見阮元校勘：《十三經注疏・禮記》，卷三十，頁 563～564。）所以本詩以佩玉描寫諸侯服飾之盛，鏘鏘玉鳴意指其人行止有威儀，德稱其服。《詩》中對「佩玉」之形容，多為讚美佩玉之人，德與玉相得益彰，此篇亦然。

〔註72〕 朱熹：《詩經集註》，頁 61。

〔註73〕 孔穎達云：「終南之大山之上何所有乎？乃有條有梅之木，以興彼盛德人君之身何所有乎？乃宜有榮顯之服。然山之高大之故，宜有茂木，人君以盛德之故宜有顯服，若無盛德，則不宜矣。」（語見孔穎達：《毛詩正義》，頁 425。）

〔註74〕 《毛傳》：「錦衣，采色也；狐裘，朝廷之服。」《鄭箋》：「至止者，受命服於天子而來也。諸侯狐裘錦衣以禩之。」（語見鄭玄：《毛詩鄭箋》頁 52。）《禮記・玉藻》：「君衣狐白裘，錦衣以禩之……。錦衣狐裘，諸侯之服也。」（語見阮元校勘：《十三經注疏・禮記》，卷三十，頁 558。）

〔註75〕 第二章之「黻衣繡裳」，《毛傳》：「黑與青謂之黻；五色備謂之繡。」《孔疏》：「〈考工記繢人〉文也。鄭於《周禮》之注差次章色。黻皆在裳，言黻衣者，衣大名，與繡裳異其文耳。」胡承珙《毛詩後箋》：「黻衣，猶言袞衣。」馬瑞辰《毛詩傳箋通釋》：「《爾雅・釋言》：『黼黻，彰也』又曰：『袞，黻也』是《論語》『而致美乎黻冕』，黻冕猶言袞冕。此詩『黻衣繡裳』猶〈九罭〉詩『袞衣繡裳』，袞衣與黻衣皆通，言章服耳。」故黻衣繡裳應為袞衣繡裳，而陸景琳認為「黻衣繡裳」指袞冕服，袞服有黼純，則黼黻二章並非只繡於下裳，應為刺繡之緣飾，以朱、玄色之絲繒繡黼黻幾何文，遍於衣裳之緣。陸景琳並綜合〈考工記・畫繢〉、《尚書・益稷》《孔疏》、《周禮・司服》〈賈疏〉、阮元《揅經室集・釋黻》、屈萬里《書傭論學集・釋黹屯》、王宇清《冕服服章之研究》、王關仕《儀禮服飾考辨》、沈從文編著《中國古代服飾研究》等有關黼黻的說法，而認為：「黼黻文可能為花紋的通稱，一開始是並列的，由形式、色彩不同的正方或三角形幾何迴旋文組成，排列於衣、裳、蔽膝的邊緣作為裝飾；隨著絲繡技術的進步，逐漸擴散成為刺繡龍、鳳、虎、獸等花紋的對稱架構；也因為服制的改變，黼黻文也逐漸佚失其原本的形狀，而被漢儒所謂的斧形、兩己相背之形所取代。」（以上所引分見鄭玄箋注：《毛詩鄭箋》，頁 52。孔穎達：《毛詩正義》，頁 427。胡承珙：《毛詩後箋》，卷十一，頁 283。馬瑞辰：《毛詩傳箋通釋》，頁 119。陸景琳：《詩經服飾研究》，頁 138～139。）

〈終南〉詩中,雖僅短短十二句,卻能藉由衣服、顏色、配飾、步伐來塑造秦襄公德服相稱,威儀尊嚴的完美君子形象。故孔穎達亦云:「襄公自王朝至止之時,何所得乎?受得錦衣狐裘而來。既受顯服,德亦稱之,其顏色容貌赫然如厚漬之丹,其儀貌尊嚴如是,其人君之度也哉!」〔註76〕

四、〈曹風・鳲鳩〉

鳲鳩在桑,其子七兮。淑人君子,其儀一兮。其儀一兮,心如結兮。
（一章）

鳲鳩在桑,其子在梅。淑人君子,其帶伊絲。其帶伊絲,其弁伊騏。
（二章）

鳲鳩在桑,其子在棘。淑人君子,其儀不忒。其儀不忒,正是四國。
（三章）

鳲鳩在桑,其子在榛。淑人君子,正是國人。正是國人,胡不萬年！
（四章）

《詩序》:「〈鳲鳩〉,刺不壹也。在位無君子,用心之不壹也。」〔註77〕屈萬里認爲:「此蓋曹人美其某在位者之詩。」〔註78〕余培林則駁《序》曰:「詩明言『其儀一兮』,《序》反曰『刺不壹』,是知其說不足取也。」〔註79〕又云:「《詩》曰『其儀伊絲,其弁伊騏』,又曰:『正是四國』,由此觀之,此詩當是曹人頌美天子之公卿之詩。」〔註80〕應以余氏之說爲長。〈鳲鳩〉是曹人頌美天子公卿之詩。

〈鳲鳩〉一詩,全詩四章,一章讚美淑人君子的品德;二章讚美淑人君子的服飾;三、四章則讚美其才能。

是以,此詩中的理想君子,詩人先言鳲鳩之子有七,而其心則一,以象徵淑人君子雖有四國之子民,而其儀則一,其心如結,公正而無偏私,故能爲四國之人之法則也。〔註81〕可知淑人君子的行爲舉止是合法度的,前後一

〔註76〕孔穎達:《毛詩正義》,頁425。
〔註77〕鄭玄:《毛詩鄭箋》,頁59。
〔註78〕屈萬里:《詩經詮釋》,頁257。
〔註79〕余培林:《詩經正詁》上冊,頁415。
〔註80〕余培林:《詩經正詁》上冊,頁415。
〔註81〕余培林:《詩經正詁》上冊,頁416。

致，堅持原則，就像「物之固結而不散」。〔註82〕二章以下，述鳲鳩之子或在梅，或在棘，或在榛，正象徵君子之子民遍及四國也。〔註83〕接著，則從服飾來描繪，君子所穿戴的是素絲，滾朱綠邊之大帶，〔註84〕及以白色鹿皮上面綴滿玉所製成的帽子，〔註85〕儀態莊重威嚴。淑人君子的行為舉止除了堅持原則之外，也沒有任何的差錯，因此，可以作為四方之民的典範。因為具有以上三個特點，所以，詩人不由得讚嘆這位淑人君子真是全國人民的好榜樣，他的品德聲譽可以流傳萬世呀！

方玉潤評此詩曰：「〈鳲鳩〉，追美曹之先君德足正人也。」「詩詞寬博純

〔註82〕 朱熹：《詩經集註》，頁 69。

〔註83〕 余培林：《詩經正詁》上冊，頁 416。

〔註84〕 「其帶伊絲」，《鄭箋》：「其帶伊絲，謂大帶也。大帶用素絲，有雜色飾焉。」按大帶之形制，以絲製成。《禮記・玉藻》：「大夫大帶四寸：雜帶，君朱綠，大夫玄華，士緇辟二寸，再繚四寸。」「天子素帶朱裡終辟」「而（諸侯）素帶終辟，大夫素帶辟垂，士練帶率下辟，居士錦帶，弟子縞帶。並紐約，用組。」陸景琳則以為此詩之「絲帶」，為諸侯素絲，滾朱綠邊之大帶。以帶之有結，象徵其人「心如結兮」。（以上所引分見鄭玄：《毛詩鄭箋》，頁 59。阮元校勘：《十三經注疏・禮記》，卷三十，頁 560～561。陸景琳：《詩經服飾研究》，頁 85。）

〔註85〕 「其弁伊騏」，《毛傳》：「騏，綦文也。弁，皮弁也。」《鄭箋》：「騏當作琪。以玉為之。」）《孔疏》：「《夏官・弁師》云：『王之皮弁，會五彩玉璂』，〈注〉云：『會，縫中也。璂，結也。皮弁之縫中，每貫結五采玉以為飾，謂之綦。引此詩云：『其弁伊綦』。……如彼周禮之文，諸侯皮弁有綦玉之飾，此云『其弁伊騏』，知騏當作璂，以玉為之。」「〈顧命〉云：『四人騏弁執戈』，〈注〉云：『青黑曰騏』……〈弁師〉注云：『士之皮弁之會無結飾』，以士之皮弁無玉綦飾，故知〈顧命〉士之騏弁，正是弁作青黑色，非綦玉之皮弁矣。……綦，常服也，此言諸侯常服，故知騏當作璂。」陸景琳：「《毛傳》以為騏為綦文，《孔疏》申之，以騏弁為有青黑色文采之皮弁；《鄭箋》則認為騏弁即會縫中飾有綦玉之皮弁。馬瑞辰《毛詩傳箋通釋》引《說文》：『騏，青驪文如博棋也。』又曰：『璂，弁飾也，往往置玉也。』又曰：『〈繫傳〉云：綴玉於武冠，若棋子之布列也。是則馬文如博棋者，謂之騏；弁飾如博棋者，謂之璂。』則騏弁為『弁飾如棋』，與『會弁如星』義同。按騏弁為上有弁飾之皮弁，皮弁之形式如前所述，為白色鹿皮弁。考《周禮》並無青黑色之騏弁，士之所服，亦為白色之皮弁，但無璂飾。據《詩》文，服此『其弁伊騏』之人，可『正是四國』，所服滿綴璂玉者為皮弁，皮弁為王朝朝服之首服，如前述，則正可代表其為王朝公卿之身分。又『其帶伊絲，其弁伊騏』，璂為皮弁之結飾，絲帶又結繫於腰中，兩者都為有結之物，正好與上章『其儀一兮，心如結兮』相應；既以服飾述其儀態，又藉此隱喻其心。」（以上所引分見鄭玄：《毛詩鄭箋》，頁 59。孔穎達：《毛詩正義》，頁 477～478。陸景琳：《詩經服飾研究》，頁 21～22。）

厚,有至德感人氣象外,雖表其儀容,內實美其心。」〔註86〕蓋此詩所呈現的君子,是以服能稱其德來讚美淑人君子。

五、〈小雅・南山有臺〉

南山有臺,北山有萊。樂只君子,邦家之基;樂只君子,萬壽無期。
（一章）

南山有桑,北山有楊。樂只君子,邦家之光;樂只君子,萬壽無疆。
（二章）

南山有杞,北山有李。樂只君子,民之父母;樂只君子,德音不已。
（三章）

南山有栲,北山有杻。樂只君子,遐不眉壽;樂只君子,德音是茂。
（四章）

南山有枸,北山有楰。樂只君子,遐不黃耇;樂只君子,保艾爾後。
（五章）

《詩序》:「〈南山有臺〉,樂得賢也。得賢則能爲邦家立太平之基矣。」〔註87〕朱守亮認爲:「此頌德祝壽之詩。」〔註88〕余培林則認爲《詩序》之說立意甚善,然篇中不見得賢之意,得賢顯非詩旨也。而贊同朱善《詩說解頤》之說,余氏曰:「《詩說解頤》此人臣頌美其君之辭。然詩曰『邦家之基』、『邦家之光』,則此君當是邦國之諸侯,而非天子也。」〔註89〕以余氏之說爲長。是故合朱、余二人之說,〈南山有臺〉當是頌美某諸侯有壽、有德、有後之詩。

　　〈小雅・南山有臺〉一詩,全詩五章,一、二章讚其功;三章美其德;四、五章則皆祝福語,願其所美的君子有壽、有德、有後,層次井然。

　　而詩人所歌頌的君子形象又是爲何,首先每章首二句皆以「南山有……,北山有……」起興,臺萊桑楊等各有其用,此象徵邦國人才濟濟。山有草木,則生機旺盛,此象徵邦國基礎穩固,國力深厚。〔註90〕因爲人才濟濟,又能

〔註86〕　方玉潤:《詩經原始》,頁658~659。
〔註87〕　鄭玄:《毛詩鄭箋》,頁73。
〔註88〕　朱守亮:《詩經評釋》,頁482。
〔註89〕　余培林:《詩經正詁》下冊,頁51~52。
〔註90〕　余培林:《詩經正詁》下冊,頁52。

適才適用，〔註 91〕所以，國家基礎穩固，國力深厚，這位君子自然能成爲人民眼中的國家的根基、國家的光榮、人民的父母，是人民極爲依賴及信賴的人。所以，人民希望這樣的君子可以常保青春，萬歲長壽，使其美名廣爲流傳，並希望他的子子孫孫能繼續綿延下去，家族興旺，嗣息綿長。可見詩人所歌頌的這位君子是個人民擁戴的仁德君主。

六、〈小雅・蓼蕭〉

蓼彼蕭斯，零露湑兮。既見君子，我心寫兮。燕笑語兮，是以有譽處兮。（一章）

蓼彼蕭斯，零露瀼瀼。既見君子，爲龍爲光。其德不爽，壽考不忘。（二章）

蓼彼蕭斯，零露泥泥。既見君子，孔燕豈弟。宜兄宜弟，令德壽豈。（三章）

蓼彼蕭斯，零露濃濃。既見君子，鞗革忡忡。和鸞雝雝，萬福攸同。（四章）

《詩序》：「〈蓼蕭〉，澤及四海也。」〔註 92〕孔穎達進一步闡述：「作者以四海諸侯朝王而得燕慶，故本在其國蒙澤，說其朝見光寵。」〔註 93〕朱熹《詩經集註》則曰：「諸侯朝於天子，天子與之燕，以示慈惠，故歌此詩。」〔註 94〕但余培林則認爲：「以天子所作以美諸侯，衡之『爲龍爲光』諸語，似有未合；且凡《詩》言『未見君子』、『既見君子』，『我心』如何，其『君子』身分，皆較『我』（作者）爲高，依朱子之說，適得其反。」〔註 95〕余氏所言甚是。至於是否爲天子與諸侯宴飲之詩，觀此詩中並未提及與宴飲有關之名物，是故，〈蓼蕭〉應是諸侯朝天子，而頌美天子之詩。而詩中的君子，指的是天子。

〈小雅・蓼蕭〉一詩，全詩四章，每章首二句蓼蕭被露起興，以象徵率

〔註 91〕孔穎達：「言南山所以得高峻者，以南山之上有臺，北山之上有萊，以有草木而自覆蓋，故能成其高大。以喻人君所以能令天下太平，以人君所任之官有德，所治之職有能，以有賢臣各治其事，故能致太平。」（語見孔穎達：《毛詩正義》，頁 614。）

〔註 92〕鄭玄：《毛詩鄭箋》，頁 73。

〔註 93〕孔穎達：《毛詩正義》，頁 617。

〔註 94〕朱熹：《詩經集註》，頁 88。

〔註 95〕余培林：《詩經正詁》下冊，頁 57。

土王臣，廣蒙王澤。〔註96〕第三句「既見君子」以下，除了首章的「我心寫兮」是描寫諸侯的個人感受之外，其他皆是描繪君子之言。一章言君子安樂笑語之狀。二章讚君子品德完美無差忒。〔註97〕三章言君子安樂和易，善待兄弟。〔註98〕末章則以車馬之盛襯托其德之美。

　　是以，〈小雅・蓼蕭〉一詩所呈現的君子是個有美德，澤被四海的好國君形象。而其美德，詩人先從其談吐描繪起，君子言談之間，流露出落落大方，和藹可親的樣子，和他相處非常自在舒暢，〔註99〕所以，此次的朝見氣氛很好，大家都很愉樂。〔註100〕君子還加恩寵加光榮給諸侯，〔註101〕君子之德無有差忒，所以能享有長壽。君子常保持著快樂又和易的心情及態度，又能善待其兄弟，不猜忌，有這麼好美德的人一定可以享有長壽。除了從談吐、涵養來呈現君子的美德之外，還從君子車馬之盛來襯托。君子所乘之車馬，馬行時，彎頭上的裝飾會發出鏘鏘的聲音，〔註102〕還有車上的鈴聲也是一直響個不停，這麼一個威儀有節的君子，上天一定會給予萬福的。

七、〈小雅・瞻彼洛矣〉

　　瞻彼洛矣，維水泱泱。君子至止，福祿如茨。韎韐有奭，以作六師。

〔註96〕余培林：《詩經正詁》下冊，頁57。

〔註97〕「其德不爽」，余培林：「爽，《毛傳》：『差也。』句言其德無有差忒。」（語見余培林：《詩經正詁》下冊，頁54。）

〔註98〕「宜兄宜弟」，余培林：「宜兄宜弟，猶言宜其兄弟也。……，《集傳》曰：『宜兄宜弟，猶曰宜其家人。蓋諸侯繼世而立，多疑忌其兄弟，如晉詛無畜群公子，秦鍼懼選之類。故以宜兄宜弟美之。』」（語見余培林：《詩經正詁》下冊，頁55。）

〔註99〕「我心寫兮」，余培林：「此『寫』字即〈邶風・泉水〉『以寫我憂』之寫，清除舒洩之意。今猶稱逍遙舒適曰寫意。我心寫兮，即我心舒暢也。」（語見余培林：《詩經正詁》下冊，頁54。）

〔註100〕「是以有譽處兮」，余培林：「譽，蘇轍《詩集傳》：『譽、豫通。凡《詩》之譽皆言樂也。處，《集傳》：『安樂也。』按譽處義近，猶愉樂也。」（語見余培林：《詩經正詁》下冊，頁54。）

〔註101〕「爲龍爲光」，余培林：「《毛傳》：『龍，寵也。』句言君子加恩寵加光榮於我也。」（語見余培林：《詩經正詁》下冊，頁54。）

〔註102〕「鞗革忡忡」，余培林：「邵瑛《說文解字群經正字》以爲鞗之正字當作鎥。《說文》：『鎥一曰轡首銅也。』革，《爾雅・釋器》：『轡首謂之革。』《傳》同。忡忡，與《周頌・載見》『鞗革有鶬』之有鶬義同，鞗革聲也。轡首爲近馬首部分，以金爲飾，馬行則鏘鏘有聲，故曰『鞗革忡忡』。此言君子之車飾也。」（語見余培林：《詩經正詁》下冊，頁55。）

（一章）

瞻彼洛矣，維水泱泱。君子至止，鞸琫有珌。君子萬年，保其家室。

（二章）

瞻彼洛矣，維水泱泱。君子至止，福祿既同。君子萬年，保其家邦。

（三章）

《詩序》：「〈瞻彼洛矣〉，刺幽王也。思古明王能爵命諸侯，賞善罰惡焉。」〔註103〕朱熹《詩經集註》：「此天子會諸侯於東都，以講武事，而諸侯美天子之詩。」〔註104〕余培林則駁之甚詳，余氏以爲：「朱說較《序》爲勝，然謂『會諸侯於東都』，則地與事皆有未合。洛水在西都，不在東都，此地未合也；會諸侯無需作六師，此事未合也。《箋》曰：『時有征伐之事』是矣。詩之首章末語曰：『以作六師』，二章末語曰：『保其家室』，卒章末語曰：『保其家邦』。合此三語以觀，則詩義自得矣。……，至於『作六師』之天子，當以宣王較合。」〔註105〕屈萬里則認爲：「此頌美周王之詩。」〔註106〕然余氏又曰：「末句『以作六師』，不僅爲此章之重心，亦爲全詩之重心。二、三章末語『保其家室』、『保其家邦』爲祝頌語，實亦爲『作六師』之目的，否則『君子萬年』一語已足，何必再作此贅語？三百篇中祝頌之詩多矣，獨此詩有此二語，則尤可見其非僅作祝頌之用。」〔註107〕是以，此詩當是君王爲保其家邦而作六師，故詩人頌美之。

〈小雅‧瞻彼洛矣〉一詩，全詩三章，一章先祝後頌，頌美其服儀及作爲六軍統帥身分的相稱；二章先頌後祝，頌美其佩刀；末章則全爲祝福語。

此詩每章首二句皆以「瞻彼洛矣，維水泱泱」起興，興起渾然雄壯的氣象，有了這樣氣勢磅礡的背景，其所描繪的人物當然也是氣勢非凡。這位君王所穿著的皮革蔽膝鮮紅耀眼，〔註108〕所佩的刀鞘用玉裝飾得很漂亮，〔註109〕但這

〔註103〕鄭玄：《毛詩鄭箋》，頁104。
〔註104〕朱熹：《詩經集註》，頁125。
〔註105〕余培林：《詩經正詁》下冊，頁247。
〔註106〕屈萬里：《詩經詮釋》，頁414。
〔註107〕余培林：《詩經正詁》下冊，頁247。
〔註108〕「韎韐」，《毛傳》：「韎韐者，茅蒐染草也。一曰韎韐，所以代鞸也。」（語見鄭玄：《毛詩鄭箋》，頁104。）《孔疏》：「〈駁異義〉云：『其體合韋爲之。』此韎韐是蔽膝之衣耳。」（語見孔穎達：《毛詩正義》，頁857～858。）「有奭」，《孔疏》：「奭者，赤貌」（語見孔穎達：《毛詩正義》，頁856。）由上而之知：「韎韐有奭」，是指用紅色皮革所做成的蔽膝。

位君子絕非虛有其表，因爲其所率領的六軍，[註110] 實力也是非常雄厚的，能夠保衛家邦。所以，詩人對其有至高無上的禮讚，希望「君子萬年」，所擁有的福祿多到享用不完。

八、〈小雅・裳裳者華〉

> 裳裳者華，其葉湑兮。我覯之子，我心寫兮；我心寫兮，是以有譽處兮。（一章）
>
> 裳裳者華，芸其黃矣。我覯之子，維其有章矣；維其有章矣；是以有慶矣。（二章）
>
> 裳裳者華，或黃或白。我覯之子，乘其四駱；乘其四駱，六轡沃若。（三章）
>
> 左之左之，君子宜之。右之右之，君子有之。維其有之，是以似之。（四章）

《詩序》：「〈裳裳者華〉，刺幽王也。古之仕者世祿，小人在位，則讒諂並進，棄賢者之類，絕功臣之世焉。」[註111] 然觀全詩，無一刺字。朱熹《詩經集註》：「此天子美諸侯之辭。」[註112] 朱守亮：「此天子美某在位賢良之詩。」[註113] 余培林曰：「『美諸侯』則是矣，是否爲天子所作，則未敢遽定，……，此詩乃美某君子允文允武，故能嗣續祖考之詩。」[註114] 按此詩當是美某位諸侯，允文允武、才德兼備，故能嗣續祖考之詩。

〈小雅・裳裳者華〉一詩，全詩四章，前三章首二句皆以茂盛的花葉起興，[註115] 象徵君子的才德並茂，並將其才德分述於前三章，一章述君子讓

[註109]　「韠琫有珌」，余培林《詩經正詁》：「戴震《毛鄭詩考正》：『刀室曰削（俗作鞘），室口之飾曰琫，下末之飾曰珌。』按〈大雅・公劉〉『韠琫有刀』《傳》：『下曰韠，上曰琫。』珌，《毛鄭詩考正》：『文飾貌。』有珌，猶珌然。」（語見余培林《詩經正詁》下冊，頁246。）

[註110]　《毛傳》：「天子六軍。」（語見鄭玄：《毛詩鄭箋》，頁104。）

[註111]　鄭玄：《毛詩鄭箋》，頁104。

[註112]　朱熹：《詩經集註》，頁125。

[註113]　朱守亮：《詩經評釋》，頁642。

[註114]　余培林：《詩經正詁》下冊，頁250。

[註115]　「裳裳者華」，馬瑞辰：「裳，與常字同，《說文》：『常，或作裳。』是也。《廣雅》：『常常，盛也。』」（語見馬瑞辰：《毛詩傳箋通釋》，頁226。）故「裳裳者華」即言茂盛的花。

人有舒暢、安樂的感受；二章述君子有法則，〔註116〕有福慶；三章言其御術之精；四章則言其有好的輔佐者，〔註117〕故能嗣續祖考。

　　是以，〈小雅‧裳裳者華〉一詩中塑造了一個才德並茂的的君子形象，而其才德表現在三方面：一是其由內而發的氣質，讓人看了之後有種舒暢、安適的感覺；其二是做事有法則，行爲舉止合禮、合法度；其三是駕御技術的精良，並凸顯出君子身分的尊貴非凡；因爲有這種看了讓人安心，做事使人放心，才德兼備、允文允武的君子，再加上有優秀的輔佐者，所以，能嗣續祖先之大業。

九、〈小雅‧桑扈〉

　　　　交交桑扈，有鶯其羽。君子樂胥，受天之祜。（一章）

　　　　交交桑扈，有鶯其領。君子樂胥，萬邦之屏。（二章）

　　　　之屏之翰，百辟爲憲。不戢不難，受福不那。（三章）

　　　　兕觥其觩，旨酒思柔。彼交匪敖，萬福來求。（四章）

《詩序》：「〈桑扈〉，刺幽王也。君臣上下，動無禮文焉。」〔註118〕然觀全詩無一刺字。朱熹《詩經集註》：「此亦天子燕諸侯之詩」〔註119〕屈萬里：「此頌美天子之詩。」〔註120〕朱守亮：「此天子燕諸侯之詩。」〔註121〕余培林則合朱、屈二人之說，而以爲：「此詩當是天子燕諸侯，諸侯頌美天子之詩。」〔註122〕由詩文觀之，當以余氏之說爲長。而詩中之「君子」身分，指的是「天子」。〔註123〕

〔註116〕屈萬里：《詩經詮釋》：「章，猶法則也；謂動容周旋中禮也。」（語見屈萬里：《詩經詮釋》，頁415。）

〔註117〕「左之左之，君子宜之。右之右之，君子有之」，屈萬里：《詩經詮釋》：「左，右，與〈商頌‧長發〉『實左右商王』之左右同義；左，佐，古通用；右，佑，古通用；皆助也。故左右，猶言輔翼也。《說文》：『宜，所安也。』宜之，即安之。有，親也。」（語見屈萬里：《詩經詮釋》，頁416。）馬瑞辰亦曰：「左之右之，宜從錢澄之說，謂左輔右弼君子。」（語見馬瑞辰：《毛詩傳箋通釋》，頁226。）

〔註118〕鄭玄：《毛詩鄭箋》，頁105。

〔註119〕朱熹：《詩經集註》，頁126。

〔註120〕屈萬里：《詩經詮釋》，頁417。

〔註121〕朱守亮：《詩經評釋》，頁645。

〔註122〕余培林：《詩經正詁》下冊，頁253。

〔註123〕余培林：「詩曰：『萬邦之屏』，『百辟爲憲』，諸侯恐不足以當之。」（語見余培林：《詩經正詁》下冊，頁253。）故所指當是天子。

〈小雅・桑扈〉一詩，全詩四章，一章言君子受福；二章言君子可安邦；三章言君子品德；四章言君子不倨傲，所以得萬福。

是以〈小雅・桑扈〉一詩，前二章首二句以桑扈有鶯其羽、有鶯其領起興，以象徵君子文采斐然。〔註124〕所以，此詩所塑造的是一個斐然有文采的君子，他的心情一直保持著和樂的狀態，他是全國人民的屏障，是國家的棟樑，因爲有他，才使天下平安無事。他的態度是那麼的和順、敬謹，〔註125〕他的所作所爲又是那麼的合禮，天下人都以他爲效法的對象，〔註126〕所以，他能受到上天所賜的大福。而今大家可以拿著牛角做成的酒杯，喝著很甘美的酒，〔註127〕都是因爲他的態度不倨傲，〔註128〕所以能聚萬福於一身，〔註129〕天下人也能分享幸福。可見這次的宴會，洋溢著嚴肅中又帶點幸福和樂的氣氛。

十、〈小雅・采菽〉

采菽采菽，筐之筥之。君子來朝，何錫予之？雖無予之，路車乘馬；又何予之？玄袞及黼。（一章）

觱沸檻泉，言采其芹。君子來朝，言觀其旂。其旂淠淠，鸞聲嘒嘒。載驂載駟，君子所屆。（二章）

赤芾在股，邪幅在下。彼交匪紓，天子所予。樂只君子，天子命之；樂只君子，福祿申之。（三章）

維柞之枝，其葉蓬蓬。樂只君子，殿天子之邦。樂只君子，萬福攸同。平平左右，亦是率從。（四章）

〔註124〕《毛傳》：「鶯然有文章。」（語見鄭玄：《毛詩鄭箋》，頁105。）余培林認爲：「《傳》意鶯爲文采貌，有鶯猶鶯然。句言桑扈之羽文采鮮盛。」（語見余培林：《詩經正詁》下冊，頁251。）故以此象徵君子文采斐然。

〔註125〕「不戢不難」，屈萬里：「馬瑞辰謂：『戢，當讀爲濈，和也。難，當讀爲戁，敬也。』按二『不』字當讀爲丕。」（語見屈萬里：《詩經詮釋》，頁417。）

〔註126〕「百辟爲憲」，屈萬里：「辟，君也。憲，法也。」（語見屈萬里：《詩經詮釋》，頁417。）

〔註127〕「旨酒思柔」，屈萬里引馬瑞辰說：「思，語詞。柔，嘉，善也。」（語見屈萬里：《詩經詮釋》，頁418。）

〔註128〕「彼交匪敖」，屈萬里：「《經義述聞》云：『彼，亦匪也；交，亦敖也。』謂不傲慢。」（語見屈萬里：《詩經詮釋》，頁418。）

〔註129〕「萬福來求」，屈萬里：「《經義述聞》云：『求，與逑同。逑，聚也。』」（語見屈萬里：《詩經詮釋》，頁418。）

汎汎楊舟，紼纚維之。樂只君子，天子葵之。樂只君子，福祿膍之。

優哉游哉，亦是戾矣。（五章）

《詩序》：「〈采菽〉，刺幽王也。侮慢諸侯，諸侯來朝，不能錫命以禮，數徵會之，而無信義，君子見微而思古焉。」〔註130〕然觀詩文，與《詩序》所言正好相反，故知《序》說不可採。而方玉潤《詩經原始》云：「此固是西周聖王，諸侯來朝，加以錫命之詩。」〔註131〕屈萬里也認爲：「諸侯朝見天子，詩人作此以頌美之。」〔註132〕屈、方二人之說是也。故詩中的君子是指來朝的諸侯。

〈小雅・采菽〉一詩，全詩五章，一章言君子來朝，天子將賜予路車乘馬，〔註133〕玄袞及黼。〔註134〕二章述君子來朝之時，其車馬之美。三章言天子又賜予赤芾、邪幅，〔註135〕但君子得此恩寵賞賜，卻無任何驕傲之態。四章言君子之功，能鎮撫天子之邦。五章言君子深獲天子器重賞識，〔註136〕君臣關係融洽。

〈小雅・采菽〉一詩，前二章首二句之「采菽」、「采芹」，即爲興起下面的「君子來朝」，〔註137〕而君子來朝的目的即是爲了接受天子的賞賜，天子準備賜予君子四馬及諸侯座車，還有畫有卷龍的黑色袞衣，而下裳則有黑白相次文，滾邊繡成斧形的樣子。君子來朝時的盛況又如何呈現，從遠遠地就看到旗海飄

〔註130〕鄭玄：《毛詩鄭箋》，頁109。

〔註131〕方玉潤：《詩經原始》，頁982～983。

〔註132〕屈萬里：《詩經詮釋》，頁430。

〔註133〕「路車乘馬」，余培林引《公羊・昭公二十五年》何休注曰：「天子大路，諸侯路車，大夫大車。」而認爲「路車」，諸侯之車也。「乘馬」，四馬也。（語見余培林：《詩經正詁》，頁277。）

〔註134〕「玄袞」，《毛傳》：「卷龍也」，《鄭箋》：「玄衣而畫以卷龍也。」「黼」，《毛傳》：「白與黑謂之黼。」《詩經集註》：「黼，如斧形，刺之於裳也。」（分見鄭玄：《毛詩鄭箋》，頁109。朱熹：《詩經集註》，頁130。）按「玄袞及黼」，即指君子上衣穿著畫有卷龍的黑色袞衣，而下裳則是黑白相次文，繡成斧形滾邊。

〔註135〕「赤芾在股，邪幅在下」，《鄭箋》：「芾，大古蔽膝之象也，冕服謂之芾，其他服謂之韠，以韋爲之。其制上廣一尺，下廣二尺，長三尺，其頸五寸，肩革帶博二寸，脛本曰股，邪幅如今行縢也，偪束其脛，自足至膝，故曰在下。」（語見鄭玄：《毛詩鄭箋》，頁109。）

〔註136〕「葵」，余培林：「《傳》：『揆也。』揆度也。言天子揆度之，即謂天子器重之、賞識之也。」（語見余培林：《詩經正詁》，頁279。）

〔註137〕余培林：「采菽乃所以供祭祀及燕賓之用。」（語見余培林：《詩經正詁》，頁280。）又《箋》曰：「芹，菜也，可以爲菹。」（語見鄭玄：《毛詩鄭箋》，頁109。）其作用與菽同。

揚，聽到鸞鈴作響，表示君子乘著馬要到了。到了之後，看到君子穿著下垂到大腿的蔽膝，腳上綁著行縢，穿著合禮又有精神，君子獲得天子豐厚的賞賜，卻一點也不驕傲怠慢。〔註 138〕這位君子眞是國家的棟樑呀！因爲他能鎮撫家邦，使天下太平，就像櫟樹的枝葉要茂盛，其主幹必須強壯。而且他帶來的臣子也非常的聰慧。〔註 139〕所以，天子非常器重、賞識他，天子與君子的關係，就像楊木之舟與繩索之間的關係，是那樣的重要，兩者關係是密不可分的，因爲天子與君子的關係融洽，所以，能夠優遊閑適地來朝，又能享有萬福。

是以〈小雅・采菽〉一詩，所呈現出來的君子，是個治邦有方，功於國家的諸侯，所以得以獲得天子的器重及眾多賞賜，詩中對於君子的描繪是由外而內，從外在的車馬、服飾到內在的修爲態度，以塑造一位國家棟樑的形象，並藉此營造君臣關係融洽的氣氛。

十一、〈大雅・旱麓〉

　　　　瞻彼旱麓，榛楛濟濟。豈弟君子，干祿豈弟。（一章）

　　　　瑟彼玉瓚，黃流在中。豈弟君子，福祿攸降。（二章）

　　　　鳶飛戾天，魚躍于淵。豈弟君子，遐不作人。（三章）

　　　　清酒既載，騂牡既備。以享以祀，以介景福。（四章）

　　　　瑟彼柞棫，民所燎矣。豈弟君子，神所勞矣。（五章）

　　　　莫莫葛藟，施于條枚。豈弟君子，求福不回。（六章）

《詩序》：「〈旱麓〉，受祖也。周之先祖，世脩后稷、公劉之業，大王、王季，申以百福干祿焉。」〔註 140〕朱熹《詩經集註》：「此亦以詠歌文王之德。」〔註 141〕然觀詩文中言「干祿」、「福祿」、「介福」、「求福」、「享祀」，都是祭祀求福用語，故知《詩序》之言較可信。姚際恆亦曰：「此篇與上篇（〈棫樸〉）亦相似，大抵

〔註 138〕「彼交匪紓」，屈萬里：「《經義述聞》云：『交，敎也。』紓，怠緩也。二句
　　　　　倒文爲義，言玄袞、赤芾等物，雖皆天子所賜予；而此諸侯亦不因受此殊榮
　　　　　而驕傲怠緩。」（語見屈萬里：《詩經詮釋》，頁 431。）
〔註 139〕「平平」，屈萬里：「《毛傳》：『平平，辯治也。』高本漢謂：原文應是釆字，
　　　　　《說文》，釆，古文作𤆃，即辨也。」（語見屈萬里：《詩經詮釋》，頁 431。）
　　　　　按釆，本義是野獸清晰的腳印，凡從釆，多有「清楚、明白」之意。此用以
　　　　　形容周王的隨從亦皆明慧。
〔註 140〕鄭玄：《毛詩鄭箋》，頁 120。
〔註 141〕朱熹：《詩經集註》，頁 142。

詠其（文王）祭祀而獲福。」〔註142〕方玉潤則說之更詳：「前後均泛言福祿，中間乃插入作人、享祀二端，蓋享祀是此篇之主，而作人則推原致福之由，得人者昌，天必相之矣。」〔註143〕其說是也。

是以〈大雅‧旱麓〉一詩，全詩六章。一至四章言祭祀求福，但三章插入遐不作人。〔註144〕五、六章則述祭祀必然得福。

〈大雅‧旱麓〉一詩，首先以「瞻彼旱麓，榛楛濟濟」起興，以引起「豈弟君子，干祿豈弟」，〔註145〕極言這位君子享有許多的福祿，而其之所以能享有這麼多的福祿，主要是因為他非常恭敬有誠意地祭祀，祭祀時以玉為柄，黃金為勺所製成鮮潔的灌酒器，〔註146〕而其中盛著佳釀，還準備了清酒以及紅色公牛等，都是用來呈獻給祖先。除此之外，還燒著柞棫來祭祀。〔註147〕但是，治國除了靠神力還要靠人力，這位君子還是個善於培養人才、造就人才的典範，因為他善於用人，所以，能使各種人才發揮所長，就像「鳶飛戾天，魚躍于淵」一樣，各具所長。就因為他的恭敬虔誠，守正不邪，能依緣祖業而庇其根本，〔註148〕所以，神大受感動，自然降下福祿。

是以，〈大雅‧旱麓〉詩中的君子形象，是個祭祀敬謹又能善於培養人才、造就人才的好國君，所以，上天也能明察其所作所為，而給予佑助並給予福祿。是故〈旱麓〉一詩，除了呈現君子形象之外，也表達了周文化中天與人的關係，因為他們認為君王是受上帝之命，降於民間來治理萬民，所以稱之

〔註142〕姚際恆：《詩經通論》，頁 269。

〔註143〕方玉潤：《詩經原始》，頁 1043～1044。

〔註144〕「遐不作人」，余培林：「遐，《集傳》：『與何同。』作，《詩經今注》：『造就，培養。』言豈能不造就人才？言其造就者多。」（語見余培林：《詩經正詁》下冊，頁 338。）

〔註145〕「干祿豈弟」，馬瑞辰：「『干祿』與『百福』對言，『干祿』疑為『千祿』形近之譌。此詩『干祿豈弟』及〈假樂〉詩『干祿百福』，『干』皆當作千百之『千』，傳偽已久，遂以『干祿』釋之耳。」（語見馬瑞辰：《毛詩傳箋通釋》，頁 257。）

〔註146〕「瑟彼玉瓚」，《毛傳》：「玉瓚，圭瓚也。」《鄭箋》：「瑟，絜鮮貌。……圭瓚之狀，以圭為柄，黃金為勺，青金為外，朱中央矣。」（語見鄭玄：《毛詩鄭箋》，頁 120。）

〔註147〕「瑟彼柞棫，民所燎矣」，余培林：「『柞棫』用於祭祀，『燎』，《集傳》：『爨也。』按此燎字乃指祭天、神而言，非一般燃燒也。」（語見余培林：《詩經正詁》下冊，頁 341。）

〔註148〕「莫莫葛藟，施於條枚」，余培林：「是以葛藟施於條枚，象徵君子能依緣祖業而庇其根本也。」（語見余培林：《詩經正詁》下冊，頁 342。）

爲「天子」，而死後則仍升天爲神，如：〈大雅・文王〉一詩中即寫道：「文王在上，於昭于天。……，文王陟降，在帝左右。」故子孫若態度恭謹，祭祀得當，則可獲祖先的庇祐而得福。

十二、〈大雅・假樂〉

> 假樂君子，顯顯令德。宜民宜人，受祿于天。保右命之，自天申之。
> （一章）
>
> 干祿百福，子孫千億。穆穆皇皇，宜君宜王。不愆不忘，率由舊章。
> （二章）
>
> 威儀抑抑，德音秩秩。無怨無惡，率由群匹。受福無疆，四方之綱。
> （三章）
>
> 之綱之紀，燕及朋友。百辟卿士，媚于天子。不解于位，民之攸墍。
> （四章）

《詩序》：「〈假樂〉，嘉成王也。」〔註149〕孔穎達進一步說明：「經之所云，皆是嘉也。……，以其能守成功故於此嘉美之也。」〔註150〕朱熹《詩經集註》則曰：「疑此公尸之所以答〈鳧鷖〉。」姚際恆則斥其爲：「武斷」。〔註151〕朱守亮：「此祝頌周王，規戒百辟卿士之詩。」〔註152〕陳子展：「是頌美王者之詩。不知道詩人爲誰？爲何王而作？但知爲王與羣臣相宴樂而作。」〔註153〕觀其詩文，頌美君王是也。但詩中並無戒意，亦未提及宴飲相關之事。故當以《序》說爲長。

　　〈大雅・假樂〉一詩，全詩四章，首章即言成王有令德，故能受命於天，而宜民宜人。二章則言其能守成，不犯錯，遵祖訓，故能子孫千億，且能宜君宜王。三章述其有威儀，說話得體，用賢尊賢，聽從民意，故能成爲四方之綱。末章言成王治理有方，能安定民心，故能受群臣愛戴，諸侯們也盡忠職守，不敢懈怠，使人民能安居樂業，有所歸宿。余培林謂：「四章分言敬天、法祖、用賢、安民，而四者之本即在令德，故於篇首即將此旨揭出。」〔註154〕

〔註149〕鄭玄：《毛詩鄭箋》，頁130。
〔註150〕孔穎達：《毛詩正義》，頁1106。
〔註151〕姚際恆：《詩經通論》，頁286。
〔註152〕朱守亮：《詩經評釋》，頁769。
〔註153〕陳子展：《詩三百解題》，頁991。
〔註154〕余培林：《詩經正詁》下冊，頁396。

是以，〈大雅‧假樂〉一詩，所呈現的君子形象是個昭明有美德的國君，能使人民安居，能夠治理人民，〔註155〕故能獲得上天給予的福祿，受到天的保佑並承受上天之命，〔註156〕受到上天的反覆眷顧。〔註157〕又是個能守成，不犯錯，能遵從自太王、王季、文王、武王以來所制定規章制度的好國君，所以，能獲得百福，子孫千億。這位君子又是個有威儀，言語有序，〔註158〕行爲舉止得體，因爲君王能順從群眾之望，所以臣民無怨惡王者，〔註159〕這樣合禮又合度的行爲又加上治國有方，所以，能獲得百福，這位君子實可作爲諸侯們的典範。一位人君可以成爲天下之綱紀，則臣下便能安居樂業，〔註160〕因此這位君子能受到所有的諸侯的愛戴，〔註161〕而諸侯們也能兢兢業業，盡忠職守，不敢懈怠，要使人民都能夠安居樂業。〔註162〕

是故，〈大雅‧假樂〉一詩中的君子是個有美德的國君形象，而其美德分別表現在能敬天、法祖、用賢、安民等方面，是個言語有度，威儀美盛，受到群臣愛戴的好國君。

十三、〈大雅‧泂酌〉

泂酌彼行潦，挹彼注茲。可以餴饎。豈弟君子，民之父母。（一章）

泂酌彼行潦，挹彼注茲。可以濯罍。豈弟君子，民之攸歸。（二章）

〔註155〕「宜民宜人」，《毛傳》：「宜安民，宜官人也。」（語見鄭玄：《毛詩鄭箋》，頁130。）

〔註156〕「保右命之」，右，《毛傳》：「助也。」（語見鄭玄：《毛詩鄭箋》，頁130。）「保右命之」，言成王受天的保佑又承受上天之命。

〔註157〕「自天申之」，申，《毛傳》：「重也。」（語見鄭玄：《毛詩鄭箋》，頁130。）言受到上天反覆眷顧。

〔註158〕「德音秩秩」，余培林謂：「言語有序也。」（語見余培林：《詩經正詁》下冊，頁394。）

〔註159〕「無怨無惡，率由群匹」，二語言臣民無怨惡王者，以王能順從群眾之望也。（語見屈萬里：《詩經詮釋》，頁495。）

〔註160〕「之綱之紀，燕及朋友」，言人君爲天下之綱紀，則臣下賴之以安也。（語見余培林：《詩經正詁》下冊，頁395。）

〔註161〕「百辟卿士，媚于天子」，「百辟」，余培林引呂東萊《詩記》：「《詩記》：『董氏曰：百辟，諸侯也。』」（語見余培林：《詩經正詁》下冊，頁395。）「媚」，《鄭箋》：「愛也。」（語見鄭玄：《毛詩鄭箋》，頁131。）按「百辟卿士，媚于天子」，言君子受到所有的諸侯的愛戴是也。

〔註162〕「不解于位，民之攸墍」，「解」，朱熹《詩經集註》：「惰也。」（語見朱熹《詩經集註》，頁153。）「墍」，余培林：「《傳》：『息也。』息，安也。」（語見余培林：《詩經正詁》下冊，頁395。）

　　洞酌彼行潦，挹彼注茲。可以濯溉。豈弟君子，民之攸墍。（三章）
《詩序》：「〈洞酌〉，召康公戒成王也。言皇天親有德，饗有道也。」〔註163〕
朱熹《詩經集註》：「言遠酌彼行潦，挹之于彼而注之于此，尚可餴饎；況豈
弟君子，豈不爲民之父母乎！」〔註164〕姚際恆則認爲：「『召康公戒成王也』，
未有以見其必然。『皇天親有德，饗有道也』，依倣左隱三年『周鄭交質』中
語，益鄙淺。《集傳》曰：『言遠酌彼行潦，挹之于彼而注之于此，尚可餴饎；
況豈弟君子，豈不爲民之父母乎！』只此意亦足。」〔註165〕方玉潤亦云：「此
等詩總是欲在上之人，當以父母斯民爲心，蓋必在上者有慈祥豈弟之念，而
後在下者有親附來歸之誠。曰『攸歸』者，爲民所歸往；曰『攸墍』者，爲
民所安息也。使君子不以『父母』自居，外視其赤子；則小民又豈如赤子相
依，樂從夫『父母』？故詞若褒美而意實勸誡。」〔註166〕方氏所言深中肯綮
矣。〈大雅·洞酌〉一詩蓋爲勸戒君王慈祥愛民，始可使民親附來歸之作。

　　是以〈大雅·洞酌〉一詩，全詩三章，三章首三句皆以「洞酌彼行潦，
挹彼注茲」可以餴饎、濯罍、濯溉，來比喻水對百姓的重要，猶如天子對百
姓一樣重要，所以，此詩中所塑造的君子形象，是一位能成爲「民之父母」、
「民之攸歸」、「民之攸墍」的國君，要能像父母一般照顧老百姓的生活，要
能使人民有所依靠以爲歸宿，使人民生活安定，這樣的君子形象是人民所期
待的理想天子典範。

十四、〈大雅·卷阿〉

　　有卷者阿，飄風自南。豈弟君子，來游來歌，以矢其音。（一章）

　　伴奐爾游矣，優游爾休矣。豈弟君子，俾爾彌爾性，似先公酋矣。
　　（二章）

　　爾土宇昄章，亦孔之厚矣。豈弟君子，俾爾彌爾性，百神爾主矣。
　　（三章）

　　爾受命長矣，茀祿爾康矣。豈弟君子，俾爾彌爾性，純嘏爾常矣。
　　（四章）

〔註163〕鄭玄：《毛詩鄭箋》，頁130。
〔註164〕朱熹：《詩經集註》，頁154。
〔註165〕姚際恆：《詩經通論》，頁290。
〔註166〕方玉潤：《詩經原始》，頁1113。

有馮有翼，有孝有德。以引以翼。豈弟君子，四方爲則。（五章）

顒顒卬卬，如圭如璋，令聞令望。豈弟君子，四方爲綱。（六章）

鳳凰于飛，翽翽其羽，亦集爰止。藹藹王多吉士，維君子使，媚于天子。（七章）

鳳凰于飛，翽翽其羽，亦傅于天。藹藹王多吉人，維君子命，媚于庶人。（八章）

鳳凰鳴矣，于彼高岡。梧桐生矣，于彼朝陽。菶菶萋萋，雝雝喈喈。（九章）

君子之車，既庶且多。君子之馬，既閑且馳。矢詩不多，維以遂歌。（十章）

《詩序》：「〈卷阿〉，召康公戒成王也，言求賢用吉士也。」〔註167〕屈萬里認爲：「此詩蓋頌美來朝之諸侯也。」〔註168〕朱守亮則以爲：「此臣從王遊，作歌獻於王，以爲頌美之詩。」〔註169〕屈、朱二人皆認爲〈卷阿〉是頌美之詩，然所稱頌讚美的對象卻有所不同，屈氏以爲是來朝之諸侯，而朱氏則認爲是君王。余培林則據詩中的內容而駁《序》曰：「考詩中二章曰『豈弟君子，似先公酋矣。』七章曰：『藹藹王多吉士，維君子使，媚于天子。』八章曰：『藹藹王多吉人，維君子命，媚于庶人。』則此君子並非天子，至爲顯明，無待多言。故《序》說不可從」。「此詩乃頌美來朝之諸侯（即『來游來歌』之諸侯），其作者當是來游諸侯之一，觀乎《竹書》所記，或是召康公所作也。」〔註170〕是否爲召康公所作不可知，作者是否爲來游諸侯之一，亦不可知，然觀詩文，當是頌美之詩無誤。高亨《詩經今注》認爲：「這首詩疑本是兩首詩。前六章爲一篇，篇名〈卷阿〉，是作者爲諸侯頌德祝福之詩；後四章爲一篇，篇名〈鳳凰〉，是作者因鳳凰出現，因而歌頌群臣擁護周王，有似百鳥朝鳳。前六章所歌頌的君子是諸侯；後四章所歌頌的君子是周王，便是明證。」〔註171〕但此詩中提到「豈弟君子，四方爲綱」，在〈假樂〉詩中也有「受福無疆，四方之綱」之句。而〈假樂〉詩中所謂的君子是

〔註167〕鄭玄：《毛詩鄭箋》，頁132。
〔註168〕屈萬里：《詩經詮釋》，頁501。
〔註169〕朱守亮：《詩經評釋》，頁779。
〔註170〕余培林：《詩經正詁》下冊，頁411。
〔註171〕高亨：《詩經今注》，頁418。

指成王，若依此，〈卷阿〉詩中前六章的君子也當指天子，〔註172〕又三章言「豈弟君子，俾爾彌爾性，似先公酋矣」，四章言「豈弟君子，俾爾彌爾性，百神爾主矣」，詩中言能繼續祖先的謀酋，能成爲主祭百神之主，都是君子爲天子之明證。而詩七章言「藹藹王多吉士，維君子使，媚于天子」，八章言「藹藹王多吉人，維君子命，媚于庶人」，其中之君子當爲諸侯。是故〈大雅・卷阿〉一詩，詩共十章，二到六章頌美天子，七、八章則是頌美諸侯矣。

　　〈大雅・卷阿〉一詩，分十章，首章總起遊卷阿之樂；二章至六章，從各方面讚美君子（天子）美好的品德；七章、八章，讚頌君子（諸侯）之臣子人才濟濟；九章、十章描述在遊宴歡樂的氛圍下，車馬眾多，羣賢陳詩，營造了周王朝大團結的氣氛，也暗示統治者能繼續鞏固政權、維持政權。詩中雖分讚天子與來朝諸侯，但卻能首尾呼應，合成一氣。

　　是以，〈大雅・卷阿〉一詩，一開始即對周王和羣臣遊樂之地作環境描寫，在曲折蜿蜒的岡陵，吹來一陣迅猛狂暴的旋風，這時周王正和群臣們輕輕鬆鬆地出遊，臣子們陳詩獻歌，呈現一片和諧融洽又歡樂的氣氛。周王從容悠閑、輕鬆自在地出遊，〔註173〕群臣們希望周王能長命百歲，〔註174〕因爲周王能繼承祖先之謀酋。〔註175〕他使周王朝的國土擴大，〔註176〕物產更富饒，所以這樣一位和樂的君子，可以長命百歲。當他主祭時，神明都願意受饗，〔註177〕表

〔註172〕何楷亦認爲：「篇中如『四方爲則』、『四方爲綱』，明是贊天子之語，豈能成所敢當，且通篇惟贊美賢臣亦非廣歌王前之體。」（語見何楷：《詩經世本古義》，496～497頁。）

〔註173〕「伴奐爾游矣，優游爾休矣」，屈萬里：「『伴奐』，當與〈周頌・訪落〉之『判渙』同義，蓋閑適之意。」「『優游』，閑暇自得也。」（語見屈萬里：《詩經詮釋》，頁501～502。）

〔註174〕「俾爾彌爾性」，余培林：「王國維〈與友人論詩書中成語書〉：『彌性，即彌生，猶言永命也。』《詩經詮釋》：『此祝其長壽也。』按彌，久也。性，生也。彌性，即長生、久生之意。」（語見余培林：《詩經正詁》下冊，頁407。）

〔註175〕「似先公酋矣」，余培林：「似，《傳》：『嗣也。』酋，《詩經今注》：『酋，讀爲猷，謀也。』句言爾繼續爾先公之謀猷也。」（語見余培林：《詩經正詁》下冊，頁408。）

〔註176〕「爾土宇昄章」，余培林：「宇之本義爲屋邊，引申國之邊境亦曰宇。土宇，陳奐《傳疏》：『猶言封畿也。』即國之疆土也。昄，《傳》：『大也。』章，蘇轍《詩集傳》：『著也。』句言爾之國土廣大而彰顯。」（語見余培林：《詩經正詁》下冊，頁408。）

〔註177〕「百神爾主矣」，陳奐：「《孟子・萬章》云：『使之主祭，而百神饗之。』所謂百神爾主也。」（語見陳奐：《詩毛氏傳疏》，頁734。）

示他能得到神明的降福。周王能夠承受天命，享受福祿康寧，這樣一位和樂的
君子，可以長命百歲，常享大福。周王的言行舉止可以被天下奉爲準則，是因
爲他有守孝道、有美德的賢士們來輔佐。〔註178〕周王所表現出來是種溫和的態
度，及高昂的志氣，〔註179〕有像玉般純潔的美德，人們所聽到有關他的傳聞都
是好的，看到他的舉止都認爲他具有威儀。所以，他有很好的聲望，及威望。
這樣一位和樂的君子，他的言行舉止當然可以被天下人奉爲典範。所以，詩中
周王的形象是個能承先祖，受天命，有溫和的態度，高昂的志氣，有聲望，有
威望的和樂君子。

　　而來朝的諸侯形象又爲何?以「鳳凰于飛，翽翽其羽」來起興，描繪羣賢
畢聚，人才薈萃的熱鬧情景〔註180〕，稱頌諸侯們既能忠君，又能愛民；有了
他們的得力輔佐，再加上大家和諧，上下一心，〔註181〕才能使周王朝政權更
加鞏固。最後則以君子車馬之多，來讚美君子威儀之盛。詩中大量使用了「翽
翽」、「藹藹」、「奉奉」、「萋萋」、「雝雝」、「喈喈」等疊字，不僅使音節有節
奏感，而且這些詞語或擬聲，或摹態，都能營造遊宴歡樂熱鬧氣氛，達到相
當傳神的效果。所以，此詩中的諸侯們則是個個忠君愛民，上下和諧，威儀
顯赫的君子形象。

　　綜上所述：《詩經》一書中，「君子」一詞，出現於 61 首詩篇中，共 180
次。「君子」在〈衛風・淇奧〉、〈秦風・小戎〉、〈秦風・終南〉、〈曹風・鳲鳩〉、
〈小雅・南山有臺〉、〈小雅・蓼蕭〉、〈小雅・瞻彼洛矣〉、〈小雅・裳裳者華〉、
〈小雅・桑扈〉、〈小雅・采菽〉、〈大雅・旱麓〉、〈大雅・假樂〉、〈大雅・泂
酌〉、〈大雅・卷阿〉等十四篇中，最具形象，其所呈現的皆是有德的君子形
象，而君子之德的表現方式，詩人或以「有匪君子」、「淑人君子」、「豈弟君
子」、「假樂君子」稱之，或以「樂只君子」、「君子樂胥」、「君子萬年」頌美
之，或從君子服飾車馬之盛以稱其德，或從君子之善治國、能用人、能安邦
來著筆，綜而言之，其塑造有德君子的方式，茲歸納如下：

〔註178〕「以引以翼」，余培林：「言有德之賢者在前導之，或在旁輔之也。」（語見余
　　　　培林：《詩經正詁》下冊，頁 409。）

〔註179〕「顒顒卬卬」，屈萬里：「顒顒，溫和貌。卬卬，志氣高朗貌。」（語見屈萬里：
　　　　《詩經詮釋》，頁 502。）

〔註180〕余培林：「七八章言鳳凰集止，象徵朝中人才薈萃，上媚天子，下媚庶人。」
　　　　（語見余培林：《詩經正詁》下冊，頁 411。）

〔註181〕余培林：「九章言鳳凰鳴，梧桐生，以象徵群臣和諧，上下一體。」（語見余
　　　　培林：《詩經正詁》下冊，頁 411。）

（一）頌美君子的形容詞

詩中常使用「有匪」、「淑人」、「豈弟」、「假樂」等與「君子」一詞連用的形容詞來讚美君子是個有文采、和樂的、有美德的君子，並反覆歌頌之。61 首提及君子的詩中，「假樂君子」一詞，出現 1 次（見於〈大雅・假樂〉）；「有匪君子」出現 5 次（見於〈衛風・淇奧〉）；「淑人君子」出現 7 次（分見於〈曹風・鳲鳩〉及〈小雅・鼓鐘〉）；「豈弟君子」出現次數最多，共 16 次（分見於〈小雅・湛露〉、〈小雅・青蠅〉、〈大雅・旱麓〉、〈大雅・泂酌〉、〈大雅・卷阿〉）。除了「有匪君子」出現於〈國風〉之外，其他皆見於大、小〈雅〉。而「豈弟君子」出現次數最多，顯見周代貴族十分重視由內而發的和樂氣質。

（二）頌美君子的常用語

詩中頌美君子的常用語有「樂只君子」、「君子樂胥」、「君子萬年」等，61 首提及「君子」一詞的詩句中，「樂只君子」一詞，出現 19 次，（分見於〈周南・樛木〉、〈小雅・南山有臺〉、〈小雅・采菽〉）；「君子樂胥」一詞，出現 2 次，（見於〈小雅・桑扈〉）；「君子萬年」出現 10 次，（分見於〈小雅・瞻彼洛矣〉、〈小雅・鴛鴦〉、〈大雅・既醉〉）。這種稱頌有德的君子能夠長壽萬年的目的，從統治者的立場，當然希望能長久鞏固政權，持續執政；而站在被統治者的立場卻只有一個單純的目的：即是希望能夠擁有好的國君，因為有好的國君，才能有好的生活，能由好的國君一直統治，人民才能永享安居樂業，這就是老百姓最簡單又平凡，卻也是最重要的願望。所以，人民願意發自內心稱頌有德的君子能夠長壽萬年。當然不可否認的，「君子萬年」一語，也包含著周貴族團體政治利益的關係，所以有著濃濃的政治意涵在其中。

（三）君子能適才適用

能夠安居樂業是人民最大的幸福，也是人民對君子最重要的期待。而一位國君之所以能成為賢君，除了個人的進德修業之外，最重要的是他是個能用人、善治國並能做到保家邦的好君主。是以在能用人方面詩中多有描繪，例如：〈南山有臺〉一詩中，以「南山有……，北山有……」起興，因臺萊桑楊等各有其用，以此象徵邦國人才濟濟，又能適才適用；〈小雅・裳裳者華〉則以「左之左之，君子宜之。右之右之，君子有之。維其有之，是以似之」，來說明君子因為有好的輔佐者，所以能幫助君子嗣續祖先的大業；〈小雅・采

菽〉中的君子所率領的是「平平左右」，臣子們個個非常明慧；〈大雅・旱麓〉
中則以「鳶飛戾天，魚躍于淵。豈弟君子，遐不作人」，來比喻說明君子善於
培養人才、造就人才，也因為他善於用人，所以，能使各種人才發揮所長，
就像「鳶飛戾天，魚躍于淵」一樣，各具所長；〈大雅・假樂〉中的君子則是
「無怨無惡，率由群匹。受福無疆，四方之綱」，因為他能用賢尊賢，聽從民
意，故能成為人民的典範；〈大雅・卷阿〉中的君子則是「有馮有翼，有孝有
德。以引以翼。豈弟君子，四方為則」，周王有守孝道、有美德的賢士們來輔
佐他，也因為周圍都是這樣的賢士，在長期耳濡目染之下，周王的言行舉止
自然可以被天下人奉為準則。綜而言之，千里馬常有，而伯樂不常有，而能
有識千里馬的伯樂，不僅是千里馬之福，更是人民之福，所以詩人讚美君子
有此能識人、能用人之美德。

（四）君子服飾的描繪

詩中常以服飾的描繪來襯托君子之德，例如：〈衛風・淇奧〉中的「有匪
君子，充耳琇瑩，會弁如星」；〈秦風・終南〉中的君子是「錦衣狐裘」，「黻
衣繡裳，佩玉將將」；〈曹風・鳲鳩〉中的「淑人君子，其帶伊絲。其帶伊絲，
其弁伊騏」；〈小雅・瞻彼洛矣〉中的君子是「韎韐有奭」；〈小雅・采菽〉中
的君子則是「玄袞及黼」「赤芾在股，邪幅在下」。在周代，服飾除了是階級
的象徵，最重要的是品德的展現，一個有品德的君子能夠德服相稱，才能顯
現其威儀。當時人所說的威儀，既包括他們的莊敬的儀容，又包括裝飾、表
現他們的社會等級地位的服飾、儀仗等物。〔註 182〕《左傳》桓公二年曾記魯
大夫臧哀伯諫其君的一段話可為之證，他說：

> 君人者，將昭德塞違，以臨照百官，猶懼或失之，故昭令德以示子
> 孫，……，袞冕黻珽，帶裳幅舄，衡紞紘綖，昭其度也。藻率鞞鞛，
> 鞶厲游纓，昭其數也。火龍黼黻，昭其文也。五色比象，昭其物也。
> 錫鸞和鈴，昭其聲也。三辰旂旗，昭其明也。〔註 183〕

臧哀伯把裝點貴族威儀的服飾、車飾、圖文、旌旗，區分為幾大類別，認為
它們有「昭其度」，「昭其數」，「昭其文」，「昭其物」，「昭其聲」，「昭其明」
的作用，可見詩中常以服飾的描繪來襯托君子之德，目的即是藉由德服相稱，

〔註182〕許志剛：《詩經勝境及其文化品格》，（台北：文津出版社，1993 年 12 月），
　　　　頁 33。
〔註183〕左丘明著，杜預集解，竹添光鴻會箋：《左傳會箋》，頁 140～146。

顯現其威儀，而使百官懼之，不敢破壞紀律。

（五）君子車馬的描繪

詩中常以車馬的描繪來襯托其德，例如：〈秦風‧小戎〉中的「小戎俴收，五楘梁輈，游環脅驅，陰靷鋈續，文茵暢轂，駕我騏馵」，「四牡孔阜，六轡在手。騏駵是中，騧驪是驂。龍盾之合，鋈以觼軜」；〈小雅‧蓼蕭〉中的「鞗革忡忡，和鸞雝雝」；〈小雅‧裳裳者華〉描寫君子「乘其四駱；乘其四駱，六轡沃若」；〈小雅‧采菽〉中的君子則是「路車乘馬」，「鸞聲嘒嘒，載驂載駟」。以上所舉皆是以車馬之盛來襯托其德之美。而以馬行時，轡頭上的裝飾及車上之鈴聲鏘鏘作響，則用來顯示其威儀有節。

（六）君子的言談、舉止

詩人不僅能從服飾車馬大處著筆，對於言談舉止小地方的描繪也相當重視。例如：〈衛風‧淇奧〉中的君子是「善戲謔兮，不為虐兮」，是個幽默風趣，得體但不過分，分寸拿捏得很好的君子；〈小雅‧蓼蕭〉中的君子則是「燕笑語兮，是以有譽處兮」，言談之間，流露出落落大方，和藹可親的樣子，和他相處非常自在舒暢；〈大雅‧假樂〉中則是「威儀抑抑，德音秩秩」，是個有威儀，言語有序的君子。由上可知：《詩經》中，藉由言談的描繪，也是呈現君子之德的方式。

（七）君子的氣質、儀態、涵養

除了服飾、車馬、言談舉止，這些外在有形的描繪之外，詩人也重視君子內在修為而呈現出來的氣質，例如：〈衛風‧淇奧〉中的君子是「瑟兮僩兮，赫兮咺兮」，他的顏色矜莊，有威嚴，明德外現；〈小雅‧蓼蕭〉、〈小雅‧裳裳者華〉則是從見君子之人的角度，來呈現君子給人的感受，詩曰：「既見君子，我心寫兮」，「既見君子，孔燕豈弟」（〈小雅‧蓼蕭〉），「我覯之子，我心寫兮；我心寫兮，是以有譽處兮」（〈小雅‧裳裳者華〉），顯見與君子相處非常自在舒暢，而能與君子這麼愉快的相處，主要是因為君子所表現的是種快樂又和易的心情及儀態，此亦即所謂「望之儼然，即之也溫」的君子之德；而〈小雅‧桑扈〉的「不戢不難」、「彼交匪敖」是呈現君子和順、敬謹，不倨傲的態度；〈小雅‧采菽〉「彼交匪紓」則是強調不驕傲怠慢的態度。以上所描繪由內在修為而呈現出來的氣質、儀態、涵養，一言以蔽之，這種氣質、儀態、涵養就是周人所謂「致中和」的觀念。

（八）敬天的思想

在周人觀念中的「天」，是有思想、有意識、有情感的天，君王的所作所為若合禮儀、合法度，則上天會給予福祿，使之永享萬年，反之，則會遭天譴，上天就會降災於其身，所以，周人非常敬天，因為君權是神受的。而在君子詩篇中也充分表達這種敬天的思想：例如：〈小雅・桑扈〉中的君子是「受天之祜」的，因為他有文采，態度和順、敬謹又不倨傲，所以能受上天所賜予之福，能得到上天的庇祐，自然也就成為全國人民的屏障；〈大雅・旱麓〉的「清酒既載，騂牡既備。以享以祀，以介景福」，「瑟彼柞棫，民所燎矣。豈弟君子，神所勞矣」，則由祭祀之誠來表達敬天；〈大雅・假樂〉的君子是「宜民宜人，受祿于天。保右命之，自天申之」，以此說明昭明有美德的國君，能使人民安居，能夠治理好人民，所以能獲得上天給予的福祿，受到天的保佑並承受上天之命，受到上天的反覆眷顧；〈大雅・卷阿〉則是「俾爾彌爾性，百神爾主矣」，當主祭時，神明都願意受饗，顯見君子的所作所為，神明感到滿意。所以君子這種敬天的表現，或以日常修為、態度表之或以祭祀形式呈現，綜而言之，其敬天行為，也是君子的美德之一，因為能敬天，天不怒，不降災，便能使國家長治久安，故詩人樂稱頌之。

（九）法祖的表現

在〈小雅・裳裳者華〉的「左之左之，君子宜之。右之右之，君子有之。維其有之，是以似之」，其法祖表現在有良好的輔佐賢士；〈大雅・旱麓〉：「莫莫葛藟，施于條枚」，則以其祭祀之誠，故能依緣祖業而庇其根本，來說明其法祖；〈大雅・假樂〉：「宜君宜王。不愆不忘，率由舊章」，君子能遵祖訓，不犯錯，而被詩人大肆讚美；〈大雅・卷阿〉則是「豈弟君子，俾爾彌爾性，似先公酋矣」，君子因為能繼承祖先之謀酋，所以，也被詩人大肆讚美，希望他能長命百歲。可見法祖是周人很重視的，也是君子重要的美德之一。

（十）君子執禮，以為天下法

周代對於禮制十分重視，國家在禮的軌道上來運作，所以上從天子、諸侯、公卿大夫等貴族，凡事都必須以禮為依歸，強調在上位者更要守禮，才可作為人民的典範，如此方能上行下效，使國家長治久安。許志剛在《詩經勝境及其文化品格》一書中也提到：

周代的禮是當時的統治階級的階級利益的集中體現。為了保證禮的思

想與禮制的實施，它要求貴族率先執禮，以爲天下的榜樣。而要這樣，
就必須首先使貴族自己成爲在思想上和行動上體現出禮的規定的
人，也就是成爲體現了當時的「人格美」的理想的人。因此，周代貴
族所崇尚的「人格美」具有鮮明的時代的、階級的特徵。〔註184〕

所以，一個合禮、合法度的君子，詩人會再三讚美他是「四方之綱」（〈大雅·
假樂〉），「四方爲綱」（〈大雅·卷阿〉）。君子位雖尊，卻不以勢威人，而是以
德化人。因此，在對君子的讚美中，既表現出周代的聖君理想，也表現出他
們的王化理想。周代貴族津津樂道的「修德以來遠人」的理想，正是這裡所
表現的內德外化思想的進一步擴展。〔註185〕

　　綜上所述：考察《詩經》中的君子形象，所呈現的不僅是內在有美德，
外在有威儀，更是個懂得敬天法祖，善用賢能的優秀領導者，所以，詩人樂
稱頌之。

〔註184〕許志剛：《詩經勝境及其文化品格》，頁32。
〔註185〕許志剛：《詩經勝境及其文化品格》，頁42。

第四章　《詩經》中的群像圖

　　《詩經》中不僅個人形象描繪細膩生動，就連群體形象部份，也別具用心，舉凡從內容的剪裁，事件的鋪陳，過程的描述，角色的形塑，場景的安排，氣氛的營造等，都可看出詩人的巧思。所以，本研究針對群像圖的部份，選取了四大類，一、王會諸侯圖；二、田獵圖；三、祭祀圖；四、宴飲圖。茲分成四小節來探究《詩經》如何呈現這些群像圖，以及這些群像圖在周文化中所具有的歷史文化意義。

第一節　王會諸侯圖

一、〈小雅・車攻〉

　　　　我車既攻，我馬既同。四牡龐龐，駕言徂東。（一章）

　　　　田車既好，四牡孔阜。東有甫草，駕言行狩。（二章）

　　　　之子于苗，選徒囂囂。建旐設旄，搏獸于敖。（三章）

　　　　駕彼四牡，四牡奕奕。赤芾金舄，會同有繹。（四章）

　　　　決拾既佽，弓矢既調。射夫既同，助我舉柴。（五章）

　　　　四黃既駕，兩驂不猗。不失其馳，舍矢如破。（六章）

　　　　蕭蕭馬鳴，悠悠旆旌。徒御不驚，大庖不盈。（七章）

　　　　之子于征，有聞無聲。允矣君子，展也大成。（八章）

　　《詩序》：「〈車攻〉，宣王復古也。宣王能內脩政事，外攘夷狄，復文、武之竟

土。脩車馬，備器械，復會諸侯於東都，因田獵而選車徒焉。」〔註1〕據《竹書》曾提到宣王會諸侯一事：「宣王九年，王會諸侯于東都，遂狩于甫」。〔註2〕而《墨子‧明鬼》也提到此事：「周宣王殺其臣杜伯而不辜。……，其三年，周宣王合諸侯而田于圃田，車數百乘，從者數千人滿野。」〔註3〕從其描述「車數百乘，從者數千人滿野」，則可看出當時會諸侯田獵時之盛況。此外，《石鼓文》第一句就是〈車攻〉的內容，由其文辭仍可看出模仿〈車攻〉的痕跡，〔註4〕而韓愈的〈石鼓歌〉則據《石鼓文》的內容寫成，所以也曾提到這件史事，〔註5〕由上而知《詩序》所言是可信的。

孔穎達曾云：「王者，能使諸侯朝會，是事之美者。」〔註6〕可見王會諸侯是件美事。據《左傳》昭公四年，曾提到自夏朝至周代都曾有王會諸侯之事：

> 夏啟有鈞臺之享，商湯有景亳之命，周武有孟津之誓，成有岐陽之蒐，康有酆宮之朝，穆有塗山之會，……，皆所以示諸侯禮也，諸侯所由用命也。夏桀為仍之會，有緡叛之；商紂為黎之蒐，東夷叛之；周幽為大室之盟，戎狄叛之；皆所以示諸侯汰也，諸侯所由棄命也。〔註7〕

既然自夏朝至周代都曾有會諸侯之事，但在《詩經》一書中，提到周王會諸侯一事，卻只有〈小雅‧車攻〉一篇，可見周在厲王被放逐於彘之後，王會諸侯田獵之禮，廢而不行，而宣王能於積衰之後，蒐乘講武，蓄威昭德，以成中興之美，〔註8〕自有其歷史上重大的意義，故詩人特喜而美之。方玉潤《詩

〔註1〕 鄭玄：《毛詩鄭箋》，頁76～77。

〔註2〕 陳逢衡：《竹書紀年集證》，卷三十三，頁420。

〔註3〕 墨翟：《墨子》，卷八，頁85～86。

〔註4〕 《石鼓文》第一鼓：「吾車既工，吾馬既同；吾車既好，吾馬既騃」。見《四庫全書存目叢書‧周宣王石鼓文定本》經類200，（臺南：莊嚴出版社，1997年2月），卷上，頁411。

〔註5〕 韓愈〈石鼓歌〉：「張生手持《石鼓文》，勸我試作〈石鼓歌〉。少陵無人謫仙死，才薄將奈石鼓何？周綱凌遲四海沸，宣王憤起揮天戈。大開明堂受朝賀，諸侯劍珮鳴相磨。蒐于岐陽騁雄俊，萬里禽獸皆遮羅。鐫功勒成告萬世，鑿石作鼓隳嵯峨。從臣才藝咸第一，揀選撰刻留山阿……。」見韓愈：《韓愈全集》，詩集卷七，頁66～67。

〔註6〕 孔穎達：《毛詩正義》，頁647。

〔註7〕 左丘明著，杜預集解，竹添光鴻會箋：《左傳會箋》，頁1437～1440。

〔註8〕 何楷《詩經世本古義》提到：「宣王丁積衰之後，乃能蒐乘講武，蓄威昭德，以成中興之美，以復祖宗之舊，深合二公詰兵之意，故詩人喜而幸之。」（語見何楷：《詩經世本古義》卷十七，頁550。）

經原始》則更強調此舉重在會諸侯，而不重在事田獵，他說：

> 不過藉田獵以會諸侯，修復先王舊典耳。昔周公相成王，營洛邑為
> 東都以朝諸侯。周室既衰，久廢其禮。迨宣王始舉行古制，非假狩
> 獵不足懾服列邦。故詩前後雖言獵事，其實歸重「會同有繹」及「展
> 也大成」二句。〔註9〕

但為什麼又說「非假狩獵不足懾服列邦」呢？因為天下雖安，忘戰必危，兵
威若不振，則無以懾服人心，又古時國君貴族田獵都與軍事訓練有關，〔註10〕

〔註9〕 方玉潤：《詩經原始》頁 797～798。

〔註10〕 據《周禮》卷七〈夏官·司馬〉載，古時打獵與軍訓分四季同時進行：「仲春教
振旅。」這裡所說的「振旅」，指練習作戰之陣法與出入進退之動作，猶如今天
所說的軍事演習。「遂以蒐田，有司表貉誓民，鼓，遂圍禁，火弊，獻禽以祭社。」
蒐田就是春季田獵。肆師甸祝等官立表貉祭，約束參加田獵的民眾，圍獵前先
用火焚燒，將野獸驅趕出來，然後擊鼓圍獵，待火熄滅時就停止田獵，將所獵
得的禽獸用來祭社。「仲夏，教茇舍。……百官各象其事，以辨軍之夜事。其他
皆如振旅。遂以苗田，如蒐之法，車弊，獻禽以享礿。」「茇舍」意即就地除草
而為舍，猶今天所說的野戰宿營。「夜事」，指夜間戒備防禦、夜戰等事。「苗田」
即夏季田獵，「車弊」即停止驅獸之車，意即停止田獵。「礿」凡夏季祭宗廟謂
之礿。「仲秋，教治兵。」「治兵」，練習作戰也。「百官載旆，各書事是與其號
焉。」各級行政單位各以職事為名號，作為夜戰、防守、警戒時的辨別標誌。「遂
以獮田，如蒐田之法，羅弊，致禽以祀祊。」「獮田」，即秋季田獵。「羅弊」，
即收網停止田獵。「祊」，秋季田獵所獲獵物，主祭四方之神，故云「祀祊。」「仲
冬，教大閱。」仲冬，舉行大檢閱。「前期，群吏戒眾庶，修戰灋，虞人萊所田
之野，為表，……，群吏以旗物鼓鐸鐲鐃，各帥其民而致。質明，弊旗，誅後
至者，乃陳車徒，如戰之陳。皆坐，群吏聽誓於陣前。斬牲以左右徇陳曰：不
用命者，斬之。」在大檢閱的頭幾天，長官們要告戒各自的下屬，頒布作戰的
規則，管理園林的官吏虞人要芟除演習和田獵地區的雜草，設立距離不同的標
幟。長官們率領各部士卒和各種旗物、鼓、鐸、鐲鐃等裝備前來報到。天亮時，
拿掉豎立的旗幟，處罰遲到者，車輛士兵擺開作戰陣式，命令他們坐下，長官
們站在隊伍前聽從誓戒，斬殺牲畜以示眾，告訴他們：如果不服從令，不勇敢
作戰的，格殺勿論。接著就按照程序進行軍事訓練，包括進退停起坐、奔跑、
推進、射箭、擊刺等等，然後擊鼓鳴鐃，命令隊伍後退到原地。「遂以狩田」，「狩
田」，即冬季田獵。於是舉行冬季大規模的田獵活動。「大獸公之，小獸私之。
獲者取左耳。及所弊，鼓者馺，車徒皆躁，徒乃弊，致禽饁獸於郊。入，獻禽
以享烝。」捕獲的大獸要交公，捕得的小禽可歸己。凡是捕獲的禽獸都要將它
的左耳割下來作為計算成績的憑據。到了田獵地區的盡頭，鼓聲大作，車輛兵
員及步卒們大聲歡呼，於是傳令所有士兵停止狩獵，將所獲獵物獻祭郊外四方
之神，回到國城中又以所獲獵物祭享宗廟。由上述《周禮》所載可知，田獵分
四季：蒐田（春蒐）、苗田（夏苗）、獮田（秋獮）、狩田（冬狩）。田獵的同時
也就是軍事訓練和演習的時候，兩者是密不可分的。（語見阮元校勘：《十三經

所以周天子借田獵以會諸侯，是展示軍威的大好時機，以此來威懾列邦，以便顯示天子的統治地位。本小節僅就〈小雅・車攻〉一篇，以呈現周宣王會諸侯田獵畫面。

〈車攻〉一詩，全詩八章，每章四句。首章言其車子堅固，四馬強壯，且奔跑起來的速度既快又一致，要到東都會諸侯。二章則言此行的目的不僅是到甫草會諸侯還兼行田獵。〔註11〕三章言出征前之準備，從整飭士卒，集合、整隊、點名、報數，到建旗設旐。〔註12〕四章言四方諸侯駕著高大壯碩之馬而來。既朝見於王，則服赤芾金舄之盛飾，〔註13〕與王行會同之禮者。五章言射獵前的準備工作。六章言田獵之情形。七章言軍紀嚴明，又君遇下有恩。末章則以「展矣大成」讚美君子作結。依次寫來有條不紊，畫面生動。

全詩由會諸侯前的準備活動描繪起，宣王準備率領著大隊的車馬，軍容整齊、浩浩蕩蕩地要到東都會諸侯。因此，行前的準備可不能馬虎，從要求

注疏・周禮》，卷二十八，頁442～448。）

〔註11〕《毛傳》：「甫，大也。田者大艾草以為防，或舍其中。」《鄭箋》則云：「甫草者，甫田之草也。鄭有甫田。」《孔疏》：「毛以為，宣王言我田獵之車既善好，四牡之馬又甚盛大，東都之界有廣大之草，可以就而田獵焉。當為我駕此車馬，我將乘之而往，狩獵於彼。言既會諸侯，又與田也。鄭唯以『東有甫草』為『圃田之草』為異耳。」孔穎達明白指出《毛傳》與《鄭箋》之不同處，《毛傳》訓「甫」為「大」，《鄭箋》則以為「甫草者，甫田之草也。」故孔氏於下章又云：「『搏獸于敖』，敖，地名，則甫草亦是地名，不宜為大，故易之為圃田之草。且東都之地，自有圃田，故引《爾雅》以證之。『鄭有圃田』，〈釋地〉文也。郭璞曰：『今滎陽中牟縣西圃田澤是也』。〈職方〉曰：『河南曰豫州，其澤藪曰圃田。』宣王之時，未有鄭國，圃田在東都畿內，故宣王得往田焉。」由上述孔氏舉證得知：甫草是地名，在今河南一帶，又圃田在東都畿內，宣王可以前往田獵，而甫草亦非《鄭箋》以為鄭國之甫田，因當宣王之世，並無鄭國。（分見鄭玄：《毛詩鄭箋》，頁77。孔穎達：《毛詩正義》，頁649～651。）

〔註12〕《周禮・春官・宗伯》：「龜蛇為旐」，是一種畫有龜蛇圖案的大旗，是王旗的一種。（阮元校勘：《十三經注疏・周禮》，卷二十七，頁420。）

〔註13〕「赤芾金舄」，《毛傳》：「諸侯赤芾金舄，舄，達屨也。」《鄭箋》云：「金舄，黃朱色也。」《孔疏》：「言『諸侯赤芾』，對天子當朱芾也。言『金舄，達屨』者，〈天官・屨人〉注云：『舄有三等，赤舄為上，晃服之舄，下有白舄、黑舄。』此云金舄者，即禮之赤舄也。故《箋》云『金舄，黃朱色』。加金為飾，故謂之金舄。白舄、黑舄，猶有在其上者，為尊未達。其赤舄則所尊莫是過，故云『達屨』，言是屨之最上達者也。此舄也，而曰屨，屨，通名。以舄是祭服，尊卑異之耳，故屨人兼掌屨舄，是屨為通名也。」由上述所言可知：「金舄」，是一種加了金色為飾的紅色鞋子，是屨中之最上達者。（分見鄭玄：《毛詩鄭箋》，頁77。孔穎達：《毛詩正義》，頁652。）

車子的堅固、精選高壯的馬匹，到訓練嫻熟，使得馬兒們奔跑起來的步伐既快又一致。有了堅固的車子以及訓練嫻熟、高壯的馬還不夠，因為宣王十分重視此次會諸侯之事，所以，接下來就是精挑細選出一支精銳的部隊，從整飭士卒，集合、整隊、點名、報數，行軍時豎著畫有龜蛇圖案的王旗，士兵們個個表現出精神抖擻、慷慨激昂，雄壯威武地要到敖山狩獵去。

前來會同的諸侯們也有備而來：乘著高壯的馬兒，穿著紅色蔽膝、鑲著金色線條的紅色鞋子，一副盛大又合禮的打扮，絡繹不絕地前來舉行會同之禮，場面盛大，禮儀隆重。在狩獵之前，先將象骨做的「決」，套於右大指，以利鉤弦；將皮做的袖套「拾」，套於左臂，以保護手臂，並將弓矢的強弱輕重調配得宜，做好射獵前的準備工作，以便獵事能進行順利。而在射獵的進行當中，諸侯們展現合禮又和諧的表現，不得利者為得利者積禽，呈現一片和樂融融的氣氛。射獵時，駕御的技術良好，使馬兒們能在掌控之中，不會偏離方向，而馬兒們彼此間也配合有序、步伐合度，足見平時訓練之嫻熟。射獵的技術快又準，幾乎箭不虛發，無堅不摧，即使是再兇猛的猛獸，無不應弦而倒，所獲獵物之多自不待言。射獵完，仍維持良好的軍紀，只聽見蕭蕭的風聲中傳來陣陣的馬鳴聲，以及一片隨風招展的旗海飄揚著，呈現一派肅穆的氣象。車上車下的士兵們仍保持著警戒，所獲的獵物很多，充滿了整個君庖。〔註 14〕這次會諸侯的射獵活動，既展示了軍威，使諸侯們不敢造次，又施與了君恩給諸侯，算是成功地完成了會諸侯這件大事。

第二節　田獵圖

有關《詩經》的田獵詩，張西堂《詩經六論》中認定的田獵詩有〈周南‧

〔註 14〕「蕭蕭馬鳴，悠悠旆旌」，《毛傳》：「言不諠譁也。」《孔疏》：「言王之田獵，非直射良御善，又軍旅齊肅，唯聞蕭蕭然馬鳴之聲，見悠悠然旆旌之狀，無敢有諠譁者。」詩句所描寫的雖然是只聽到馬兒的鳴叫聲，看到旌旗飄揚的樣子，但其實暗指下句的「徒御不驚」及下章的「有聞無聲」，因為軍紀嚴明，沒有任何的喧嘩聲，所以只聽到馬兒的鳴叫聲。「徒御不驚，大庖不盈」，《毛傳》：「徒，輦也。御，御馬也。不驚，驚也。不盈，盈也。」《孔疏》：「徒行挽輦者，與車上御馬者，豈不驚戒乎？言以相警戒也。君之大庖，所獲之禽不充滿乎？言充滿也。」詩句所述，是指雖然射獵已經結束，但軍士們仍然保持著高度的警戒；所獲的獵物很多，充滿了整個君庖。（分見鄭玄：《毛詩鄭箋》，頁 77。孔穎達：《毛詩正義》，頁 654。）

兔罝〉、〈召南・騶虞〉、〈鄭風・叔于田〉、〈大叔于田〉、〈齊風・盧令〉、〈還〉
等六篇；〔註15〕盧紹芬《詩經中古代生活的反映》認為有：〈周南・兔罝〉、
〈召南・騶虞〉、〈鄭風・叔于田〉、〈大叔于田〉、〈齊風・盧令〉、〈還〉、〈小
雅・車攻〉及〈吉日〉等八篇；〔註16〕殷光熹於〈詩經中的田獵詩〉則認
為有：〈周南・兔罝〉、〈召南・騶虞〉、〈鄭風・叔于田〉、〈大叔于田〉、〈齊
風・盧令〉、〈還〉、〈秦風・駟驖〉、〈小雅・車攻〉及〈吉日〉等九篇；〔註
17〕在本研究中，將〈召南・騶虞〉、〈鄭風・叔于田〉、〈大叔于田〉、〈齊風・
盧令〉、〈還〉歸為典型獵者人物形象，至於〈小雅・車攻〉，在前一小節中
即談到，是屬於王會諸侯而田獵的詩篇，詩中完全以會諸侯為主軸，田獵是
次要的活動，故將其歸為王會諸侯圖。【參見附表四】另外，洪湛侯於《詩
經學史》中也談到：「《詩經》中的田獵詩所寫，既有個別獵手的打獵活動，
更有國君貴族大規模狩獵場面，一般說來，〈國風〉中的田獵詩，多屬於前
者；〈小雅〉中的田獵詩則屬於後者。」〔註18〕洪氏所言，大體是不錯的，
然而〈秦風・駟驖〉雖是〈國風〉詩篇，卻也屬國君貴族大規模狩獵場面的
那一類，而〈小雅・車攻〉雖有田獵的活動，但整首詩則是強調王會諸侯為
主，故本小節所探討的《詩經》中人物群像的田獵圖則以〈秦風・駟驖〉、〈小
雅・吉日〉為主，並兼比較〈小雅・車攻〉、〈吉日〉二詩，因為〈吉日〉與
〈車攻〉都曾描寫周宣王親自舉行的田獵活動，但是這兩首詩在描述田獵的
目的、內容、氣氛和語言特色等方面卻有顯著的差異，〔註19〕故分析比較
此二詩所呈現畫面之不同。

一、〈秦風・駟驖〉

駟驖孔阜，六轡在手。公之媚子，從公于狩。（一章）

〔註15〕張西堂：《詩經六論》，（上海：上海商務印書館，1957年9月），頁20。
〔註16〕盧紹芬：《詩經中古代生活的反映》，（香港：珠海大學文學研究所碩士論文，
　　　　1986年6月）頁38～43。
〔註17〕殷光熹：〈詩經中的田獵詩〉，頁127。
〔註18〕洪湛侯：《詩經學史》，（北京：中華書局，2004年9月），頁668。
〔註19〕陳奐：《詩毛氏傳疏》：「昭三年《左傳》：『鄭伯如楚，子產相，楚子享之，賦
　　　　〈吉日〉。既享，子產乃具田備。』案此〈吉日〉為出田之證。〈車攻〉會諸
　　　　侯而遂田獵，〈吉日〉則專美宣王田也。一在東都，一在西周。」陳氏所言大
　　　　略說明了宣王兩次田獵的目的、意義、及其地點之不同處。（語見陳奐：《詩
　　　　毛氏傳疏》，頁465。）

奉時辰牡，辰牡孔碩。公曰左之，舍拔則獲。（二章）

遊于北園，四馬既閑。輶車鸞鑣，載獫歇驕。（三章）

《詩序》：「〈駟驖〉，美襄公也。始命，有田狩之事，園囿之樂焉。」〔註20〕《孔疏》：「作〈駟驖〉詩者，美襄公也。秦自非子以來，世爲附庸，未得王命。今襄公始受王命爲諸侯，有遊田狩獵之事，園囿之樂焉，故美之也。」〔註21〕《詩序》、《孔疏》都認爲〈駟驖〉是因爲秦襄公始受王命爲諸侯，而有遊田狩獵之事，園囿之樂，故〈駟驖〉是一篇美秦襄公田狩之詩。但何楷《詩經世本古義》據《史記》所載，以爲：

按《史記》：「秦文公元年，居西垂宮。三年，文公以兵七百人東獵。四年，至汧渭之會。乃卜居之。」此詩當即是文公東獵之事，居西垂而東獵，其亦有略地岐豐之意乎！又按文公三年即平王之九年。……，秦文公東獵而外，其他君田狩之事，史皆無所見，則此詩之當屬文而不屬襄明矣。〔註22〕

何氏認爲《史記》中僅記文公東獵之事，其他君無所見，故認定〈駟驖〉一詩當屬文公而非指襄公。但陳子展則引馬敘倫《石鼓文爲秦文公時物考》（《北平圖書館刊》七卷二號）說：「《吳人石》中之中囿孔□，即〈秦風・駟驖〉詩之北園，在汧，汧源乃秦襄公故鄉。」〔註23〕所以，陳子展認爲此爲秦襄公詩亦無不可。陳氏又據郭沫若《古刻彙考序》說：「閱〈秦風・詩序〉，言〈駟驖〉美襄公也。始命有田狩之事、園囿之樂焉。則是與《石鼓文》乃同時之作。詩云：『遊於北園，四馬既閑』，蓋即西畤之後苑矣。」〔註24〕皆可作爲〈駟驖〉乃秦襄公時詩之證。陳子展並以爲〈秦風〉無美莊公、文公詩。《詩序》：〈車鄰〉美秦仲，〈駟驖〉、〈小戎〉都是美襄公。〔註25〕是以，〈駟驖〉一詩，應是一首描寫秦襄公田獵的詩。因爲秦襄公能夠有田狩之事、園囿之樂，正意味著秦襄公政治身分的轉變——由附庸成爲諸侯，〔註26〕此詩

〔註20〕鄭玄：《毛詩鄭箋》，頁 51。

〔註21〕孔穎達：《毛詩正義》，頁 411。

〔註22〕何楷：《詩經世本古義》，卷十九（上），頁 607～608。

〔註23〕陳子展：《詩三百解題》，頁 461。

〔註24〕陳子展：《詩三百解題》，頁 461。

〔註25〕陳子展：《詩三百解題》，頁 462。

〔註26〕孔穎達《毛詩正義》：「諸侯之君，乃得順時遊田，治兵習武，取禽祭廟。附庸未成諸侯，其禮則闕。故今襄公始命爲諸侯，乃得有此田狩之事，故云『始命』也。」由上述可知：只有諸侯才享有「順時遊田，治兵習武，取禽祭廟」

的重大意義即在此，故詩人美之。而《史記》所言：「文公以兵七百人東獵」，當是一種準軍事行動的田獵，因爲下文接著提到：「四年，至汧渭之會。」故若爲準軍事行動的田獵，則與〈駟驖〉中的語言、內容明顯不符。因此，此詩當屬襄公而不屬文公。

〈駟驖〉全詩共三章，先寫出獵、射獵到獵後，〔註27〕井然有序：第一章寫出獵，言馬之精良，御之良善，襄公與親信隨從一起出獵。〔註28〕第二章寫射獵，言虞人驅獸，〔註29〕獸之碩大，公之善射也。第三章寫獵後，田事既畢，四馬徐行，輕車鳴鸞，田犬休息。〔註30〕

所以，全詩所呈現出的畫面是：一開始即全力描摹諸侯所屬的車馬之盛，出獵時乘著精良的車馬，並且由御術嫺熟的親信隨從爲其執掌繮繩，駕車時表現一副自信滿滿、與有榮焉的樣子，更突顯出秦襄公身分的尊貴非凡。第一個畫面不僅描寫出獵的情景，還交代了其中的主要人物。至於秦襄公車馬之盛，隨從之多，以及弓弩之強，作者雖未大肆著墨，但卻可藉由想像得知。第二個畫面立刻轉到了獵場，虞人把養得肥肥壯壯的禽獸驅趕出來讓秦襄公射殺，襄公隨即射向禽獸的左邊，箭一發就中，大有收穫。〔註31〕此畫面所

這樣的禮儀，至於附庸的身分則是沒有的。(語見孔穎達：《毛詩正義》，頁411。)

〔註27〕《孔疏》：「田狩之事，三章皆是也……。獵則就於圍中，上二章圍中事也。調習則在圍中，下章圍中事也。」(語見孔穎達：《毛詩正義》，頁411。) 孔氏以爲此詩「倒本」，末章才言未獵之前，調習車馬之事。然觀《詩》言獵事，皆順次言之，未有於末章倒言獵前之事者。(語見余培林：《詩經正詁》，頁343。)

〔註28〕《詩》：「公之媚子」，《毛傳》：「能以道媚於上下者。」《箋》云：「媚於上下，謂使君臣和合也。……，言襄公親賢也。」(語見鄭玄：《毛詩鄭箋》，頁51。) 呂東萊則曰：「公之媚子，不必如媚于天子，媚于國人者也，此詩稱其始爲諸侯，未必能用賢，但人君之奉稍備云耳。」(語見呂祖謙：《呂氏家塾讀詩記》，卷十二，頁510。) 呂氏不贊成親賢之說，但似乎也未解釋清楚「媚子」之意。朱熹：「媚子，所親愛之人。」(語見朱熹：《詩經集註》，頁59。) 以今語解之則是：「親信隨從」也，似較貼切詩義。

〔註29〕《詩》：「奉時辰牡，辰牡孔碩」，《箋》云：「奉是時牡者，謂虞人也。」(語見鄭玄：《毛詩鄭箋》，頁51。) 然而孔穎達據《周禮·地官》則認爲：「田獵是虞人所掌，必是虞人驅禽，故知奉是時牡，謂虞人也。……，獸人獻時節之獸以供膳，故虞人亦驅時節之獸以待射。虞人無奉獸之文。」(語見孔穎達：《毛詩正義》，頁412～413。) 當以孔氏所言爲是。

〔註30〕朱熹：「田事已舉，故遊于北園，……，以車載犬，蓋以休其足力也，韓愈畫記有騎擁田犬者，亦此類。」(語見朱熹：《詩經集註》，頁59。)

〔註31〕孔穎達曰：「自左膘而射之，達過於右肩胛，爲上殺，以其貫心死疾，肉最潔美，故以爲乾豆也。」(語見孔穎達：《毛詩正義》，頁655。) 從左邊射之，

表現不僅是襄公射技之高超，最主要是呈現襄公貴為諸侯，意氣風發的一面。第三個畫面則寫獵後，秦襄公的興致轉為遊覽觀賞，馬兒載著他和親信隨從們從容不迫地來到北園，只聽到鸞鈴作響，只見兩隻田犬居然趴在車上。田犬能夠得到這樣的待遇，應是獵後大有收穫，由對田犬的描寫，可以想像主人得意興奮之情。第三個畫面所描寫的重點不在秦襄公身上，反將鏡頭落在四馬從容徐行的樣子，傳來陣陣輶車上鸞鑣作響的聲音，以及田犬被載，一副悠閒享受的樣子，作者以這樣的畫面結束，其實是在暗示秦襄公此次田獵的成功，以及彰顯襄公之德。全詩由上到下的喜樂之情表露無遺，〔註 32〕包括安排親信隨從的同行、虞人驅趕肥壯的禽獸給襄公射殺、襄公射技精準的表現以及獵後人、馬、犬悠閒遊園的畫面，字裡行間洋溢著歡愉的氣氛，以及發自內心的喜悅，其所欲呈現的即是秦襄公由附庸的身分轉為諸侯的那份殊榮，所以，詩人藉由田狩之事，園囿之樂以美之也。詩三章，將秦襄公一次狩獵的全部過程寫得十分生動而簡潔。足見此篇作者善於剪裁，能夠截取狩獵中最具典型性的情節，就像一名優秀的攝影師兼剪接師，他不僅攝下了秦襄公一次狩獵的三個精采場景，從頭到尾完全沒有冷場，而且巧妙地聯成一體，一氣呵成。

二、〈小雅・吉日〉

> 吉日維戊，既伯既禱。田車既好，四牡孔阜。升彼大阜，從其羣醜。
> （一章）
>
> 吉日庚午，既差我馬。獸之所同，麀鹿麌麌。漆沮之從，天子之所。
> （二章）
>
> 瞻彼中原，其祁孔有。儦儦俟俟，或羣或友。悉率左右，以燕天子。
> （三章）
>
> 既張我弓，既挾我矢。發彼小豝，殪此大兕。以御賓客，且以酌醴。
> （四章）

指傷其左體，從而保持右體的完整，這除了與古代祭祀禮儀有關外，也表示能練到這樣的射箭技法並不容易，所以《詩》於「公曰左之」之後，接著說「舍拔則獲」，表現他射技的精準、高超。

〔註 32〕方玉潤：「今秦始有田狩事，其與民同樂可知也，即民之欣欣然有喜色而相告者，亦可知也。」（語見方玉潤《詩經原始》，頁 593。）

《詩序》：「〈吉日〉，美宣王田也。能慎微接下，無不自盡以奉其上焉。」〔註33〕

《孔疏》：「作〈吉日〉詩者，美宣王田獵也。以宣王能慎於微事，又以恩意接及群下，王之田獵能如是，則羣下無不自盡誠心以奉事其君上焉。由王如此，故美之也。慎微，即首章上二句是也。接下，卒章下二句是也。四章皆論田獵，言田足以揔之。特述此慎微接下二事者，以天子之務，一日萬機，尚留意於馬祖之神，爲之祈禱，能謹慎於微細也。人君游田，或意在適樂，今王求禽獸，唯以給賓，是恩隆於羣下也。二者，人君之美事，故特言之也。」〔註34〕由上述可知，〈吉日〉是一首讚美周宣王田獵的詩句，美其能於日理萬機之餘，尚能慎於祭馬祖之微事，又能恩意接及群下，故此詩除了描寫周宣王田獵宴賓，是屬娛樂消遣性質之外，還藉此詩來體現周天子的「恩隆于臣下」。

〈吉日〉敘述周宣王從戊辰日祭祀馬祖、庚午日出獵到田獵後宴群臣的一個過程。所寫是春季田獵，是按照天子田獵禮儀程序進行的：首先是吉日選擇；〔註35〕再則是對馬神的祭祀；〔註36〕三是挑選強壯的馬匹；〔註37〕四則強調獵車堅好；〔註38〕五則特寫田獵場所及獸群；六是描述弓矢技巧；七是獵獲物後之君臣宴樂。

所以，〈吉日〉一詩所呈現的田獵畫面是：出獵前，先由卜巫擇定吉祥的戊辰日，祭拜馬祖神。然後卜巫再擇定吉祥的庚午日，亦即戊辰日的第三天

〔註33〕 鄭玄：《毛詩鄭箋》，頁77。

〔註34〕 孔穎達：《毛詩正義》，頁656。

〔註35〕 《禮記·曲禮》：「外事以剛日，內事以柔日。」（語見阮元校勘：《十三經注疏·禮記》，卷三，頁59。）而屈萬里《詩經詮釋》則更進一步解釋：「凡天干之奇數爲剛日，偶數爲柔日；戊，剛日也。《禮》云：『外事以剛日』，田獵外事也。」（語見屈萬里：《詩經詮釋》，頁325。）所以，田獵祭馬祖所挑選的吉日是屬剛日的戊辰日，而田獵時的的吉日也是屬剛日的庚午日。

〔註36〕 據《周禮·夏官·校人》載：「春祭馬祖執駒，夏祭先牧頒馬攻特，秋祭馬社臧僕，冬祭馬步獻馬講馭夫。」（語見阮元校勘：《十三經注疏·周禮》，卷三十三，頁495。）可知祭馬祖是在春季，因爲田獵要用馬力，所以祭馬祖以求馬兒強健，如此才能驅逐禽獸而助田獵。

〔註37〕 據《周禮·夏官·校人》載：「凡軍事，物馬而頒之。」凡屬軍事活動（包括田獵）的事，挑選毛色同類、能力相當的馬頒發之。也就是說，校人須根據群馬的毛色、體形大小、力量強弱進行分類編隊，並精選天子和隨從的車馬，也就是詩中第二章所說的「既差我馬」。（語見阮元校勘：《十三經注疏·周禮》，卷三十三，頁496。）

〔註38〕 據《周禮·夏官·校人》載：「田獵，則帥驅逆之車。」田獵時，有專門驅趕禽獸與逆止其出圍之車馬。（語見阮元校勘：《十三經注疏·周禮》，卷三十三，頁496。）

出獵，顯示周宣王對於此次的田獵非常慎重。之後整治車馬，校人須根據群馬的毛色、體形大小、力量強弱進行分類編隊，〔註39〕並精選隨從周宣王的車馬，做好行前的準備工作。接著就準備登上大土坡，來享受追逐獸群飛快奔跑的樂趣。虞人駕著驅逆之車，將獸群從大土坡、漆沮之水邊一路趕到到周宣王準備打獵的地方，〔註40〕而獸群們有的跑、有的走，三五成群，非常壯觀。虞人們爲了討周宣王歡心，於是率兵卒驅趕野獸於包圍圈內，以便周宣王射殺。周宣王展現了他高超的射技，一箭就射中了小豬，就連大野牛也難逃他的箭下，身手十分矯健，整個射獵的過程相當順利，大有斬獲。射獵結束後，將獵物烹成佳肴，並準備好甜酒宴請群臣。整個田獵活動洋溢著輕快的氣氛，上下一派和諧，呈現一幅君臣田獵後共飲共樂圖。

　　〈吉日〉與〈車攻〉都是寫周宣王親自舉行的田獵活動，但是這兩首詩在描述田獵的目的、內容、氣氛和語言特色等方面卻有顯著的差異。所以，方玉潤斬釘截鐵地表示〈車攻〉、〈吉日〉田獵目的之不同處：「此宣王獵于西都之詩，不過畿內歲時舉行之典，與〈車攻〉之復古制大不相侔。」〔註41〕〈車攻〉寫的是爲了復先王之舊典，而會同諸侯並舉行田獵活動，時間是夏季，地點是在離鎬京較遠的東都雒邑附近的甫草和敖山，有長途的行軍過程，這時軍隊的紀律嚴明與否很重要，故要能表現出王者之師的氣象來，才能威震列邦，因爲沿途要經過若干諸侯的境土，狩獵時有許多諸侯的部隊也會參加，整個過程中存在著威脅與危險，隨時隨地都有突發狀況的可能性，所以，必須保持高度的警戒。因此，在〈車攻〉詩中十分重視天子威嚴的呈現，但詩人並不直接描寫周宣王，而是藉由王者之師的軍容整肅、聲勢浩大，以及高度戒備的行軍活動來表現，著重寫其軍威、軍容、軍紀、行軍等場面，至於有關射獵的內容卻成了次要的部份，所以，只有概括敘述射獵前的準備活動——「決拾既佽，弓矢既調」，射獵時的相互合作——「射夫既同，助我舉柴」，以及表現射技的高超、身手不凡——「不失其矢，舍矢如破」，至於獸

〔註39〕朝廷下設專門管理馬的官兵：「校人，掌王馬之政，辨六馬之屬：種馬一物，戎馬一物，齊馬一物，道馬一物，田馬一物，駑馬一物。」所謂「一物」，即同類之意，指馬的毛色、形態、能力相同等。「凡大祭祀，朝覲，會同，毛馬而頒之。」「毛馬」，指毛色相同的馬。「頒」，頒發，發給。（語見阮元校勘：《十三經注疏·周禮》，卷三十三，頁 494～495。）

〔註40〕《孔疏》：「上言乘車升大阜，下言獸在中原，此云驅之漆沮，皆見獸之所在驅逐之事以相發明也。」（語見孔穎達：《毛詩正義》，頁 657。）

〔註41〕方玉潤：《詩經原始》頁 803。

群的部份並無著墨。而〈吉日〉所寫則是周宣王一次常規性的歲典，是一種帶有娛樂性質的田獵活動，所以整個氣氛的鋪排、人物活動的描寫，都是圍繞著周宣王，並以田獵為主。而田獵活動舉行的時間是在春季，地點是在西京王畿以內的渭北原野，詩裡有描寫趕獸羣的場面，場面十分盛大。但因為周宣王是這個活動的主角，所以，不管是描寫獸群，或是虞人趕群獸的畫面，都是為了討周宣王的歡心，以供其射殺，詩中並以「既張我弓，既挾我矢。發彼小犯，殪此大兕」，特寫周宣王高超的射技及勇猛的射獵畫面，最後則「以御賓客，且以酌醴」，將其所獵之物宴飲群臣，詩中洋溢著輕快的氣氛，呈現一幅君臣田獵後共飲共樂圖，與〈車攻〉一詩中嚴肅的氣氛、莊重雍容的畫面，截然不同。《呂氏家塾讀詩記》中說：「〈車攻〉、〈吉日〉，皆以蒐狩為言，何也？蓋蒐狩之禮，所以見王賦之復焉；所以見軍實之盛焉；所以見師律之嚴焉；所以見上下之情焉；所以見綜理之周焉，欲明文武之功業者，觀諸此足矣。」〔註 42〕因為〈車攻〉、〈吉日〉二詩皆有田獵活動，但二者所欲呈現之思想意義卻是不同，所謂「王賦之復、軍實之盛、師律之嚴」，可於〈車攻〉一詩中見之，而「上下之情、綜理之周」，則於〈吉日〉詩中顯現無遺，故呂氏之言，可謂深中肯綮。

第三節　祭祀圖

　　《詩經》中的祭祀詩，絕大部分集中在〈周頌〉裡面。西周的貴族統治者，為了求福祿、敬祖宗，他們經常進行大規模的祭祀，創作很多頌歌，配合各類音樂舞蹈，在各種祭祀儀式中，進行演奏。〔註 43〕但根據簡怡美《詩經三頌與楚辭九歌比較研究》中的研究：「三〈頌〉為祭祀歌辭，所記錄者或為讚頌之辭，或為熱舞盛況，或稱祭品之美，或言佈置之景，並無祭祀過程。」〔註 44〕又李山於《詩經的文化精神》一書中也提到：「〈頌〉為祭祀獻歌，〈雅〉為對祭祀活動的描繪。」〔註 45〕是故，本小節有關《詩經》中的祭祀群像圖，即以〈小雅〉中的〈楚茨〉、〈信南山〉、〈甫田〉、〈大田〉四篇為主，此四詩

〔註42〕呂祖謙：《呂氏家塾讀詩記》，卷十九，頁 504。
〔註43〕洪湛侯：《詩經學史》，頁 657。
〔註44〕簡怡美：《詩經三頌與楚辭九歌比較研究》，（台北：臺灣師範大學國文研究所碩士論文，2006 年），頁 144。
〔註45〕李山：《詩經的文化精神》，頁 52。

中，或祭祀祖先，或祭田祖或祭土地神、四方之神，對祭祀活動的描繪細緻、具體生動。是以，以此四詩，觀其如何呈現祭祀時的群像圖。

一、〈小雅・楚茨〉

> 楚楚者茨，言抽其棘。自昔何爲？我蓺黍稷。我黍與與，我稷翼翼。
> 我倉既盈，我庾維億。以爲酒食，以享以祀，以妥以侑，以介景福。
> （一章）
>
> 濟濟蹌蹌，絜爾牛羊，以往烝嘗。或剝或亨，或肆或將。祝祭于祊，
> 祀事孔明。先祖是皇，神保是饗。孝孫有慶。報以介福，萬壽無疆。
> （二章）
>
> 執爨踖踖，爲俎孔碩。或燔或炙，君婦莫莫。爲豆孔庶，爲賓爲客。
> 獻醻交錯，禮儀卒度，笑語卒獲，神保是格。報以介福，萬壽攸酢。
> （三章）
>
> 我孔熯矣，式禮莫愆。工祝致告，徂賚孝孫。苾芬孝祀，神嗜飲食。
> 卜爾百福，如幾如式。既齊既稷，既匡既勑。永錫爾極。時萬時億。
> （四章）
>
> 禮儀既備，鍾鼓既戒。孝孫徂位，工祝致告。神具醉止，皇尸載起。
> 鼓鍾送尸，神保聿歸。諸宰君婦，廢徹不遲。諸父兄弟，備言燕私。
> （五章）
>
> 樂具入奏，以綏後祿。爾殽既將，莫怨具慶。既醉既飽，小大稽首。
> 神嗜飲食，使君壽考。孔惠孔時，維其盡之。子子孫孫，勿替引之。
> （六章）

《詩序》：「〈楚茨〉刺幽王也。政煩賦重，田萊多荒，饑饉降喪，民卒流亡，祭祀不饗，故君子思古焉。」〔註46〕《孔疏》進一步解釋：「作〈楚茨〉詩者刺幽王也。以幽王政教既煩，賦斂又重，下民供上，廢闕營農，故使田萊多荒，而民皆饑饉。天又降喪病之疫，民盡皆棄業，流散而逃亡。祭祀又不爲神所歆饗，不與之福。故當時君子，思古之明王，而作此詩。意言古之明王，能政簡斂輕，田疇墾闢，年有豐穰，時無災厲，下民則安土樂業，祭祀則鬼

〔註46〕鄭玄：《毛詩鄭箋》，頁99。

神歆饗。以明今不然，故刺之。」〔註47〕《詩序》和《孔疏》皆認為〈楚茨〉是君子思古之明王，故作此詩刺幽王。而方玉潤則認為《序》因無辭，而創思古之論，方氏曰：「〈楚茨〉六章，章十二句，自此篇至〈大田〉四詩，辭氣典重，禮儀明備，非盛世明王不足以語此，故序無辭以說之，不得不創為傷今思古之論，然詩實無一語傷今，顧安得謂之思古耶？」〔註48〕余培林則駁《序》思古之意，而認為：「『楚楚者茨，言抽其棘。』此作者親見之景也。『我蓺黍稷。我黍與與，我稷翼翼。我倉既盈，我庾維億。』『我孔熯矣，式禮莫愆。』此作者親歷之事也。豈是『思古』之詞？」〔註49〕

再者，何楷則直言此非衰世之詩，何氏曰：「今觀此詩與〈信南山〉等，始終皆稱美豐登祭祀之盛，無一毫幾微不滿之意，其非衰世之詩甚明。」〔註50〕而呂東萊則認為德盛政修之時才能達到〈楚茨〉一詩所言之內容，呂氏云：「〈楚茨〉極言祭祀。所以事神受福之節，至詳至備，所以推明先王致力於民者盡，則致力於神者詳，觀其威儀之盛，物品之豐，所以交神明，逮群下，至于受福無疆者，非德盛政修何以致之。」〔註51〕亦如姚際恆所言：「〈楚茨〉此唯泥『自昔何為』一句耳。不知此句正喚起下『黍稷』句，以見黍稷之所由來也。其餘皆詳敘祭祀，自始至終，極其繁盛，無一字刺意。」〔註52〕是以，綜上所述，並觀〈楚茨〉一詩所呈現是人和年豐之狀，應是盛世明王之詩，而非幽王之詩，且詩中並無任何刺意，〈楚茨〉一詩，當是農事既成，王者祭宗廟之詩。

〈楚茨〉一詩六章，其所表現王者祭宗廟，層次井然，周詳備至。首章先言農事，再言豐收後以為酒食，以享祭祀。〔註53〕二章寫祭祀前的準備活動。三章則寫祭祀禮儀。四章寫祝官致神意以告主人。五章寫禮畢送尸後而燕私。〔註54〕末章則寫與同姓宗族之宴饗。

〔註47〕孔穎達：《毛詩正義》，頁 809。
〔註48〕方玉潤：《詩經原始》，頁 930～931。
〔註49〕余培林：《詩經正詁》下冊，頁 231。
〔註50〕何楷：《詩經世本古義》，卷十中，頁 463。
〔註51〕呂祖謙：《呂氏家塾讀詩記》，卷十二，頁 560。
〔註52〕姚際恆：《詩經通論》，卷十一，頁 229～230。
〔註53〕王質：《詩總聞》：「大凡詩人言祭祀，必以農事起辭，言農事，必以祭祀續辭，言農事祭祀，必以福祿結辭，三者未有闕一者也。」（語見王質：《詩總聞》，卷十三，頁 254。）〈楚茨〉一詩，亦符合此一規律。
〔註54〕〈楚茨〉整個祭祀的過程以「尸」為重心，因為「尸」是先祖所憑依，稱為「神保」。首先，由祖先化身的「尸」接受享獻、酬、酢等過程，而後，「皇尸」通過「工祝」的傳話來表達賜福之意，最後以鐘鼓之樂來送「尸」，神保

　　周代統治者對祖先極其崇拜，經常要舉行隆重的祭祖典禮，〔註55〕這在當時是一項重大的活動，而〈楚茨〉是一首周王祭宗廟的詩，其所呈現的畫面是依祭祀前、祭祀中、祭祀後，三個先後時間爲線索，並隨著時間而轉換不同的空間，而開展與祭祀有關的事件描述。首先第一個畫面是在農事上，爲了使所種的黍稷能夠生長茂盛，就必須非常辛苦地去除影響作物生長的蒺藜，如此，農作的收成才會良好，而有了成千成萬的穀倉收穫之後，就準備好酒食來祭祀祖先，〔註56〕先迎尸安坐，並勸其食用食物。〔註57〕以求大福。

　　緊接著開始一連串祭祀前的準備活動。大夫們儀容之盛、趨進有節地參與祭祀，〔註58〕先將牛羊洗滌乾淨，準備祭祀。〔註59〕有的解剝其皮，有的將其煮熟，有的將牲體放在裝祭品的器皿中進獻出來。這時祝則於門內祭祀，祭祀之禮非常完備，祖先們高興地來享用。主祭者有福了，神報孝孫以大福，孝孫享大福則能使國祚更長久。

　　主持廚事的人，態度非常敬慎，動作非常敏捷，〔註60〕俎中之牲體甚大，

　　　　回歸上帝左右。祭禮之後，就是燕禮。（語見張樹國：《樂舞與儀式—宗教倫理與中國上古祭歌型態研究》，天津：天津古籍出版社，2003 年，頁 186～187。）

〔註55〕　《禮記・王制》云：「天子，諸侯宗廟之祭，春曰礿，夏曰禘、秋曰嘗，冬曰烝」。（語見阮元校勘：《十三經注疏・禮記》，卷十二，頁 242。）

〔註56〕　劉曄原・鄭惠堅《中國古代祭祀》：「祭祀供品豐盛充足，代表百姓豐衣足食，和睦安定，代表了國君治國的功德，這樣神靈才會降福，否則便是虛報和欺騙。國君只有同時得到百姓的擁戴和神靈的福佑才會安享其國，福壽康寧。」（語見劉曄原・鄭惠堅：《中國古代祭祀》，台北：台灣商務印書館，1998 年 9 月，頁 203～204。）所以，這也就是爲什麼〈楚茨〉一詩的篇目在祭祀，而詩的一開頭卻是談農事的原因。故王質：《詩總聞》也說：「大凡詩人言祭祀，必以農事起辭，言農事，必以祭祀續辭，言農事祭祀，必以福祿結辭，三者未有闕一者也。」（語見王質：《詩總聞》，卷十三，頁 254。）〈楚茨〉一詩，亦符合此一規律。

〔註57〕　《孔疏》：「迎尸使處神坐而食，於時拜以安之，是妥也。爲其嫌不飽，祝以主人之辭勸之，是侑也。」（語見孔穎達：《毛詩正義》，頁 812。）

〔註58〕　余培林《詩經正詁》：「《詩》凡言『濟濟』，皆盛多之貌。此言大夫儀容之盛也。凡言『蹌蹌』，皆趨進之貌。此言大夫趨進有節也。」（語見余培林：《詩經正詁》下冊，頁 225。）

〔註59〕　鄭玄《毛詩鄭箋》：「冬祭曰烝，秋祭曰嘗。」《孔疏》：「據四時則嘗先於烝，經先烝後嘗，便文耳。」但屈萬里及余培林皆認爲此泛指祭祀。（分見鄭玄：《毛詩鄭箋》，頁 99。孔穎達：《毛詩正義》，頁 814。屈萬里：《詩經詮釋》，頁 404。余培林：《詩經正詁》下冊，頁 226。）

〔註60〕　朱守亮《詩經評釋》：「踖踖，敬慎敏捷之狀。」（語見朱守亮：《詩經評釋》，頁 624。）

有的用燒肉的方式，〔註 61〕有的則以物貫肉舉於火上烤，〔註 62〕主婦們態度非常謹慎，〔註 63〕為了助祭的人，準備了很多盛放在豆中的穀類，賓主相互敬酒，〔註 64〕禮儀都合法度，賓主盡歡，祖先神降臨，報以大福，報以萬壽。〔註 65〕

主祭者祭祀時的態度非常敬謹，所有的儀式皆依禮而行不敢有誤。祝官將神意傳達給主祭者，〔註 66〕將賜福給主祭者，因為芬芳的享祀物品，讓祖先神很喜歡，〔註 67〕所以要給予主祭者百福，因為祭祀的行為合於法度，所以，神會按照主祭者祈求的期望，使其實現。祭祀時的禮容既齋敬又敏疾不怠慢，〔註 68〕祭品之陳列既嚴正又整齊，神將賜主祭者福祿萬萬年。

祭祀完畢後，準備鐘鼓以送尸，主祭之孝孫往堂下西面之位，〔註 69〕祝官傳達神意告訴主祭者，神很滿意地吃飽喝醉了，尸則起而離開所受祭之位，接著鳴鐘鼓送尸，祖先神靈回去了。所有家臣主婦為了表達敬意，迅速地撤去祭品，〔註 70〕所有的同姓宗族齊聚準備私宴。〔註 71〕

〔註61〕 余培林《詩經正詁》：「《箋》：『燔肉也。』即燒肉。」（語見余培林：《詩經正詁》下冊，頁 227。）

〔註62〕 朱守亮《詩經評釋》：「炙，以物貫肉舉於火上以烤之也。」（語見朱守亮：《詩經評釋》，頁 624。）

〔註63〕 《毛傳》：「莫莫，言清靜而敬至也。」（語見鄭玄：《毛詩鄭箋》，頁 99。）

〔註64〕 朱守亮《詩經評釋》：「酬，同酬，導飲也，始由主人酌賓為獻，賓既酢主人，主人又自飲酌賓為酬。交錯，來往也。句謂賓主互相敬酒。」（語見朱守亮：《詩經評釋》，頁 625。）

〔註65〕 劉曄原‧鄭惠堅：《中國古代祭祀》：「人們相信對神誠實、恭恭敬敬地祭祀，會得到神的救助，神是有靈驗的，祖先神尤其如此；祭品豐盛只是一個方面，德行才是最主要的。德行包括方方面面，最主要的是不能違禮。」（語見劉曄原‧鄭惠堅：《中國古代祭祀》，頁 150～151。）所以，祭祀時態度要誠心敬意，不違禮，如此，才能得到祖先的庇祐，永享萬壽大福。

〔註66〕 鄭玄：《毛詩鄭箋》：「致神意告主人，使受嘏。」（語見鄭玄：《毛詩鄭箋》，頁 100。）

〔註67〕 姚際恆《詩經通論》：「古人于祭，慮其不極誠敬則神不饗，故祝詞以『神嗜飲食』告之。」（語見姚際恆：《詩經通論》，卷十一，頁 231。）

〔註68〕 屈萬里《詩經詮釋》：「齊，當讀為齋，敬也。稷，疾也。敏疾不怠慢也。」（語見屈萬里：《詩經詮釋》，頁 405。）

〔註69〕 鄭玄《毛詩鄭箋》：「以祭禮畢，孝孫往位，堂下西面位也。」（語見鄭玄：《毛詩鄭箋》，頁 100。）

〔註70〕 鄭玄《毛詩鄭箋》：「不遲，以疾為敬也。」（語見鄭玄：《毛詩鄭箋》，頁 100。）

〔註71〕 王質《詩總聞》：「諸宰君婦亟疾廢徹以享神之物，及致祭之人所謂飲福受胙也，尊屬如諸父者皆與，卑屬如諸弟者皆與，中屬如諸兄者皆與，三者總諸

　　此時，原本祭時之樂皆入奏於寢，〔註72〕準備私宴的開始。所有的茱餚都呈上，同姓宗族們無人嗟怨，都一起歡樂來慶祝。吃飽了喝醉了，大大小小、老老少少都頭拜至地表示：「祖先神對於這次祭祀很滿意、很喜歡，一定會使主祭者長壽，〔註73〕而您的祭祀既順於禮，物又得其時，就因爲您做到了這樣，才能得到神的賜福，所以，您的子子孫孫千萬不可廢棄這個祭禮，一定要代代延續下去啊！」〔註74〕全詩誠如姚際恆所言：「煌煌大篇，極備典制。其中自始至終，一一可按，雖繁不亂。《儀禮》〈特牲〉、〈少牢〉兩篇皆從此脫胎。」〔註75〕

　　崇拜和祭祀祖先目的，無外乎向神靈祈求保佑，祭祖成爲身分的標誌，因此也成爲政權存在的象徵，〔註76〕所以，藉祖先神來加強人間君主的權威，維護宗族的團結。是以，〈楚茨〉全詩即以「誠心敬意」爲主軸，詩人不直接寫犧牲茱肴之豐盛，而是通過祭前參祭的人忙碌地準備活動來表現這一意思。所以，詩人更不惜筆墨，大肆描繪眾人繁忙、宰牛殺羊，爲俎爲豆的場面。「或剝或亨」、「或肆或將」、「或燔或炙」等句，寫廚師們謹慎而熟練的宰割烹飪，簡潔生動。疊字「濟濟蹌蹌」、「踖踖」、「莫莫」的使用，則使人物更具形象。詩中的描寫，不管是主祭者或參祭者皆塑造出一種恭敬敏疾而又合法度的形象，極言祭祀禮儀的隆重與整飭，這也是主祭者對先祖敬誠的表現。而祭後私宴的豐盛和賓客對主祭的滿意，同樣表現主祭的誠意。祭祀活動本身關乎人群，特別是同姓人群的團結，而結尾處「莫怨具慶」、「大小稽首」之句，無疑又是對祭畢宴享活動所具有的「親骨肉」社會功能的鄭重明示。〔註77〕所以，全詩所營造出來的是熱烈盛大、莊重敬肅、和氣團結的景象及氣氛。

　　　　屬也，所以言備言私。」（語見王質：《詩總聞》，卷十三，頁 255。）
〔註72〕《孔疏》：「祭時在廟，燕當在寢，故言祭時之樂，皆復來入於寢而奏之。」（語見孔穎達：《毛詩正義》，頁 823。）至於「寢」是指何處？朱守亮：《詩經評釋》：「古者前廟以奉神，後寢以藏衣冠。祭於廟而燕於寢。」（語見朱守亮：《詩經評釋》，頁 627。）
〔註73〕余培林《詩經正詁》：「言君明德馨香，神既喜君之飲食，是以使君壽考也。」（語見余培林：《詩經正詁》下冊，頁 230。）
〔註74〕王質《詩總聞》：「禮既順，物又時，享祀之道盡矣，惟勿廢而長行之，此皆美辭。」（語見王質：《詩總聞》，卷十三，頁 255。）
〔註75〕姚際恆：《詩經通論》，卷十一，頁 231。
〔註76〕劉曄原・鄭惠堅：《中國古代祭祀》，頁 139。
〔註77〕李山：《詩經的文化精神》，頁 54。

二、〈小雅‧信南山〉

信彼南山，維禹甸之。畇畇原隰，曾孫田之。我疆我理，南東其畝。
（一章）

上天同雲，雨雪雰雰。益之以霢霂，既優既渥，既霑既足。生我百
穀。（二章）

疆埸翼翼，黍稷彧彧。曾孫之穡，以爲酒食。畀我尸賓，壽考萬年。
（三章）

中田有廬，疆埸有瓜。是剝是菹，獻之皇祖，曾孫壽考，受天之祜。
（四章）

祭以清酒，從以騂牡。享于祖考，執其鸞刀。以啓其毛，取其血膋。
（五章）

是烝是享，苾苾芬芬。祀事孔明，先祖是皇。報以介福，萬壽無疆。
（六章）

《詩序》：「〈信南山〉刺幽王也，不能脩成王之業，疆理天下，以奉禹功，故君
子思古焉。」〔註78〕朱熹則以爲：「此詩大指與〈楚茨〉略同。」〔註79〕蓋指
公卿有田祿者，力於農事，以奉其宗廟之祭，〔註80〕但方玉潤認爲此非關公卿
之詩，而應與周天子有關，故曰：「詩中灌酒迎牲，謂爲天子諸侯之禮，且曰獻
之皇祖，則更非諸侯之所宜言矣。」〔註81〕姚際恆則更是直言：「此篇與〈楚茨〉
略同。」〔註82〕綜上所述，〈信南山〉一詩應是詠王者祭祀祖先之詩。

〈信南山〉全詩六章。首章寫河山地利之功，及禹與曾孫開墾之勞。第
二章述天時之和及豐年之兆。第三章寫豐收後，以黍稷祭祀求福。第四章則
是以瓜菹祭祀求福。第五章以酒牲祭祀。第六章總述祭祀完備，而得大福。
由田事而生長，而收穫，而祭祀，而得福，敘事又有先後次第也。〔註83〕

是以，〈信南山〉所呈現的祭祀圖，其描繪的順序是先從地利、天時、而
後談到祭祀。首先描繪終南山下這片綿延廣闊的原野，是古時大禹曾經親手

〔註78〕鄭玄：《毛詩鄭箋》，頁100。
〔註79〕朱熹：《詩經集註》，頁122。
〔註80〕朱熹：《詩經集註》，頁120。
〔註81〕方玉潤：《詩經原始》，頁936。
〔註82〕姚際恆：《詩經通論》，卷十一，頁232。
〔註83〕朱守亮：《詩經評釋》，頁632。

整治的。而今寬廣平坦整齊的田原上，是由主祭者耕種的。不但畫好了界壟，還治好了溝塗，順著地勢及水勢錯綜布列著。冬天時，當天空全為雲所遮，一副將下雪的樣子，接著雪真的紛紛落下。再加上春天時下點小雨，因為雨水充足，潤澤著大地，所以，極適於農作物的生長。〔註84〕疆界田畔十分整齊，所種的黍稷非常茂盛，主祭者將收割來的穀物，做成酒食用來祭祀，並將其賜予尸及助祭者，這樣的祭祀，能夠使主祭者長壽萬年。田中有房舍，便於耕種，而田壟之上則種滿了瓜，可以盡地利，一點也不浪費。將瓜剖剝並做成醃漬物，進獻給祖先，〔註85〕這樣主祭者能夠長壽並得到上天的賜福。祭祀時用酒灌地求神於陰，然後迎牲，〔註86〕並以清酒、紅色的公牛獻於祖先。接著拿著製作精美、有鸞鈴的刀，來開啟牠的毛，以告祖先這紅色公牛的毛色是純的，肉體是新鮮的，用來表示主祭者的誠意，接著取下牠的脂膏，用於祭祀時燃艾草以求神。〔註87〕黍稷以為酒食，瓜果醃製為菹，騂牡殺為犧牲，都是用作祭祖的供品，祭品如此豐盛美潔，用來祭祀祖先，祭物的氣味芬芳，香氣上達，祭祀十分完備，祖先們都回來受享，所以，能夠報以大福，賜給主祭者長壽萬萬年。

〈信南山〉一詩，是以大自然為背景，從地上的綿延廣闊的田野，平整的田畝及溝渠，到天上的雨雪紛紛，四時充美，都是為了鋪排下面的主題——「祭祀」，因為四時充美，才能有瓜、黍稷、清酒、騂牡等完備的祭品來祭祀祖先，所以〈信南山〉祭祀的虔敬是由祭祀物品之豐來呈現，而與〈楚茨〉是通過祭前參祭的人忙碌地準備活動來表現誠敬有所不同。是以，〈信南山〉祭祀的群像圖是以農事為主，但不言農事之勞，而是從「維禹甸之」的創業，到「曾孫田之」，瓜、黍稷的收成，在在表現其謹慎守成又感恩的心，而真正提及祭祀的部份則有尸賓的「餕餘之禮」，〔註88〕也是藉由豐收後的祭祀，透

〔註84〕 姚際恆《詩經通論》云：「田事：冬雪宜大，春雨宜小。『雰雰』，以言雪大，『靡靡』以言雨小。」（語見姚際恆：《詩經通論》，卷十一，頁232。）故冬雪大、春雨小，極適於農作物的生長。

〔註85〕 朱熹《詩經集註》：「於畔上種瓜以盡地利，瓜成剝削，淹漬以為菹，而獻皇祖。」（語見朱熹：《詩經集註》，頁122。）

〔註86〕 「從以騂牡」，余培林：「祭時先以酒灌地求神於陰，然後迎牲。」（語見余培林：《詩經正詁》下冊，頁235。）

〔註87〕 余培林《詩經正詁》：「取血與脂膏，合以黍稷，實之於蕭，燔之以求神於陽也。」（語見余培林：《詩經正詁》下冊，頁235。）

〔註88〕 所謂「餕餘」，就是吃祖先吃剩下的食物，這是祖先留下的福祉。

露感恩之心，因爲這些都是祖先遺留下來的福祉，尸賓才有機會享用。此外，就是藉由祭祀時的「祭以清酒，從以騂牡。享于祖考，執其鸞刀。以啓其毛，取其血膋」，從其細膩的動作及其敬謹的態度來表現其誠意。

三、〈小雅·甫田〉

倬彼甫田，歲取十千。我取其陳，食我農人。自古有年。今適南畝，或耘或耔，黍稷薿薿。攸介攸止，烝我髦士。（一章）

以我齊明，與我犧羊，以社以方。我田既臧，農夫之慶。琴瑟擊鼓，以御田祖，以祈甘雨，以介我稷黍，以穀我士女。（二章）

曾孫來止，以其婦子，饁彼南畝。田畯至喜，攘其左右，嘗其旨否。禾易長畝，終善且有。曾孫不怒，農夫克敏。（三章）

曾孫之稼，如茨如梁。曾孫之庾，如坻如京，乃求千斯倉，乃求萬斯箱，黍稷稻粱。農夫之慶，報以介福，萬壽無疆。（四章）

《詩序》：「〈甫田〉刺幽王也。君子傷今而思古焉。」〔註89〕《鄭箋》：「刺者，刺其倉廩空虛，政煩賦重，農人失職。」〔註90〕《鄭箋》甚至認爲〈甫田〉與稅賦制度有關：「甫之言丈夫也，明乎彼大古之時，以丈夫稅田也，歲取十千，於井田之法，則一成之數也，九夫爲井，井稅一夫，其田百畝，井十爲通，通稅十夫，其田千畝，通十爲成，成方十里，成稅百夫，其田萬畝，欲見其數，從井通起，故言十千，上地穀，畝一鍾。」〔註91〕呂東萊則駁之曰：「溥天之下，莫非王土，王土所生，莫非曾孫之稼也，鄭氏以稅言之陋矣。執訊獲醜，戰士之慶也，黍稷稻粱，農夫之慶也。蓋農夫視黍稷稻粱之豐，以爲天下之慶盡在此矣。」〔註92〕呂氏又曰：「今者，指周盛王之時也，言周王適南畝以勞農，見農夫敬布田野，或耘或耔，而其黍稷薿薿然而盛，乃相助而休息之，又於間進其髦俊者以勞勉之。」呂氏認爲此爲君王勞農並御田祖祈福之詩，故此詩當爲周盛王時之詩，而非衰世之詩，〔註93〕而方玉潤的分析更爲詳實，方氏認爲：「此王者祈年因而省耕也，祭方社，祀田祖，皆所以祈甘雨，非報成也。觀其或耘

〔註89〕鄭玄：《毛詩鄭箋》，頁 103。
〔註90〕鄭玄：《毛詩鄭箋》，頁 103。
〔註91〕鄭玄：《毛詩鄭箋》，頁 103。
〔註92〕呂祖謙：《呂氏家塾讀書記》，卷十二，頁 564。
〔註93〕呂祖謙：《呂氏家塾讀書記》，卷十二，頁 563。

或耔，曾孫來省，以至嘗其饁食，非春夏耕耨時乎？至末章極言稼穡之盛，乃後日成效，因『農夫克敏』一言，推而言之耳，文章有前路，自有後路，賓主須分，乃得其妙，不然方祈甘雨，何以便報成也？」〔註94〕所以，〈甫田〉一詩，當是詩人詠君王勞農祈豐年祭祀之詩。

〈甫田〉一詩，全詩四章，一章述勤農之事。二章則以禮備樂盛以祈神。三章述君王饁禮，重農愛民之事。四章寫稼穡之盛，祭神求福之事。方玉潤認爲此詩：「稼穡之盛，由於農夫克敏；農夫克敏，由於君上能愛農以事神。全篇章法一線，妥貼周密，神不外散。」〔註95〕

是以，〈甫田〉一詩所呈現的君王祈豐年祭祀之群像圖，是以敬天重農的思想爲主題來表現的，因君王重農，所以農夫克敏；因農夫克敏，所以能有稼穡之盛；因稼穡之盛，所以君王能得大福，故君王祭神以求豐年，可見重農、豐收、福祿、祭神，四者關係密切，環環相扣，任何一環節都疏忽不得。於是詩一開始即描繪那廣闊的田土，因爲有廣闊的田土，所以收成才能成千上萬；因爲收成很多，倉庫裝都裝不下，舊的糧食都還沒吃完，新糧又大豐收，自古以來都是如此，所以，君王將舊糧給農人食用，空出倉廩來儲放新糧。君王到南畝來巡視，有的農人在除草，有的則在覆土培根，非常勤勞忙碌地在耕種，所以，黍稷才能長得那麼茂盛。於是君王停在那兒稍作休息，並接見農夫中最優秀的，體察下情，聽聽他們說的話，慰勞慰勞他們。君王來到這兒，看到了農夫的婦子一起來送飯的情形，田官非常高興地嚐嚐飯菜是否甘美。田中的農作物能夠長得那麼多又那麼好，全都是因爲君王重農愛民，〔註96〕使得農人更加勤奮耕種的結果。

緊接著是收穫之前的祭祀活動，準備了祭神的飯，盛於祭器中，同時準備了純色的羊，來祭祀土神及四方之神。因爲今天田畝能夠那麼肥沃，收穫能夠那麼好，全是神賜之福。所以，準備了琴、瑟、鼓等樂器，來迎接后稷之神。〔註97〕並祈求能夠天降甘霖，〔註98〕要使黍稷的收穫能夠豐盛，要使

〔註94〕 方玉潤：《詩經原始》，頁940。

〔註95〕 方玉潤：《詩經原始》，頁940。

〔註96〕 姚際恆《詩經通論》：「王者省耕，至于嘗其饁食，古王之愛民重農如此。」（語見姚際恆：《詩經通論》，卷十一，頁234。）

〔註97〕 方玉潤《詩經原始》：「於方社則詳禮物，於田祖則詳樂器，互文以見義。」（語見方玉潤：《詩經原始》，頁939。）所以，不管是祭社、祭方、祭田祖，於祭物、樂器等祭禮上，無一不備，十分虔敬。

〔註98〕 姚際恆《詩經通論》：「『以祈甘雨』，只是祭田祖而順祈之，非別爲雩祭也。」

老百姓們都能養活一家子。請求這些神祇施展神力，使黍稷稻粱不受旱、澇、蟲災危害，確保稼穡豐收，到時要派萬輛車來載運，要再蓋更大更高的穀倉來儲放這些稼穡。農夫能有這樣的福報，也是因為君王之德，所以，也藉由祈神求福，祝君王萬壽無疆。

　　整個祭禮中粢盛羅列，犧羊間陳；琴瑟緩奏，鼓聲激昂；農民載歌載舞，歡慶喜悅。詩人從不同的角度和側面，把祭祀的場面寫得有聲有色，熱鬧非凡，給人一種如聞其聲，如見其人的藝術享受。所以全詩從稼穡的茂盛，祭祀的熱鬧，到期望穀物的豐收，君民的關係是親切融洽的，氣氛是熱烈的。就連祭祀的場面也不是嚴肅的，而是帶有喜樂的心來祈神，格調明快熱烈，主祭者洋溢著喜悅自得的神情，因為他是受民愛戴的君王，是受神護祐的君王。所以，〈甫田〉一詩所呈現的君王祈豐年祭祀之群像圖，沒有〈楚茨〉莊嚴肅穆的場面，君王的形象是親民愛民，而不是高高在上的，是可以與民同樂的；而農民們也是本著喜樂的心參與祭祀慶祝，君民上下和樂，更顯示出君王之德，由其德而顯其誠，所以，自不需藉由祭物之豐或祭禮之嚴來表其誠敬。

四、〈小雅・大田〉

> 大田多稼，既種既戒。既備乃事，以我覃耜，俶載南畝，播厥百穀。既庭且碩，曾孫是若。（一章）
>
> 既方既皁，既堅既好，不稂不莠。去其螟螣，及其蟊賊，無害我田穉。田祖有神，秉畀炎火。（二章）
>
> 有渰萋萋，興雨祈祈，雨我公田，遂及我私。彼有不穫穉，此有不斂穧；彼有遺秉，此有滯穗，伊寡婦之利。（三章）
>
> 曾孫來止，以其婦子，饁彼南畝，田畯至喜。來方禋祀，以其騂黑，與其黍稷，以享以祀，以介景福。（四章）

《詩序》：「〈大田〉刺幽王也。言矜寡不能自存焉。」〔註99〕余培林駁之曰：「詩明言『遺秉』、『滯穗』，『伊寡婦之利』，而《序》謂『矜寡不能自存』，誤矣。」〔註100〕朱熹《詩經集註》云：「此詩為農夫之辭，以頌美其上，若以

（語見姚際恆：《詩經通論》，卷十一，頁 234。）
〔註99〕鄭玄：《毛詩鄭箋》，頁 103。
〔註100〕余培林：《詩經正詁》下冊，頁 244。

答前篇之意也。」〔註101〕余氏並認為：「以文中『雨我公田，遂及我私』二語觀之，其說近是；然以之衡度全詩，則仍未全合。實則此詩乃記辛勤耕作之歷程及豐收後之祭神活動。始述播種，次述除害，再述豐收，末述祭神，非久於農事者不能為也。」〔註102〕朱守亮也認為：「此農夫樂豐年祭祀之詩。」〔註103〕按〈大田〉一詩是樂豐年祭祀之詩當無誤，然主祭之人當為君王，而非農夫，由詩中「曾孫來止」，及其祭時使用「騂黑」，可知其身分當為君王，而非一般的農夫。故此詩應是君王樂豐年而祭祀之詩。

〈大田〉一詩，一章寫春天播種，從選種、備具、下田、播種。二章則述夏日除草、除蟲之勞。三章則寫秋季收割，雖寡婦亦得其利。末章則言豐收後周王祭祀之誠。全詩依春耕、夏耘、秋收、冬祭進行，層次分明有序。

〈大田〉一詩所呈現的祭祀圖，是從祭祀前的耕種描繪起：面積廣大的田，收成多。因此，相對地，勞動的任務繁重，準備的工作亦多，播種之前，要選擇優良的種子，這是保證豐收的首要任務。其次，是修理好農具，所謂「工欲善其事，必先利其器。」然後，農夫們扛著銳利的犁，帶著優良的品種，到南畝耕種。就這樣，開始了一年中最重要的春耕播種活動。終於，皇天不負苦心人，播下的種子，轉瞬間長成了一大片挺直壯碩的禾苗，讓君王看了，非常滿意。〔註104〕

春耕之後就是夏日除害，除了除草，還要驅蟲，除去害苗之草較易，驅蟲則較難，尤其在當時，相對於現代社會而言，生產力和科學技術是極為低下的，但所幸有田祖之神的幫助與庇祐，可藉由夜間舉火來消滅螟、螣、蟊、賊等四種害蟲，〔註105〕這樣才能使稻禾從穀殼生而未合，到殼已合而實未堅，到最後的稻穗堅實又飽滿，一路健康生長。然而這豐收在望的成果裡面，需要滴下多少農夫們辛勤的汗水，包含著多少農夫們與自然災害的艱苦抗爭。故以驅蟲作為重點描寫，因為一旦稍有疏失，蟲災的危害特別大，可能造成一年的心血化為烏有，所以，面對蟲災肆虐，農夫們不是聽天由命，而是嚴

〔註101〕朱熹：《詩經集註》，頁 124。

〔註102〕余培林：《詩經正詁》下冊，頁 244～245。

〔註103〕朱守亮：《詩經評釋》，頁 636。

〔註104〕朱守亮《詩經評釋》：「『曾孫是若』，言順曾孫之意願。」（語見朱守亮：《詩經評釋》，頁 637。）

〔註105〕屈萬里《詩經詮釋》：「夜舉火於田間，則螟蟲之屬，皆投火自焚；一若田祖之神馳而投之於火也。」（語見屈萬里：《詩經詮釋》，頁 413。）

正地警告牠們：「無害我田穉!」進而採取驅趕坑殺的行動，於是「秉畀炎火」，目的是使猖狂的害蟲葬身火窟。〔註106〕接著因為有雨水的滋潤，不管是公田、私田，都有很棒的收成。所以，有尚未收穫的穉禾；有割而未收束的穉禾；有遺棄的禾把；有滯留於野，遺棄之禾穗，就連寡婦都因此而獲利，可見收穫之豐。〔註107〕

　　所以，君王來到這兒，看到了農夫的婦子一起來送飯的情形，田官非常高興地準備祭品祭四方之神，所準備的祭品有牛、豬、羊〔註108〕、黍稷，以求神明賜予大福。

　　〈大田〉一詩所呈現的祭祀圖，是因豐年而祭祀，所以主要寫祭祀前的農事辛苦，從春耕、夏耘、秋收，之後才進到冬祭的主題，在此詩中，祭祀時所呈現的除了虔敬、感恩的心外，最重要還表達了仁愛之心，從「雨我公田，遂及我私」到「彼有不穫穉，此有不斂穧；彼有遺秉，此有滯穗，伊寡婦之利」，可以知之。〈大田〉一詩沒有〈甫田〉熱鬧的場面，但卻有感人的畫面。雖然，〈大田〉詩中祭祀的場面僅以「來方禋祀，以其騂黑，與其黍稷，

〔註106〕這在後來成為古代人們滅蟲的傳統方法，《舊唐書》中即記載：「開元四年，山東蝗蟲大起，（姚）崇奏曰：『《毛詩》云：秉彼蟊賊，以付炎火。又漢光武詔曰：勉順時政，勸督農桑，去彼螟蜮，以及蟊賊，此並除蝗之義也。蟲既解畏人，易為驅逐。又苗稼皆有地主，救護必不辭勞。蝗既解飛，夜必赴火。夜中設火，火邊掘坑，且焚且瘞，除之可盡……。』乃遣御史分道殺蝗。」利用火終於撲滅蟲害，保住了莊稼。由此可見〈大田〉滅蟲經驗記載對後來的重大影響。（語見劉昫等撰：《舊唐書・姚崇傳》，《文津閣四庫全書・舊唐書》史部・正史類93，卷九十六，列傳第四十六，北京：商務印書館，2005年，頁759。）

〔註107〕姚際恆《詩經通論》有云：「『彼有不穫穉』至末，極形其粟之多也，即上篇『千倉萬箱』之意，而別以妙筆出之，非謂其有餘而不盡取也，非謂其與鰥寡共之也，非謂其為不費之惠也，非謂其不棄於地也。而解者不知，偏以此等為言，且以『粒米狼戾』為反襯語。」（語見姚際恆：《詩經通論》，卷十一，頁235～236。）而方玉潤《詩經原始》也認為：「此篇省斂，本欲形容稼穡之多，若從正面描摹，不過千倉萬箱等語，有何意味？且與上篇犯複，尤難出色，詩只從遺穗說起，而正穗之多，自見其穗之遺也，有低小之穗，為刈穫之所不及者，有刈而遺忘，為束縛之所不備者，亦有束縛雖備，而為輦載之所不盡者，且更有輦載雖盡而折亂在壠，為刈穫所不削，而束縛難拾者，凡此皆寡婦之利也，事極瑣碎，情極閒淡，詩篇盡情曲繪刻摹無遺，娓娓不倦，無非為多稼穡一語設色生光，所謂愈淡愈奇，愈閒愈妙，善於脫法耳。」（語見方玉潤：《詩經原始》，頁943～945。）方、姚二人均認為詩中所言「彼有不穫穉，此有不斂穧；彼有遺秉，此有滯穗」，是言豐收之狀。

〔註108〕《毛傳》：「黑，羊豕也。」（語見鄭玄：《毛詩鄭箋》，頁104。）羊、豬同牛為三牲，屬太牢。

以享以祀，以介景福」一語帶過，但因爲政者的無私，有仁愛之心，感動天地，所以，能賜予福祿萬萬年。

綜而言之，誠如王質所言：「大凡詩人言祭祀，必以農事起辭，言農事，必以祭祀續辭，言農事祭祀，必以福祿結辭，三者未有闕一者也。」〔註109〕而〈楚茨〉、〈信南山〉、〈甫田〉、〈大田〉四詩，皆符合此一規律。雖皆以農事開頭，以祭祀續辭，以福祿結辭，但因祭祀目的不同，其所呈現的畫面也不盡相同，即使〈楚茨〉、〈信南山〉都是王者祭祀宗廟之詩，但二者之寫作風格並不相同，誠如姚際恆所言：「上篇鋪敘閎整，敘事詳密；此篇則稍略而加以跌蕩，多閒情別致，格調又自不同。」〔註110〕從內容上來看，〈楚茨〉篇詳敘祭祀儀禮典制和祭祀活動的情形，而〈信南山〉對這些卻寫得極其簡略，詩人的重點似乎不在寫祭祀諸事來表明對先祖的崇拜和誠敬，而是更注重祭品之豐盛及「因祭祀而推原粢盛所自出。」〔註111〕故〈信南山〉一詩所呈現的祭祀風貌自與〈楚茨〉不同。而〈大田〉一詩，與〈甫田〉大同小異。此二詩，雖都爲豐年而祭祀，但〈甫田〉是先祭祀而祈豐年，而〈大田〉則是因豐年而祭祀。〈甫田〉是君王祈豐年祭祀之詩，側重寫君王的省耕、祈年、大穫，故從王者一面盡力描摹，所以，〈甫田〉「詳於察與省，而略於耕；此篇（〈大田〉）詳於斂與耕，而略於省與察」。〔註112〕

在人物形象的部份，參祭者方面，有大夫威儀有容，廚師的敬愼敏捷，君婦的敬謹，尸、祝、田官的各擅其職，在在呈現堅守禮儀法度的形象，表現對神的敬意。而在君主形象部份，〈楚茨〉一詩所呈現的君主（主祭者）形象是恭敬敏疾而又合法度的形象；〈信南山〉是謹愼守成又感恩的君主形象；〈甫田〉是親民愛民、受民愛戴，有德的君主形象；〈大田〉則是無私的、有仁愛之心的君主形象。形象雖稍有不同，但其對神的恭敬誠意之心卻是相同的，所以，都能享有神所賜予的大福。

第四節　宴飲圖

宴飲詩或稱爲燕飲詩或宴饗詩、燕饗詩。趙沛霖曾針對宴飲詩定義說：

〔註109〕王質：《詩總聞》，卷十三，頁254。
〔註110〕姚際恆：《詩經通論》，卷十一頁233。
〔註111〕方玉潤：《詩經原始》，頁930。
〔註112〕方玉潤：《詩經原始》，頁943。

「《詩經》中的宴飲詩又稱宴饗詩，一般是指那些專寫君臣、親朋歡聚宴享的詩歌。」〔註113〕孔德凌則針對宴飲的性質及內容提出其看法：

> 宴飲詩是關於君臣諸侯、親朋宗族之間朝聘大饗、聚會燕飲及祭祀後合族共宴、祈福饗尸等宴飲活動的詩歌，表現君子與貴族的美德、威儀，主人的慈惠、大方，賓客的感謝和頌祝，酒食的豐盛，祭祀的虔誠，禮節的周備。〔註114〕

而劉耀娥則認為：「廣義來說，凡是可用於宴飲奏樂的詩，都可稱為宴飲詩，這是從『用詩』的角度來看的，詩的內容不一定和宴飲主題有關。就狹義上來講，以宴飲為主題或詩辭中含有宴飲之意的詩，始可稱為宴飲詩，這是就『作詩之意』而言的。」〔註115〕是以，本節中對於「宴飲」的界定，則採劉耀娥狹義宴飲的定義，而研究範圍則以趙沛霖、江乾益、劉耀娥等三人所提出之宴飲詩之詩篇為主，並從其中篩選出以宴飲為主題，詩中有宴飲之名物，且具有豐富群像者，作為本研究之對象，計有〈小雅·鹿鳴〉、〈常棣〉、〈伐木〉、〈彤弓〉、〈桑扈〉、〈頍弁〉、〈賓之初筵〉、〈瓠葉〉、〈大雅·行葦〉、〈既醉〉、〈鳧鷖〉、〈魯頌·有駜〉等十二篇。【參見附表五】

　　《詩經》中的宴飲詩，可說是上古展現禮樂文化最淋漓盡致的作品。是以本研究即以上述十二篇為研究範圍，以觀《詩經》中如何呈現宴飲之群像。

一、〈小雅·鹿鳴〉

> 呦呦鹿鳴，食野之苹。我有嘉賓，鼓瑟吹笙。吹笙鼓簧，承筐是將。人之好我，示我周行。（一章）
> 呦呦鹿鳴，食野之蒿。我有嘉賓，德音孔昭。視民不恌，君子是則是傚。我有旨酒，嘉賓式燕以敖。（二章）
> 呦呦鹿鳴，食野之芩。我有嘉賓，鼓瑟鼓琴。鼓瑟鼓琴，和樂且湛。我有旨酒，以燕樂嘉賓之心。（三章）

〔註113〕趙沛霖：〈詩經宴飲詩與禮樂文化精神〉，《天津師大學報》第6期，（1989年），頁60。

〔註114〕孔德凌：《詩經宴飲詩與周代禮樂文化》，（曲阜：曲阜師範大學碩士論文，2004年4月），頁4。

〔註115〕劉耀娥：《詩經宴飲詩研究》，（台中：中興大學中文研究所碩士論文，2006年6月），頁3。

《詩序》:「燕群臣嘉賓也。既飲食之,又實幣帛筐篚,以將其厚意,然後忠臣嘉賓得盡其心矣。」〔註116〕朱熹《詩經集註》則說:「此燕饗賓客之詩也。蓋君臣之分,以嚴爲主;朝廷之禮,以敬爲主。然一於嚴敬,則情或不通,而無以盡其忠告之益。故先王因其飲食聚會,而制爲燕饗之禮,以通上下之情。」〔註117〕姚際恆指出《詩序》將「嘉賓」和「群臣」連言,是由於「《儀禮・燕禮》、〈鄉飲酒禮〉皆歌此詩,意兼四方之賓及鄉之賓言之,不知〈燕禮〉、〈鄉飲酒禮〉作於《詩》後,正謂凡燕賓取此詩而歌之,非此詩之爲燕賓而作也。」〔註118〕所以,姚氏認爲〈鹿鳴〉是一首燕群臣之詩。而方玉潤也針對「群臣」和「嘉賓」提出看法,他說:「夫嘉賓即群臣,以名分言曰臣,以禮意言曰賓,文武之待群臣如待大賓,情意既洽而節文又敬,故能成一時盛治也。」〔註119〕方氏亦認爲嘉賓即群臣,並強調在上位者誠意對下,也要求在下者誠意對上,君臣之間關係融洽,無心防,事事可談,這就是周代的一種倫理觀,稱爲「上下交爲泰」。〔註120〕綜上所述,此詩應是如同《詩序》所言,描寫天子宴請群臣,呈現上下一片和諧,君臣同樂的詩歌。

是以,〈小雅・鹿鳴〉一詩,全詩三章都以鹿鳴起興,首章言待賓之厚,以作樂與贈幣來具體呈現;〔註121〕二章述嘉賓之美,頌美嘉賓有好聲名〔註122〕及態度不輕薄,〔註123〕群臣有德,君臣和樂飲酒;三章再以音樂與美酒總結,

---

〔註116〕鄭玄:《毛詩鄭箋》,頁67。

〔註117〕朱熹:《詩經集註》,頁78。

〔註118〕姚際恆:《詩經通論》,頁173。

〔註119〕方玉潤:《詩經原始》,頁715。

〔註120〕王鏊〈親政篇〉曾引《易》中之〈泰〉、〈否〉說明君臣之關係:「《易》之〈泰〉曰:『上下交而其志同。』其〈否〉曰:『上下不交,而天下無邦。』蓋上之情達於下,下之情達於上,上下一體,所以爲『泰』。上之情壅閼而不得下達,下之情壅閼而不得上聞,上下閒隔,雖有國而無國矣,所以爲『否』也。交則泰,不交則否,自古皆然。」(語見謝哲夫・遲嘯川《新編古文觀止》,台北:台芝文化事業有限公司,1996年,頁898。)

〔註121〕「承筐是將」,余培林:「筐所以盛幣帛。古天子或諸侯於燕饗之禮中,往往以幣帛贈送賓客,致其款誠之意,以勸賓客多用酒食,而得盡興也。」(語見余培林:《詩經正詁》下冊,頁5。)

〔註122〕「我有嘉賓,德音孔昭。視民不恌,君子是則是傚」,朱熹《詩經集註》闡釋最明,他說:「言嘉賓之德音甚明,足以示民使不偷薄,而君子所當則傚。則亦不待言語之間,而其所以示我者深矣。」(語見朱熹:《詩經集註》,頁78。)

〔註123〕「視民不恌」,余培林:「顯示於民者,無輕薄之態。」(語見余培林:《詩經正詁》下冊,頁6。)

使宴會達到最高潮，君臣和樂，上下歡飲。此詩誠如馬瑞辰《毛詩傳箋通釋》所云：「文法參差而義實相承，首章前六句言我之敬賓，後二句言賓之善我，二章前六句即承首章『人之好我』言，後二句乃言我之樂賓，三章前六句即接言賓之樂，後二句又申我之樂賓，以明賓之樂，實我有以致之也。」〔註124〕全詩以敬賓、樂賓為主軸，而呈現一片賓主同樂的氣氛。所以，余培林亦云：「既迎之以琴瑟笙簧，又贈之以幣帛，享之以旨酒，如此誠意厚情，君臣自然了無睽隔而和樂且湛矣。」〔註125〕此言頗能得其深義矣。

而〈小雅・鹿鳴〉一詩，又是如何呈現君臣宴飲圖詩呢？首先三章前二句皆以鹿鳴起興，與〈國風〉中所提到的雞鳴、蟲鳴、雉鳴，氣氛自是不同。所以鹿鳴所渲染出來的氣氛則與三章中宴會時莊嚴隆重的場面相呼應。鹿鳴呦呦的鳴叫與琴瑟笙簧的演奏，再加上主人熱誠的款待與客人恭敬的回應，形成全詩和諧歡樂的基調。周王備美酒，奏燕歌，誠意地邀請群臣共飲，還贈送幣帛給群臣，勸賓客多用酒食，顯示周王款待之誠，賓客因此得以盡興。此外，還頌美群臣擁戴、愛護周王，還教示周王治國大道，〔註126〕群臣有好聲名，態度不輕薄，可以作為效法的對象。所以，這場宴會所呈現的是周王得治國之至道，群臣也獲得周王豐富的賞賜，上下一心，誠意對待，賓主盡歡，一片和樂融融的氣氛。

二、〈小雅・常棣〉

　　　常棣之華，鄂不韡韡。凡今之人，莫如兄弟。（一章）

　　　死喪之威，兄弟孔懷。原隰裒矣，兄弟求矣。（二章）

　　　脊令在原，兄弟急難。每有良朋，況也永歎。（三章）

　　　兄弟鬩于牆，外禦其務。每有良朋，烝也無戎。（四章）

　　　喪亂既平，既安且寧。雖有兄弟，不如友生。（五章）

　　　儐爾籩豆，飲酒之飫。兄弟既具，和樂且孺。（六章）

　　　妻子好合，如鼓瑟琴。兄弟既翕，和樂且湛。（七章）

〔註124〕馬瑞辰：《毛詩傳箋通釋》，頁152。
〔註125〕余培林：《詩經正詁》下冊，頁7。
〔註126〕「人之好我，示我周行」，《孔疏》引王肅云：「夫飲食以享之，笙瑟以樂之，幣帛以將之，則能好愛我；好愛我，則示我以至美之道矣。」（語見孔穎達：《毛詩正義》，頁558。）

宜爾家室，樂爾妻帑。是究是圖，亶其然乎？（八章）

《詩序》：「〈常棣〉，燕兄弟也。閔管蔡之失道，故作〈常棣〉焉。」〔註127〕《鄭箋》：「周公弔二叔之不咸，而使兄弟之恩疏，召公爲作此詩而歌之以親之。」〔註128〕《孔疏》：「作〈常棣〉詩者，言燕兄弟也。謂王者以兄弟至親，宜加恩惠，以時燕而樂之。」〔註129〕《鄭箋》與《孔疏》皆承《序》說，認爲此詩乃鑑於管蔡失道而作，有要其兄弟相親之意。朱熹《詩經集註》：「此燕兄弟之樂歌」，又言：「此詩蓋周公既誅管蔡而作。」〔註130〕姚際恆則認爲當合併而云：「此周公既誅管蔡而作，後因以爲燕兄弟之樂歌。」〔註131〕然觀《國語・周語》曾記載：「周文公之詩曰：『兄弟鬩于牆，外禦其侮。』」〔註132〕明言此詩爲周公所作。而《左傳》僖公二十四年則寫道：「昔周公弔二叔之不咸，故封建親戚，以藩屏周。……，召穆公思周德之不類，故糾合宗族於成周而作詩曰：『常棣之華，鄂不韡韡。』其四章曰：『兄弟鬩於牆，外禦其侮。』」〔註133〕則認爲此詩爲召穆公所作。然《左傳》又曰：「擇禦侮者，莫如親親，故以親屏周。召穆公亦云。」杜注：「周公作詩，召公歌之，故言『亦云』也。」〔註134〕韋昭《國語》注，則說之甚詳：「周公旦之所作〈常棣〉之詩是也，所以閔管蔡而親兄弟。……，其後周衰，厲王無道，骨肉恩闕，親親禮廢，宴兄弟之樂絕。故邵穆公思周德之不類，而合其宗族於成周，復循〈常棣〉之歌以親之。」〔註135〕故後人多從《序》說，認爲此詩爲周公所作，而詩旨即在於燕兄弟，並勸兄弟相親之詩。方玉潤《詩經原始》評述此詩亦強調：「良朋妻孥未嘗無助於己，然終不若兄弟之情親而相愛也。蓋良朋妻孥皆以人合，而兄弟則以天合，以天合者，雖離而實合，以人合者，雖親而實疏。」〔註136〕可見周代自管蔡之亂之後，頗能引以爲戒，顯示非常重視兄弟相親之情，認爲這種親情是與生俱來，難以割捨的。

〔註127〕鄭玄：《毛詩鄭箋》，頁68。
〔註128〕鄭玄：《毛詩鄭箋》，頁68。
〔註129〕孔穎達：《毛詩正義》，頁568。
〔註130〕朱熹：《詩經集註》，頁80。
〔註131〕姚際恆：《詩經通論》，頁176。
〔註132〕左丘明撰，韋昭注：《國語》，頁45。
〔註133〕左丘明著，杜預集解，竹添光鴻會箋：《左傳會箋》，頁487～490。
〔註134〕左丘明著，杜預集解，竹添光鴻會箋：《左傳會箋》，頁491。
〔註135〕左丘明撰，韋昭注：《國語》，頁46。
〔註136〕方玉潤：《詩經原始》，726。

　　是以，〈小雅‧常棣〉一詩，全詩八章，首章總論，以常棣之花萼相承，興兄弟手足相親之義；〔註137〕二到四章則分言當不安定時，兄弟之間的彼此相待又是爲何？二章言遇死喪之禍，惟兄弟相求相依；三章言有急難則兄弟相救；四章言兄弟雖有爭鬥，然外侮來時則共禦之；五章則論平時的兄弟之交，言戰亂平定，既安且寧，兄弟益宜相親相愛，不可只知朋友，而忘了兄弟；六、七、八章則寫兄弟和樂宴飲。余培林評析此詩說：「一章『凡今之人，莫如兄弟』，五章『雖有兄弟，不如友生』，各開啓下三章。前四章述死喪急難，始見兄弟眞情，後四章述喪亂既平，兄弟亦應和樂相處，宜室家樂妻帑。前者述實然，故多精闢語；後者述應然，故多勉勵語。前後截然，畛域清楚。」〔註138〕余氏所言甚是。

　　而〈小雅‧常棣〉一詩又是如何呈現兄弟和樂宴飲圖呢?首先以常棣之花萼相承相依，來興起兄弟手足相親之義，而詩中「鄂不韡韡」，即是特別強調兄弟間的親情要能保持新鮮，否則花萼脫離了花，這朵花也難保鮮，隨時會凋萎。這種形象的呈現，人們極易理解，所以，下文引起「凡今之人，莫如兄弟」，來強調兄弟情之可貴。於是，接著分述兄弟如何患難中見眞情，其一是當面臨死喪之禍的威脅時，〔註139〕兄弟會關心、擔心對方並爲其設法；〔註140〕在困窮流離，群聚於原野時，也只有兄弟能相求、相依；〔註141〕其二是遇到急難時，兄弟會義無反顧地相救，而朋友只是空自嘆息，〔註142〕卻沒有任何救援的行動；其三則是即使兄弟間有摩擦，但是當有外人欺侮時，則會放下之前的嫌隙

〔註137〕「鄂不韡韡」，余培林：「《箋》：『承花者曰鄂。不，當作拊；拊，鄂足也。古聲不、拊同。』戴震《毛鄭詩考正》曰：『鄂不，今字爲萼跗。』姚氏《通論》曰：『萼，花苞也。不，花蒂也。』按鄂不象徵兄弟。」（語見余培林：《詩經正詁》下冊，頁15。）
〔註138〕余培林：《詩經正詁》下冊，頁19。
〔註139〕「死喪之威」，余培林：「威，《傳》：『畏也。』馬氏《通釋》曰：『兵死曰畏。』按『威』爲動詞，與下句『懷』字相對應。『死喪之威』，死喪是畏也。馬氏訓爲兵死，恐誤。」（語見余培林：《詩經正詁》下冊，頁16。）
〔註140〕兄弟孔「懷」，《傳》：「思也。」（語見鄭玄：《毛詩鄭箋》，頁68。）
〔註141〕「原隰裒矣，兄弟求矣」，余培林：「《詩緝》曰：『方困窮流離，群聚於原野之時，維兄弟則相求以相依也。』按嚴氏用程伊川之意而稍易其辭，是也。」（語見余培林：《詩經正詁》下冊，頁16。）
〔註142〕「每有良朋，況也永歎」，余培林：「況，《傳》：『茲也。』永，《傳》：『長也。』戴震《毛鄭詩考正》曰：『茲，今通用滋。《說文》茲字注云：草木多益。滋字注云：益也。詩之辭意言不能如兄弟相救，空滋之長歎而已。』」（語見余培林：《詩經正詁》下冊，頁17。）

而同心協力對抗外侮，當此之時朋友雖眾多，也無任何的助益。〔註143〕這正是所謂愈是在喪亂危亡之中，愈能見其眞情呀!然而當戰亂平定，既安且寧之時，兄弟應更加相親相愛，千萬不可眼中只有朋友，又忘了兄弟。所以，準備了豐富的酒菜，族內兄弟皆到齊，大家一起和樂地共飲，彼此相親相愛，和樂融融。在筵席中良好氣氛的催化之下，兄弟感情更深了，彼此間能夠相處和樂，這是一件令人高興的事，因爲兄弟和則室家安，室家安則妻孥樂，人生所圖，眞的就是這麼簡單的道理罷了。可見兄弟和睦是家庭和樂的基礎，這是周人相當強調的觀念，也就是兄弟之情勝於夫妻之情，所以，〈谷風〉詩說：「宴爾新婚，如兄如弟」，恩愛的新婚夫妻，其情感好的程度就像兄弟之情一樣，若依現代人的想法，一定很難理解，但是，若照周代人重視宗族的觀念而言，就一點也不足爲奇了，因爲，此詩所強調的就是兄弟倫理的重要，所以，藉由宴飲，酒酣耳熱之際，大家放下心防，更能坦誠相待，增進情感交流。

　　而此詩所影響後代的不僅僅是倫理觀，在文學上，也常以「常棣」、「棣華」來稱代兄弟；以「脊原之痛」表示弔兄弟之喪；「棣萼榜」則表示兄弟都及第；兄弟詩文合集則被稱爲「花萼集」；而唐玄宗更爲了兄弟親善而建了「花萼相輝之樓」，此詩對後代影響之深，可見一斑。

三、〈小雅・伐木〉

　　　伐木丁丁，鳥鳴嚶嚶。出自幽谷，遷于喬木。嚶其鳴矣，求其友聲。
　　　相彼鳥矣，猶求友聲；矧伊人矣，不求友生？神之聽之，終和且平。
　　　（一章）

　　　伐木許許，釃酒有藇。既有肥羜，以速諸父。寧適不來，微我弗顧。
　　　於粲洒掃，陳饋八簋，既有肥牡，以速諸舅。寧適不來，微我有咎。
　　　（二章）

　　　伐木于阪，釃酒有衍。籩豆有踐，兄弟無遠。民之失德，乾餱以愆。
　　　有酒湑我，無酒酤我。坎坎鼓我，蹲蹲舞我。迨我暇矣，飲此湑矣。
　　　（三章）

《詩序》：「〈伐木〉，燕朋友故舊也。自天子至於庶人，未有不須友以成者，

〔註143〕「烝也無戎」，余培林：「烝，眾也。戎，《爾雅・釋言》：『戎，相也。』《傳》
　　　　　同。按相，佐助也。句謂良朋雖多亦無助。」（語見余培林：《詩經正詁》下
　　　　　冊，頁17。）

親親以睦，友賢不棄，不遺故舊，則民德歸厚矣。」〔註144〕朱熹《詩經集註》：「此燕朋友故舊之樂歌。」〔註145〕姚際恆更詳細地說：「此燕朋友、親戚、兄弟之樂歌。」〔註146〕而宴客之主人身分又為何？余培林認為：「篇中曰『八簋』，曰『諸父』、『諸舅』，曰『民之失德』，自是天子之詩。」〔註147〕而詩中「諸父」、「諸舅」、「兄弟」之義，《毛傳》稱：「天子謂同姓諸侯，諸侯謂同姓大夫皆曰父，異姓則稱舅。」〔註148〕朱熹《詩經集註》則強調其朋友之關係：「諸父，朋友之同姓而尊者」，「諸舅，朋友之異姓而尊者也。」〔註149〕

是以，〈小雅‧伐木〉一詩，全詩三章，每章首句皆以「伐木」起興，首章除了「伐木」之外，尚言鳥鳴，〔註150〕以鳥鳴之求友聲，而引起人更應求友生，總言朋友的重要；二章則言燕諸父、諸舅；三章言燕兄弟。朱熹《詩經集註》特別強調：「先諸父而諸舅，親疏之殺也。」「先諸舅而後兄弟者，尊卑之等也。」〔註151〕亦即連在宴飲這種輕鬆的場合，也是有親疏尊卑之分的，這也是周文化中特別強調的倫理內涵。

而〈小雅‧伐木〉一詩，所呈現的宴飲群像則是先藉「伐木」起興，首章除了「伐木」之外，尚言鳥鳴，並以鳥聲的呼朋引伴，而引起人更需要有友愛、有親情，所以，人們更應該誠慎，〔註152〕將這番話聽進去，才能擁有和樂平靜的生活。又因為宴飲是聯繫情感、溝通分享最好的方法，於是主人非常用心地先將宴會場地灑掃乾淨，〔註153〕準備了美酒、肥羊等豐富的酒食，還將其擺放整齊，以備宴請朋友故舊，寧可他們有事不來，也不能失了自己的誠意。〔註154〕

〔註144〕鄭玄：《毛詩鄭箋》，頁68～69。

〔註145〕朱熹：《詩經集註》，頁81。

〔註146〕姚際恆：《詩經通論》，頁178。

〔註147〕余培林：《詩經正詁》下冊，頁24。

〔註148〕鄭玄：《毛詩鄭箋》，頁69。

〔註149〕朱熹：《詩經集註》，頁81～82。

〔註150〕余培林：「二三章僅寫伐木，不寫鳥鳴，乃省略筆法。」（語見余培林：《詩經正詁》下冊，頁24。）

〔註151〕朱熹：《詩經集註》，頁82。

〔註152〕「神之聽之」，余培林：「《爾雅‧釋詁》：『神，重也。』又曰：『神，慎也。』馬氏《通釋》曰：『神，慎也。慎，誠也。神之，即慎之也。』按舊釋『神之聽之』為神若聽之，誤。」故「神之聽之」，乃言謹慎地聽人說話。（語見余培林：《詩經正詁》下冊，頁21。）

〔註153〕「於粲洒掃」，余培林：「於，歎詞。粲，《傳》：『鮮明貌。』句謂洒掃明潔也。」（語見余培林：《詩經正詁》下冊，頁22。）

〔註154〕朱熹《詩經集註》：「言具酒食以樂朋友如此，寧使彼適有故而不來，而無

由詩中可見從場地的整潔，食物的陳列，到強調食物的豐盛，在在表現出對待朋友故舊的誠敬之心，所以，兄弟親戚也都能感受到那份親切及誠意，因此都接受邀請來參加宴會。〔註155〕而天子對於朋友故舊非常大方，並不吝於分享，即使連乾食也不忘分享，以免使賓客心生怨尤，而導致失和，〔註156〕所以，利用閒暇之時，以宴會的方式拉近彼此的距離，以美酒、佳餚、歌舞來聯繫彼此的感情，與朋友相聚，一起飲酒作樂。〔註157〕主人的用心，除了從場地的佈置、食物的豐盛以及音樂與美酒等有形之物可見之外，詩人還針對心理層面來描繪，目的是要表現誠意，讓賓客有以客為尊的感覺。

四、〈小雅・彤弓〉

> 彤弓弨兮，受言藏之。我有嘉賓，中心貺之。鐘鼓既設，一朝饗之。
> （一章）
>
> 彤弓弨兮，受言載之。我有嘉賓，中心喜之。鐘鼓既設，一朝右之。
> （二章）
>
> 彤弓弨兮，受言櫜之。我有嘉賓，中心好之。鐘鼓既設，一朝醻之。
> （三章）

《詩序》：「〈彤弓〉，天子錫有功諸侯也。」〔註158〕《詩序》所本應是據《左傳》文公四年所載：「衛寧武子來聘，公與之宴，為賦〈湛露〉及〈彤弓〉。……，諸侯敵王所愾而獻其功，王於是乎賜之彤弓一、彤矢百、旅弓十、旅矢千，以覺報宴。」〔註159〕《鄭箋》亦云：「諸侯敵王所愾而獻其功，王饗禮之，於

使我恩意之不至也。孔子曰：『所求乎朋友，先施之未能也，此可謂能先施矣。』」由這段話可以看出古人對於朋友情誼之重視。（語見朱熹《詩經集註》，頁82。）

〔註155〕「兄弟無遠」，孔穎達：「兄弟親戚，無有疏遠，皆使召之而與之燕。」（語見孔穎達：《毛詩正義》，頁528。）

〔註156〕「民之失德，乾餱以愆」，余培林：「二句謂人於朋友只因乾餱之薄，不能推恩分人，而至於得咎。」（語見余培林：《詩經正詁》下冊，頁23。）

〔註157〕朱熹《詩經集註》：「言人之所以至於失朋友之義者，非必有大故，或但以乾餱之薄不以分人，而至於有怨耳。故我於朋友，不計有無，但及閒暇，則飲酒以相樂也。」可見古人對朋友非常重視，而表現朋友之義的方式之一，就是利用閒暇之時，與朋友相聚，一起飲酒作樂。（語見朱熹：《詩經集註》，頁82。）

〔註158〕鄭玄：《毛詩鄭箋》，頁74。

〔註159〕左丘明著，杜預集解，竹添光鴻會箋：《左傳會箋》，頁616～617。

是賜彤弓一，彤矢百，旅弓矢千，凡諸侯，賜弓矢然後專征伐。」〔註160〕朱熹《詩經集註》也解為：「此天子燕有功諸侯，而錫以弓矢之樂歌。」〔註161〕方玉潤更認為：「是詩之作，當是周初制禮時所定，其詞甚莊雅，而意亦深厚。曰：『一朝饗之』者，謂錫弓之日，非但錫弓，並饗之在同一朝也。既重其典，又隆其燕禮之甚盛者耳。」〔註162〕由此可看出周王對賞賜大典的重視及對有功諸侯的恩寵。綜上述可知：這是周王賞賜有功諸侯弓矢後，而舉行宴會時所詠之詩。

　　〈小雅‧彤弓〉一詩，全詩三章，三章複疊。余培林解此詩曰：「一章為綱，二、三章皆申述其事。『載之』、『櫜之』，申述『藏之』之事；『喜之』、『好之』，申述『貺之』；『右之』、『酬之』，申述『饗之』之禮。而一章中又以『錫有功』為重心，因有功而賜弓以增其榮寵，『貺之』、『饗之』，述賜弓之事。全詩條理一貫。而文辭典雅，情意真誠，氣象開闊，與〈鹿鳴〉伯仲。」〔註163〕即道出了周王待賓之用心，自宴會開始即富有濃厚的誠意，熱忱地對待賓客，舉手投足間自然能讓賓客感受到周王的激賞與恩寵。

　　是以〈小雅‧彤弓〉一詩，所營造的是個隆重、溫馨的氣氛。大典中有莊嚴隆重的賞賜過程，有功的諸侯接到紅色的弓後，要慎重地藏之以示子孫，因為這代表著無上的光榮。而賜弓給諸侯的周王，更是發自內心的誠意來行賞。周王賞賜有功諸侯弓矢後，則舉行宴會，宴會中有音樂演奏，也有主人誠意、溫馨的勸酒畫面，〔註164〕大家和樂融融地參與宴會。

　　有關此詩，呂東萊《呂氏家塾讀詩記》引呂氏所言，評之甚詳，呂氏曰：「天子錫有功諸侯，必曰中心貺之、喜之、好之者，言是錫也，非以為儀也，出於吾情而非勉也。饗之、右之、酬之者，言功之大者情必厚，情之厚者賜必多，賜之多者儀必盛。所謂本末情文，無所不稱也。」〔註165〕而《左傳》

〔註160〕鄭玄：《毛詩鄭箋》，頁74。

〔註161〕朱熹：《詩經集註》，頁90。

〔註162〕方玉潤：《詩經原始》，頁779。

〔註163〕余培林：《詩經正詁》下冊，頁61。

〔註164〕「一朝右之」，余培林：「右，《傳》：『勸也。』《詩緝》曰：『右，助也。右與宥、侑通，皆助也。《莊公十八年‧左傳》云：王饗禮，命之宥。注：以幣物助歡也。……，是饗禮必有賜之以為宥，而彤弓則宥之大者也。』按嚴說是也。侑幣以助歡，亦所以勸酒也，故《傳》說亦不誤。」（語見余培林：《詩經正詁》下冊，頁60～61。）

〔註165〕呂祖謙：《呂氏家塾讀詩記》，卷十九，頁535～536。

僖公二十八年載：「（晉侯）獻楚俘于王，……，賜之大輅之服，戎輅之服，彤弓一，彤矢百，旅弓十，旅矢千。」〔註166〕襄公八年亦記：「季武子賦〈彤弓〉。宣子曰：城濮之役，我先君文公獻功於衡雍，受彤弓於襄王，以爲子孫藏。」〔註167〕又昭十五年亦曰：「彤弓、虎賁，文公受之。」〔註168〕《左傳》中多次提到晉文公受彤弓之情形，足見能得到周王賞賜彤弓，其功勞一定很大，而這份榮耀連子孫都感到與有榮焉，所以，更可想像當時受賜大典的場面是多麼隆重呀！

五、〈小雅・桑扈〉

　　交交桑扈，有鶯其羽。君子樂胥，受天之祜。（一章）

　　交交桑扈，有鶯其領。君子樂胥，萬邦之屏。（二章）

　　之屏之翰，百辟爲憲。不戢不難，受福不那。（三章）

　　兕觥其觩，旨酒思柔。彼交匪敖，萬福來求。（四章）

《詩序》：「〈桑扈〉，刺幽王也。君臣上下，動無禮文焉。」〔註169〕然觀全詩無一刺字。朱熹《詩經集註》：「此亦天子燕諸侯之詩。」〔註170〕清代研究者亦有同意朱說者，如姚際恆：「此天子饗諸侯之詩。」〔註171〕及方玉潤：「此詩詞義昭然的爲天子燕諸侯之詩無疑，然頌禱中寓箴規意。」〔註172〕方玉潤特別強調此詩含有儆傲之意，屈萬里則認爲：「此頌美天子之詩。」〔註173〕朱守亮：「此天子燕諸侯之詩。」〔註174〕余培林則合朱、屈二人之說，而以爲：「此詩當是天子燕諸侯，諸侯頌美天子之詩。」〔註175〕由詩文觀之，當以余氏之說爲長。而詩中之「君子」身分，指的是「天子」。〔註176〕

〔註166〕左丘明著，杜預集解，竹添光鴻會箋：《左傳會箋》，頁 536～537。
〔註167〕左丘明著，杜預集解，竹添光鴻會箋：《左傳會箋》，頁 1032。
〔註168〕左丘明著，杜預集解，竹添光鴻會箋：《左傳會箋》，頁 1597。
〔註169〕鄭玄：《毛詩鄭箋》，頁 105。
〔註170〕朱熹：《詩經集註》，頁 126。
〔註171〕姚際恆：《詩經通論》，頁 238。
〔註172〕方玉潤：《詩經原始》，頁 957～958。
〔註173〕屈萬里：《詩經詮釋》，頁 417。
〔註174〕朱守亮：《詩經評釋》，頁 645。
〔註175〕余培林：《詩經正詁》下冊，頁 253。
〔註176〕余培林：「詩曰：『萬邦之屏』，『百辟爲憲』，諸侯恐不足以當之。」（語見余培林：《詩經正詁》下冊，頁 253。）故所指當是天子。

　　〈桑扈〉一詩，全詩四章，一章言君子受福；二章言君子可安邦；三章言君子品德；四章言君子不倨傲，所以得萬福。

　　是以〈桑扈〉一詩，前二章首二句以桑扈有鶯其羽、有鶯其領起興，以象徵君子文采斐然。〔註177〕所以，此詩所塑造的是一個斐然有文采的君子，他的心情一直保持著和樂的狀態，他是全國人民的屏障，是國家的棟樑，因為有他，才使天下平安無事。他的態度是那麼的和順、敬謹，〔註178〕他的所作所為又是那麼的合禮，天下人都以他為效法的對象，〔註179〕所以，他能受到上天所賜的大福。而今大家可以拿著牛角做成的酒杯，喝著很甘美的酒，〔註180〕都是因為他的態度不倨傲，〔註181〕所以能聚萬福於一身，〔註182〕天下人也能分享幸福。可見這次的宴會，洋溢著嚴肅中又帶點幸福和樂的氣氛。主客雙方在杯觥交錯中，感情互動交流，特別是主人熱忱款待客人，客人發出了由衷的讚美，在一片頌禱聲中，充份體現了諸侯與天子之間的和睦關係。

六、〈小雅・頍弁〉

　　有頍者弁，實維伊何？爾酒既旨，爾殽既嘉。豈伊異人？兄弟匪他。
　　蔦與女蘿，施于松柏。未見君子，憂心奕奕。既見君子，庶幾說懌。
　　（一章）

　　有頍者弁，實維何期？爾酒既旨，爾殽既時。豈伊異人？兄弟具來。
　　蔦與女蘿，施於松上。未見君子，憂心怲怲。既見君子，庶幾有臧。
　　（二章）

〔註177〕《毛傳》：「鶯然有文章。」（語見鄭玄：《毛詩鄭箋》，頁105。）余培林認為：「《傳》意鶯為文采貌，有鶯猶鶯然。句言桑扈之羽文采鮮盛。」（語見余培林：《詩經正詁》下冊，頁251。）故以此象徵君子文采斐然。

〔註178〕「不戢不難」，屈萬里：「馬瑞辰謂：『戢，當讀為濈，和也。難，當讀為戁，敬也。』按二『不』字當讀為丕。」（語見屈萬里：《詩經詮釋》，頁417。）

〔註179〕「百辟為憲」，屈萬里：「辟，君也。憲，法也。」（語見屈萬里：《詩經詮釋》，頁417。）

〔註180〕「旨酒思柔」，屈萬里引馬瑞辰說：「思，語詞。柔，嘉，善也。」（語見屈萬里：《詩經詮釋》，頁418。）

〔註181〕「彼交匪敖」，屈萬里：「《經義述聞》云：『彼，亦匪也；交，亦敖也。』謂不傲慢。」（語見屈萬里：《詩經詮釋》，頁418。）

〔註182〕「萬福來求」，屈萬里：「《經義述聞》云：『求，與逑同。逑，聚也。』」（語見屈萬里：《詩經詮釋》，頁418。）

有頍者弁，實維在首。爾酒既旨，爾殽既阜。豈伊異人？兄弟甥舅。

如彼雨雪，先集維霰。死喪無日，無幾相見。樂酒今夕，君子維宴。

（三章）

《詩序》：「諸公刺幽王也。暴戾無親，不能宴樂同姓，親睦九族，孤危將亡，故作是詩也。」〔註183〕朱熹《詩經集註》不採《序》說，而認為這是「此亦燕兄弟親戚之詩」，〔註184〕朱守亮也認為：「燕飲之語明著，憂樂之情昭然，何有譏刺之意？」所以是「燕飲兄弟親戚之詩也」無疑；〔註185〕余培林則引詩中所言「爾酒既旨，爾殽既嘉。豈伊異人？兄弟匪他」，而駁《序》「不能宴樂同姓」之說。〔註186〕觀詩中所言，可知這是描寫周王宴請兄弟親戚之詩，同時表達了動盪之世，貴族對國家前途的憂慮，以及人生幾何應及時行樂的灰黯心態。

是以，〈小雅‧頍弁〉一詩，全詩三章。一、二章都以蔦及女蘿蔓延於木上的特性為喻，「蔦之施於松柏」，比喻異姓的親戚必須依賴周天子的俸祿之意，如同「蔦」之寄生；而「女蘿之施於松柏」，則比喻同姓親戚只須依附周王，因女蘿是附生植物，自營生活，不像蔦必須靠吸取寄主養分而活。〔註187〕這種比喻非常形象的道出了周天子與同姓、異姓諸侯的關係。末章則以「如彼雨雪，先集維霰」為喻，感嘆人生之短暫如雨雪，更應及時行樂，所以，此次的宴會中雖有相聚，但更有著濃濃的感傷氣氛在其中。

〈小雅‧頍弁〉一詩，所呈現的宴飲氣氛不似〈小雅‧鹿鳴〉上下一片和諧，君臣同樂的畫面，更沒有〈小雅‧彤弓〉莊嚴隆重的場面，而是兄弟親戚相聚，但卻有著濃濃的，灰色的感傷思想及氣氛在其中。所以首二章皆

〔註183〕鄭玄：《毛詩鄭箋》，頁106。

〔註184〕朱熹：《詩經集註》，頁126～127。

〔註185〕朱守亮：《詩經評釋》，頁649～652。

〔註186〕余培林：《詩經正詁》下冊，頁258。

〔註187〕詩中一、二章中之「蔦與女蘿」，陳靜俐於《詩經草木意象》中認為此非一般寫景句，因其皆具有寄生蔓延之特性，正與宗族依附王者意念相合，而以此象徵宗族間其存共榮之依附關係。但根據蔡元度《名物解》說明本篇之「蔦之施於松柏」，是比喻異姓的親戚必須依賴周天子的俸祿之意，如同「蔦」之寄生；而「女蘿之施於松柏」，則比喻同姓親戚只須依附周王，因女蘿是附生植物，自營生活，不像蔦必須靠吸取寄主養分而活。蔡氏之說較陳氏更為詳盡，能將「蔦」之寄生與「女蘿」之附生做一區別，頗能照應上文之「甥舅」、「兄弟」之關係，即異姓宗族——甥舅，與同姓宗族——兄弟之別。（分見陳靜俐：《詩經草木意象》，頁14。潘富俊著，呂勝由攝影：《詩經植物圖鑑》，臺北：貓頭鷹出版社出版，城邦文化發行，2001年6月，頁253。）

是藉由「蔦之施於松柏」及「女蘿之施於松柏」這樣的依附形象，來表達周王與同姓、異姓諸侯間的微妙關係。而首句一開始則以「有頍者弁」，描寫一位頭戴著圓形的弁帽，〔註188〕著盛裝要去參加家庭宴會的模樣。主人準備了美酒佳餚，要來宴請兄弟親戚們。而主人對這些賓客而言都是最尊長的，因為他是周王，與他們的關係是利益共同體，詩中流露的正是這種依附的複雜情感。由於對周天子強烈的依附心理，所以未見而憂，既見而喜，兄弟同聚宴樂，享受嘉餚美酒，機會實在難得。因為生命就如同雨雪一般，先集細霰，後成大雪，人生短暫，相見無幾，應趁今夕，把酒言歡，〔註189〕此時頗有「對酒當歌，人生幾何」的味道，十足令人傷感。

七、〈小雅・賓之初筵〉

> 賓之初筵，左右秩秩。籩豆有楚，殽核維旅。酒既和旨，飲酒孔偕。
> 鐘鼓既設，舉醻逸逸。大侯既抗，弓矢斯張。射夫既同，獻爾發功。
> 發彼有的，以祈爾爵。（一章）
>
> 籥舞笙鼓，樂既和奏。烝衎烈祖，以洽百禮。百禮既至，有壬有林。
> 錫爾純嘏，子孫其湛。其湛曰樂，各奏爾能。賓載手仇，室人入又。
> 酌彼康爵，以奏爾時。（二章）
>
> 賓之初筵，溫溫其恭。其未醉止，威儀反反；曰既醉止，威儀幡幡。
> 舍其坐遷，屢舞僊僊。其未醉止，威儀抑抑；曰既醉止，威儀怭怭。
> 是曰既醉，不知其秩。（三章）
>
> 賓既醉止，載號載呶。亂我籩豆，屢舞僛僛。是曰既醉，不知其郵。
> 側弁之俄，屢舞傞傞。既醉而出，並受其福。醉而不出，是謂伐德。
> 飲酒孔嘉，維其令儀。（四章）
>
> 凡此飲酒，或醉或否。既立之監，或佐之史。彼醉不臧，不醉反恥。
> 式勿從謂，無俾大怠。匪言勿言，匪由勿語。由醉之言，俾出童羖。
> 三爵不識，矧敢多又。（五章）

〔註188〕「有頍者弁」，方玉潤引張彩曰：「頍即古規字，規為員者，弁之貌也。」（語見方玉潤：《詩經原始》，頁965。）

〔註189〕「死喪無日，無幾相見，樂酒今夕，君子維宴」，朱熹《詩經集註》說：「言死喪無日，不能久相見矣。但當樂飲以盡今夕之歡。篤親親之意也。」（語見朱熹：《詩經集註》，頁127。）

《詩序》：「〈賓之初筵〉，衛武公刺時也。幽王荒廢，媟近小人，飲酒無度，天下化之。君臣上下，沈湎淫液，武公既入，而作是詩也。」〔註190〕朱熹《詩經集註》則認為：「衛武公飲酒悔過而作此詩。」〔註191〕而方玉潤解此詩云：

> 當幽王時，國政荒廢，媟近小人，飲酒無度，君臣上下，沈湎淫泆，以成風俗者，尚堪問哉？武公初入為王卿士，難免不與其宴，既見其如此無禮，而又未敢直陳君失，只好作悔過，用以自警，使王聞之，或以稍正其失，未始非詩之力也。古人教人以言教不如以身教，臣子事君以言諫不如以身諫，武公立朝，正己以格君非，雖曰悔過，實以譎諫意耳。〔註192〕

方氏認為衛武公是此詩的作者，是承《序》之說法。余培林則針對陳子展認為此詩是平王之世之詩提出駁斥，余氏曰：

> 考《史記‧衛康叔世家》曰：「武公即位，修康叔之政，百姓和集。四十二年，犬戎殺周幽王。武公將兵往，佐周平戎，甚有功，周平王命武公為公。」陳子展據此以為此詩作於平王之世。然東遷之時，武公已八十餘歲，何能遠赴東都治理朝政？孔氏《正義》曰：「衛武公既入為王之卿士，見其如此，而作是詩。」東遷之初，為卿士者乃鄭之武公，衛武公為卿士不知在何世，要非平王之世可知。是則此詩當作於西周之時也。《集傳》曰：「衛武公飲酒悔過而作此詩。」此據《韓詩》為說也。果如所言，則此詩當在〈衛風〉，不當在〈小雅〉也。馬瑞辰《毛詩傳箋通釋》舉三證以明此詩為記大射之詩，就詩之一二章觀之，其說極是。然詩之後三章專記飲酒之事，三四章又突出醉後醜態，詩人之為此，豈無其用心哉？是則《詩序》之說未可輕疑也。〔註193〕

余氏之論證清楚，可信也。是故，今採《序》說，以為這是一首諷刺周幽王之世，統治者荒廢政事，飲酒無度，失禮敗德之詩。

是以，〈小雅‧賓之初筵〉一詩，全詩五章，首章言燕而射，前八句寫飲，後六句寫射；二章言祭而後射；三、四章寫醉後醜態，與一、二章初筵之前

〔註190〕鄭玄：《毛詩鄭箋》，頁107。
〔註191〕朱熹：《詩經集註》，頁128。
〔註192〕方玉潤：《詩經原始》，頁974～975。
〔註193〕余培林：《詩經正詁》下冊，頁271～272。

合禮、合度的行為，作一強烈對比；末章則為勸誡語。詩中一言德，五言威儀，足見詩人之用意即在此。但觀其內容，其氣象自與〈小雅‧鹿鳴〉一詩不可同日而語。

〈小雅‧賓之初筵〉一詩，所呈現的宴飲畫面，首先以「賓之初筵，左右秩秩，籩豆有楚，殽核維旅」等四句，寫初筵的場面，從賓客的入場到籩豆豐盛，裡面盛著菹醢之殽與桃梅之果，〔註194〕均井然有序。酒柔和甜美，又有音樂演奏，大夥兒相當和諧地喝起酒來，主人也非常安適自在地為賓客酌酒，〔註195〕整個宴會氣氛相當熱鬧且有秩序。接著準備箭靶、弓矢，表示射禮就要開始了，所有射手都集合完畢，準備要好好表現一番，希望自己能命中紅心而使輸的人飲酒。〔註196〕接著貴族們在樂舞中祭祖求福，周人祭祖時以樂舞敬獻祖先，吹笙擊鼓，樂器和鳴，音節相應，完成祭祀祖先的各種禮儀，所有禮儀皆完備，規格盛大又隆重，祖先才會賜大福，子孫們也都感到很高興。祭祀完畢，貴族們又準備要好好發揮一下射箭的才能，各自選擇比賽的對手，〔註197〕主人也進更衣帳更衣，〔註198〕準備和賓客們一起比賽，對於射中者為其酌酒，表示敬賀之意，而未射中者則罰其喝酒。〔註199〕足見無論射飲和祭飲，賓客皆能飲而有禮。恰與下二章的醉後失禮，形成強烈的對比，亦如姚際恆《詩經通論》所言：「一言射，一言祭，以見古非射非祭不

〔註194〕「籩豆有楚，殽核維旅」，余培林：「言籩豆豐盛，中所陳者乃菹醢之殽與桃梅之果也。」（語見余培林：《詩經正詁》下冊，頁266。）

〔註195〕「舉醻逸逸」：余培林：「舉醻，舉醻爵也。逸逸，《詩緝》：『曹氏曰：逸逸然整而暇也。』按「整而暇」者，安逸也。」（語見余培林：《詩經正詁》下冊，頁266。）

〔註196〕「以祈爾爵」，余培林：「按《箋》曰：『古之禮，勝者飲不勝者。』所謂『飲不勝者』，非謂罰之，乃謂敬之、謝之也。此亦勸酒之方，故詩曰『祈』句言以求進爾酒也。」（語見余培林：《詩經正詁》下冊，頁267。）

〔註197〕「賓載手仇」，余培林：「手仇，《傳》：『手，取也。賓自取其匹而射。』《正義》：『毛以手為取，……，自相牽引而為耦也。』按手所以取物，因而凡取即謂之手。如手弓、手劍是也。仇，匹也，耦也，今謂『對手』。此謂賓則自擇其射伴也。」（語見余培林：《詩經正詁》下冊，頁268。）

〔註198〕室人「入」又，《毛傳》：「入於次。」《孔疏》：「次者，〈大射〉注云：『次，若今更衣帳，張席為之。』」（分見鄭玄：《毛詩鄭箋》，頁108。孔穎達：《毛詩正義》，頁888。）

〔註199〕「酌彼康爵，以奏爾時」，表示向射中者敬賀之意，馬瑞辰：「詩何以云『以奏爾時』？蓋飲不中者以致罰，正所以進中者以致慶耳。」（語見馬瑞辰：《毛詩傳箋通釋》，頁232。）

飲酒，故言此以爲戒飲之發端云。」〔註200〕說明在行禮過程的飲酒應有節制，才不致醉酒失態。

剛開始舉行宴會時，〔註201〕溫和有禮，飲之未醉之時，則表現威儀謹愼的樣子；喝醉之後，則不安於坐，舉止失措，〔註202〕侮慢不恭，〔註203〕失禮敗德的樣子。甚至還離開他的座位，跳起舞來，喝醉之後，完全不知道自己做了什麼失禮的事。〔註204〕更甚者，喝醉之後，還大呼大叫，非常吵鬧，把盛放食物的器具都弄亂了，還跳舞跳得東倒西歪，跌跌撞撞，〔註205〕已經喝醉了，完全不知自己所造成的過錯。〔註206〕這兩章描述得最生動，寫賓客未醉、初醉、大醉的行爲表現，從未醉時的「威儀反反」、「威儀抑抑」，到既醉時的「威儀怭怭」、「威儀幡幡」；再從初醉的「屢舞僛僛」，到大醉的「屢舞傲傲」、「屢舞傞傞」，甚至還有「舍其坐遷」、「載號載呶」、「亂我籩豆」、「側弁之俄」等誇張乖禮的行爲描繪，一層深似一層，將醉酒的情態描寫得栩栩如生，猶如一幅醉客圖。所以，姚際恆評論此詩說：「由淺入深，備極形容醉態之妙。昔人謂唐人詩中有畫，豈知亦原本于三百篇乎？三百篇中有畫處甚多，此醉客圖也。」〔註207〕其說甚妙。

最後則提出語重心長的勸誡語，寫飲酒立有監史之制，以對飲酒失態者，有所警戒。〔註208〕因爲喝醉的人常常失禮不善卻不自知，而反以不醉者爲恥，

〔註200〕姚際恆：《詩經通論》，頁243。

〔註201〕第三章又言「賓之初筵」，《鄭箋》：「此復言初筵者，既祭，王與族人燕之筵也。」馬瑞辰則認爲：「前二章爲陳古，舉初筵以見賓之始終皆敬。此章以刺今，則舉初筵以始敬終怠，非必有異禮也。」（分見鄭玄：《毛詩鄭箋》，頁108。馬瑞辰：《毛詩傳箋通釋》，頁233。）

〔註202〕「威儀幡幡」，余培林：「幡幡，反覆貌。此狀其不安於坐，行止失所也。《傳》訓『失威儀也』，《集傳》訓『輕數也』皆此義也。」（語見余培林：《詩經正詁》下冊，頁269。）

〔註203〕「威儀怭怭」，余培林：「怭，《傳》：『媟嫚也。』即侮慢不恭之貌。」（語見余培林：《詩經正詁》下冊，頁269。）

〔註204〕「不知其秩」，余培林：「秩，《傳》：『常也。』按俞樾《群經平議》曰：『秩，當作失。不知其失，正與不知其郵同義。』義似較勝。」（語見余培林：《詩經正詁》下冊，頁269。）

〔註205〕「屢舞傲傲」，《傳》：「舞不能自正。」（語見鄭玄：《毛詩鄭箋》，頁108。）

〔註206〕不知其「郵」，《鄭箋》：「過也。」（語見鄭玄：《毛詩鄭箋》，頁108。）

〔註207〕姚際恆：《詩經通論》，頁243～244。

〔註208〕「既立之監，或佐之史」，馬瑞辰《毛詩傳箋通釋》說：「古者飲酒皆立之監，以防失禮。」而《儀禮・鄉射禮》鄭《注》亦云：「爲有解倦失禮者，立司正以監之，察儀法也。」設酒監以防醉飲者醉酒失態，足見古代對於宴飲禮儀

〔註209〕所以，希望不要再對喝醉的人勸酒，以免有更失禮的行為產生。不當說的話就不要說，不合法的話也不要說，喝醉的人說的話，常常是無稽之談，連牡羊無角這樣的話也說得出口。所以，當喝醉的人已經喝到不省人事時，還敢再勸他繼續喝嗎？以上〈小雅‧賓之初筵〉所寫的宴會是為行射、祭神祈福而設的，行射的場面非常盛大，大家一邊歡飲，一邊比射，還伴以載歌載舞，熱鬧非凡。而行射之宴，對賓客的行為舉止，宴會的儀式程序等，非常講究。本來賓主相聚，以酒相敘，是值得高興的事，但是不可因為酒精的催化，歡樂過了頭，而有失禮失態的行為，如此則有違初衷。所以，詩人希望飲酒的同時，仍能保持很好的威儀，足見此詩勸誡的意味濃厚。是以〈小雅‧賓之初筵〉一詩，一言德，五言威儀，而《尚書‧酒誥》中則是八言德，一言威儀，皆是勸人不要因為飲酒過度而失德失威儀。

八、〈小雅‧瓠葉〉

幡幡瓠葉，采之亨之。君子有酒，酌言嘗之。（一章）

有兔斯首，炮之燔之。君子有酒，酌言獻之。（二章）

有兔斯首，燔之炙之。君子有酒，酌言酢之。（三章）

有兔斯首，燔之炮之。君子有酒，酌言醻之。（四章）

《詩序》：「〈瓠葉〉，大夫刺幽王也。上棄禮而不能行，雖有牲牢饔餼，不肯用也。故思古之人，不以微薄廢禮焉。」〔註210〕朱熹《詩經集註》：「此亦燕飲之詩」，並認為這是「主人之謙詞，言物雖薄而必與賓客共之也。」〔註211〕姚際恆《詩經通論》則云：

《小序》謂「大夫刺幽王」，按詩中「君子有酒」句與他篇同，而下三章言「獻」、「酢」、「醻」，主賓之禮悉具，毫無刺意。毛、鄭謂「庶人之禮」，則篇中明云「君子」矣。《集傳》第混云「燕飲之詩」，亦只得如此說；但必以「瓠葉」、「兔首」為薄物，未免太執泥於古人

的重視。（分見馬瑞辰：《毛詩傳箋通釋》，頁 233。阮元校勘：《十三經注疏‧儀禮》，（台北：藝文印書館，1956 年），卷十一，頁 116。）

〔註209〕「彼醉不臧，不醉反恥」，余培林：「彼醉者失禮不善而不自知，反以不醉者為恥也。」（語見余培林：《詩經正詁》下冊，頁 270。）

〔註210〕鄭玄：《毛詩鄭箋》，頁 114。

〔註211〕朱熹：《詩經集註》，頁 135。

之意。〔註212〕

姚際恆雖同意朱熹「燕飲之詩」之說，但認爲朱以「瓠葉」、「兔首」爲薄物，則未免太執泥於古人之意。方玉潤亦駁《序》及《集傳》曰：「《序》謂刺幽王固鑿，《集傳》以爲燕飲之詩，亦泛。大抵古人燕賓情眞而意摯，不以豐備而寡情，亦不以微薄而廢禮。」〔註213〕他認爲燕賓應講究「情眞而意摯」和「合於禮」。綜上所述，可知此爲宴飲賓客之詩。

是以，〈小雅·瓠葉〉一詩，全詩四章，形式複疊，反覆歌詠，強調了古人待賓客的熱情。余培林評之更詳，余氏曰：「每章前二句爲興，瓠葉、兔首，示物薄也；亨、炮、燔、炙，示意誠也。後二句述飲事，嘗、獻、酢、醻，言禮備也。賓主歡樂之情，盡寓其中。」〔註214〕

〈小雅·瓠葉〉一詩，所寫之物雖淡薄，然情意卻深重，因爲詩中除了用「亨、炮、燔、炙」等烹調食物的方法來顯示其誠意之外，更重要的是在描繪賓主間互相勸酒的過程，從「酌言嘗之」、「酌言獻之」、「酌言酢之」，到「酌言醻之」，寫出了古人獻、酢、醻「一獻之禮」的過程，〔註215〕井然有序，合於禮法。先是主人斟滿一杯酒，接著也爲客人斟滿酒，然後恭敬地請客人品嘗；再是主人向客人敬酒，表示歡迎客人之意；然後賓客回敬主人，感謝主人的熱情款待；最後宴飲達到高潮，主人再向客人敬酒，賓主盡歡，結束一場看似平淡卻充滿眞心誠意的宴會。

九、〈大雅·行葦〉

敦彼行葦，牛羊勿踐履。方苞方體，維葉泥泥。（一章）

戚戚兄弟，莫遠具爾。或肆之筵，或授之几。（二章）

肆筵設席，授几有緝御。或獻或酢，洗爵奠斝。（三章）

醓醢以薦，或燔或炙。嘉殽脾臄，或歌或咢。（四章）

敦弓既堅，四鍭既鈞，舍矢既均，序賓以賢。（五章）

敦弓既句，既挾四鍭；四鍭如樹，序賓以不侮。（六章）

〔註212〕姚際恆：《詩經通論》，頁255。
〔註213〕方玉潤：《詩經原始》，頁1006。
〔註214〕余培林：《詩經正詁》下冊，頁306。
〔註215〕劉耀娥：《詩經宴飲詩研究》，頁77。

曾孫維主，酒醴維醹。酌以大斗，以祈黃耇。（七章）

黃耇台背，以引以翼。壽考維祺，以介景福。（八章）

《詩序》：「〈行葦〉，忠厚也。周家忠厚，仁及草木，故能內睦九族，外尊事黃耇，養老乞言，以成其福祿焉。」〔註216〕《詩序》認爲這是描述周先世忠厚，能睦族養老之詩。朱熹《詩經集註》認爲：「疑此祭畢而燕父兄耆老之詩」。〔註217〕何楷《詩經世本古義》則駁其「祭畢而燕」之說，〔註218〕姚際恆則認同朱熹的說法，姚氏曰：「是詩者故燕同異姓父兄、賓客之詩，而醻酢、射禮亦並行之，終之以尊優耆老焉。」〔註219〕而今之研究《詩經》者也多採朱、姚之說，如朱守亮《詩經評釋》云：「此燕兄弟耆老，醻酢射禮並行之詩。」〔註220〕余培林則提出：「《儀禮‧大射》記射前後之燕飲，皆有祭事；而射前必祭侯，〈夏官‧射人〉有明文可考，〈小雅‧賓之初筵〉記燕、射亦有祭事，足證朱子之說不誤。惟詩言射事，朱子隻字不提，……，故此詩當是祭畢而燕父兄耆老並行射之詩。」〔註221〕觀〈大雅‧行葦〉一詩所述，當是周族宴飲的盛會，會中舉行祭祖、比射等活動，並表達敬老、祈福之意。故以余氏之說最爲完足。

全詩依毛分七章，鄭玄分八章，朱熹則分四章，雖各有優劣，但就用韻及思理等觀之，鄭氏似較勝，〔註222〕今從之。首章以行葦聚生，象徵兄弟之相親。牛羊勿踐，則友于之情溢於言表，此雖是興語，而一篇之旨，盡蘊其中；〔註223〕次章言肆筵授几，有老幼之分；〔註224〕三章寫宴饗之樂；四章寫食物之豐；五章述射事；六章續述射事，前章重在射能，此章重在射德；〔註225〕七章則言敬老、祝壽；末章則述敬老、祈福。余培林謂：「前二章寫壯者射事，顯其能，誇其德；末二章述老者飲事，祈其壽，介其福，兄弟和樂融融。於此始知首章敦

〔註216〕鄭玄：《毛詩鄭箋》，頁128。
〔註217〕朱熹：《詩經集註》，頁150。
〔註218〕何楷：《詩經世本古義》，卷二，頁375。
〔註219〕姚際恆：《詩經通論》，頁283。
〔註220〕朱守亮：《詩經評釋》，頁757。
〔註221〕余培林：《詩經正詁》下冊，頁384。
〔註222〕余培林：《詩經正詁》下冊，頁384。
〔註223〕余培林：《詩經正詁》下冊，頁384。
〔註224〕鄭玄《毛詩鄭箋》：「年稚者爲設筵而已，老者加之以几。」（語見鄭玄：《毛詩鄭箋》，頁128。）
〔註225〕余培林：《詩經正詁》下冊，頁384。

彼行葦，維葉泥泥興語之妙。」〔註226〕朱守亮評此詩亦曰：「二、三、四章言陳席授几、獻酢燕飲，歌鼓之樂，然必有首章的相愛之心爲本，而後燕樂始不爲虛文。」〔註227〕足見此詩之重點即是在呈現兄弟和樂燕飲的畫面。

是以，〈大雅・行葦〉與〈小雅・賓之初筵〉的燕飲都曾提及射事，然〈大雅・行葦〉一詩所呈現飲而射的畫面又如何？首先以道路旁的葦草聚生，來象徵兄弟相親，因爲苗才剛開始吐芽、生苞，正要成形體，所以，衷心希望牛羊勿踐踏，由此展現兄弟相親之情。而主人與所有的兄弟之間都是很親的，沒有所謂的親疏之分，只有老幼之別，所以，宴會時，年幼者就爲其設席，年長的就再幫他加個几，讓他方便依靠，坐起來比較舒適，除此之外，對於年幼者還可再加席，〔註228〕而年老者旁邊還備有服侍他的人，〔註229〕足見主人設想十分周到，也是主人細心體貼的地方，更是敬老的表現。主賓互相敬酒，一獻一酢之後，主人又洗了酒杯再爲賓客倒酒，這時賓客則受酒但將其放著，並不舉杯。〔註230〕宴會所準備的食物，非常豐盛，呈獻上來的肉醬多汁味美，而肉的處理方法，有的用燒肉的方式，〔註231〕有的則以物貫肉舉於火上烤，〔註232〕還有很好吃的切碎的胃及口上肉，〔註233〕有的唱歌，有的擊鼓，好不熱鬧。

宴會中還準備了雕飾精美的弓，力道很強勁，〔註234〕而四枝箭都是使用金所做成的鏃，去除羽毛的部份，〔註235〕每個人都射出四枝箭後，再根據所

〔註226〕余培林：《詩經正詁》下冊，頁384～385。

〔註227〕朱守亮：《詩經評釋》，頁761。

〔註228〕「設席」，《傳》：「重席也。」（語見鄭玄：《毛詩鄭箋》，頁128。）

〔註229〕「肆筵設席，授几有緝御」，余培林：「緝御，《箋》：『緝，猶續也。御，侍也。』《詩緝》：『李氏曰：緝御，即所謂更僕也。』按此承上文，言少者不僅肆筵而已，又有重席；老者不僅授几而已，又有侍御之人。」（語見余培林：《詩經正詁》下冊，頁381。）

〔註230〕「或獻或酢，洗爵奠斝」，鄭玄《毛詩鄭箋》：「進酒於客曰獻，客答之曰酢，主人又洗爵醻客，客受而奠之，不舉也。」（語見鄭玄：《毛詩鄭箋》，頁128。）

〔註231〕余培林《詩經正詁》：「《箋》：『燔肉也。』即燒肉。」（語見余培林：《詩經正詁》下冊，頁227。）

〔註232〕朱守亮《詩經評釋》：「炙，以物貫肉舉於火上以烤之也。」（語見朱守亮：《詩經評釋》，頁624。）

〔註233〕「脾臄」，屈萬里：「脾，切碎之胃也。陳奐說。臄，口上肉也。」（語見屈萬里：《詩經詮釋》，頁489。）

〔註234〕「敦弓既堅」，余培林：「敦弓，《傳》：『畫弓也。天子敦弓。』《正義》：『敦與雕，古今之異，雕是畫飾之義。』堅，《集傳》：『猶勁也。』言畫弓強勁也。」（語見余培林：《詩經正詁》下冊，頁382。）

〔註235〕「四鏃既鈞」，余培林：「鏃，《釋文》：『矢名。』按《爾雅・釋器》：『金鏃翦

射中的多寡來分出優勝。弓拉滿，四枝箭也都射出之後，〔註236〕每枝箭都穿過皮革，而且排列整齊，〔註237〕勝的人一點也不驕傲，對於輸的人態度不侮慢。〔註238〕主人還準備醇厚的甜酒，拿著三尺長之大柄來酌酒。並祈求老者能夠長壽。駝背的長者，以他豐富的人生經驗，可以指導、輔佐執政者，長壽是件吉利的事，所以，主人發自誠心地為其求大福。詩中生動描繪兄弟宴飲的整個過程，不管是祭而飲的尊老，或燕而射的重德，都反映了周代貴族相當重視兄弟這一層倫理關係的文化內涵及其生活樣貌，是故，《周禮·大宗伯》云：「以飲食之禮親宗族兄弟。」〔註239〕《禮記·大傳》亦強調：「旁治昆弟，合族以食」〔註240〕的觀念。

十、〈大雅·既醉〉

既醉以酒，既飽以德。君子萬年，介爾景福。（一章）

既醉以酒，爾殽既將。君子萬年，介爾昭明。（二章）

昭明有融，高朗令終。令終有俶，公尸嘉告。（三章）

其告維何，籩豆靜嘉。朋友攸攝，攝以威儀。（四章）

威儀孔時，君子有孝子。孝子不匱，永錫爾類。（五章）

其類維何？家室之壺。君子萬年，永錫祚胤。（六章）

其胤維何？天被爾祿。君子萬年，景明有僕。（七章）

羽謂之鍭。』即以金為鏃而去羽之矢也。鈞，王夫之《詩經稗疏》：『勻也。』陳奐《傳疏》：『鈞者，均之假借字。』」（語見余培林：《詩經正詁》下冊，頁382。）

〔註236〕「既挾四鍭」，余培林：「《箋》：『射禮（按《儀禮·大射》）：搢三挾一個。言已挾四鍭，則已徧射之。』《正義》：『搢，插也。挾，謂手挾之。射用四矢，故插三於帶間，挾一以扣絃而射也。射禮每挾一個，今言挾四鍭，故知已徧射之也』是挾者，持也，謂以手持而射也。每挾一矢，詩既言挾四鍭，則是四矢已射盡也。」（語見余培林：《詩經正詁》下冊，頁382。）

〔註237〕「四鍭如樹」，余培林：「樹，植也。如樹，《詩緝》：『丘氏曰：如以手植之。』言其貫革而整齊。」（語見余培林：《詩經正詁》下冊，頁382～383。）

〔註238〕「序賓以不侮」，余培林：「《箋》：『不侮者，敬也。』《集傳》：『或曰：不以中病不中者也。』郝敬《毛詩原解》：『不侮，不倨敖也。』此言於中少者亦不侮慢之。即今語勝不驕也。」（語見余培林：《詩經正詁》下冊，頁383。）

〔註239〕阮元校勘：《十三經注疏·周禮》，卷十八，頁277。

〔註240〕阮元校勘：《十三經注疏·禮記》，卷三十四，頁616。

其僕維何？釐爾女士，釐爾女士，從以子孫。（八章）

《詩序》：「〈既醉〉，大平也。醉酒飽德，人有士君子之行焉。」〔註241〕《鄭箋》則闡述《詩序》「醉酒飽德」之說，鄭玄曰：「成王祭宗廟，旅酬下徧群臣，至于無算爵，故云醉焉，乃見十倫之義。志意充滿是謂之飽德。」〔註242〕王禮卿則據《詩序》更進一步說明：「以成王祭畢而饗燕，盡禮以待群臣，爲飽之以德，故人皆有士君子之行，而呈太平之治。其本固由於平素之德化，其象則見於祀燕之閒，是以爲太平之詩。」〔註243〕指出此爲祭畢宴飲之詩。朱熹不採《序》說，而認爲：周王祭祀後宴請父兄，歌〈行葦〉；而〈既醉〉則是父兄所以答〈行葦〉之詩。〔註244〕而姚際恆既不同意《詩序》，也駁斥朱熹《詩經集註》的看法，他說：「〈行葦〉未必爲祭詩，又何答也？」他認爲〈既醉〉是「祭祀宗廟禮成，備述神嘏之詩。」〔註245〕既是禮成之時，則或指燕尸而公尸祝嘏之辭。陳子展解此詩亦云：「敘述西周盛時王者祭畢饗燕而公尸祝福之詩。」〔註246〕在祭祀中由工祝代表神尸，向主祭者致稱頌之辭，稱爲嘏辭。《禮記・禮運》鄭注即云：「嘏，祝爲尸致福於主人之辭也。」〔註247〕賓尸宴飲之時，公尸便要示以嘏辭。是故，〈大雅・既醉〉一詩，應爲祭畢宴飲之頌歌。

是以，〈大雅・既醉〉一詩，全詩八章，一章述燕後祝君長壽大福；二章再述祝君長壽昭明；三章言福祿名譽之盛，有善終必有善始，並引出公尸嘉告之語；四到八章皆爲告語，四章述祭品之美盛，助祭者輔助以威儀；五章寫助祭者除有威儀之外，主祭者之嗣子還有孝心孝行；六章言天賜福祚，子嗣不絕；七章再言天賜福祚，子孫如枝葉蕃衍不絕；末章又言天賜福祚，子子孫孫蕃衍不絕。劉耀娥《詩經宴飲詩研究》一文提到：「從全詩看來，所有嘏辭是建立在『既醉以酒，既飽以德』的宴飲活動場面上。」〔註248〕足見此詩是因燕飲後的「既醉以酒，既飽以德」而展開，朱熹《詩經集註》解釋「既醉以酒，既飽以德」說：「言享其飲食恩意之厚，而願其受福如此也。德，恩

〔註241〕鄭玄：《毛詩鄭箋》，頁129。
〔註242〕鄭玄：《毛詩鄭箋》，頁129。
〔註243〕王禮卿：《四家詩恉會歸》，（台中：青蓮出版社，1995年10月），頁1641。
〔註244〕朱熹：《詩經集註》，頁151。
〔註245〕姚際恆：《詩經通論》，頁285。
〔註246〕陳子展：《詩三百解題》，頁984。
〔註247〕阮元校勘：《十三經注疏・禮記》，卷二十一，頁417。
〔註248〕劉耀娥：《詩經宴飲詩研究》，頁46。

惠也。」〔註249〕《毛傳》：「既者，盡其禮，終其事。」〔註250〕認為醉酒飽德是盡禮之表現。姚際恆《詩經通論》則言：「『醉酒』言尸猶與生人同，『飽德』則與生人異，在不即不離間，真善于言尸之飽也。」〔註251〕《孟子·告子上》也引〈大雅·既醉〉說：「《詩》云：『既醉以酒，既飽以德。』言飽乎仁義也，所以不願人之膏粱之味也。」〔註252〕強調的是飲食禮中的德美比味美重要，強調人們飲食應有節制。而鄭玄在《禮記·坊記》引此詩句之後注亦言：「言君子饗燕非專為酒肴，亦以觀威儀、講德美。」〔註253〕綜上所言可知：〈大雅·既醉〉一詩，所強調的是飲食活動中仍須重視禮儀，亦即重德輕味，能為天所賜大福，使子孫綿綿不絕。

所以，〈大雅·既醉〉一詩，是從燕飲後的「既醉以酒，既飽以德」而展開，所強調的是重德輕味的飲食禮，因此，對於相關的飲食名物僅以「爾殽既將」及「籩豆靜嘉」二語帶過，而詩之重點則放在群臣的頌詞及公尸的告語，〔註254〕所呈現出來的宴飲群像。群臣們受到君主的厚食待遇，承蒙恩澤，所以，當然希望君主能夠長壽享大福，除了大福顯著之外，福祿名譽等都有好名聲，〔註255〕所謂，有善終必又有善始，〔註256〕君尸用這些善言來告訴主祭者。〔註257〕籩豆中祭物潔淨而美，助祭之群臣又以禮儀容止輔佐主祭者，〔註258〕而其威儀十分得宜，主祭者之嗣子之孝心孝行無有竭盡的時候，所以，

〔註249〕朱熹：《詩經集註》，頁151。

〔註250〕鄭玄：《毛詩鄭箋》，頁129。

〔註251〕姚際恆：《詩經通論》，頁284。

〔註252〕朱熹：《四書集註·孟子》，頁336。

〔註253〕阮元校勘：《十三經注疏·禮記》，卷三十，頁868。

〔註254〕朱熹《詩經集註》：「公尸告以汝之祭祀，籩豆之薦既靜嘉矣，而朋友相攝佐者，又皆有威儀，當神意也。自此至終篇，皆述尸告之辭。」（語見朱熹：《詩經集註》，頁151。）

〔註255〕「高朗令終」，余培林：「朗，《傳》：『明也。』令終，《詩經今注》：『好結果。』兼指福祿名譽等而言。」（語見余培林：《詩經正詁》下冊，頁386。）

〔註256〕「令終有俶」，余培林：「俶，《傳》：『始也。』《毛詩傳箋通釋》：『令終有俶，猶《易》言終則有始。』句言有善終必將有善始也。」（語見余培林：《詩經正詁》下冊，頁386。）

〔註257〕「公尸嘉告」，《箋》：「公，君也。」《詩經集註》：「公尸，君尸也。周稱王，而尸但曰公尸，蓋因其舊。如秦已稱皇帝，其男女猶稱公子公女也。」《箋》：「嘉告，以善言告之，謂嘏辭也。」（分見鄭玄：《毛詩鄭箋》，頁129。朱熹：《詩經集註》，頁151。）

〔註258〕「朋友攸攝，攝以威儀」，余培林：「朋友，《集傳》：『指賓客助祭者。』攸，《古書虛字集釋》：『攸，猶是也。』攝，《傳》：『佐也。』威儀，禮儀容止也。

上天願意永久賜福給這樣的人，使這類人之子孫綿延不絕，〔註259〕上天還會賜福祚給他們，使他們能夠一直執政，〔註260〕上天賜大命，命君有本而復有枝，俾能木枝百世而不絕。〔註261〕所以，上天又會賜福給他們的子女，〔註262〕以及世世代代的子孫們。

十一、〈大雅・鳧鷖〉

鳧鷖在涇，公尸來燕來寧。爾酒既清，爾殽既馨。公尸燕飲，福祿來成。（一章）

鳧鷖在沙，公尸來燕來宜。爾酒既多，爾殽既嘉。公尸燕飲，福祿來爲。（二章）

鳧鷖在渚，公尸來燕來處。爾酒既湑，爾殽伊脯。公尸燕飲，福祿來下。（三章）

鳧鷖在潀，公尸來燕來宗。既燕於宗，福祿攸降。公尸燕飲，福祿來崇。（四章）

鳧鷖在亹，公尸來止熏熏。旨酒欣欣，燔炙芬芬。公尸燕飲，無有後艱。（五章）

《詩序》：「〈鳧鷖〉，守成也。大平之君子，能持盈守成，神祇祖考安樂之也。」〔註263〕姚際恆則駁《序》曰：「《詩序》謂『守成』泛混，鄭玄於首章下曰：『祭祀既畢，明日，又設禮而與尸燕。成王之時尸來燕也。』此說可爲詩旨。」

句言助祭之群臣以威儀佐助之也。」（語見余培林：《詩經正詁》下冊，頁386～387。）

〔註259〕馬玉梅：「本詩雖未具體描寫祭祀宴飲的情況，卻讓我們直觀到了周人的天命思想觀點。從神靈所賜之福看，周人是重視生命的熱愛生命的，他們不僅祈求上天假自己以永年，還希望自己在子孫身上得到延續。」（語見馬玉梅：〈詩經中宴飲詩及其宗教、政治意味〉，《人文雜誌》，2001年第2期，頁110。）

〔註260〕「天被爾祿」，余培林：「被，《箋》：『覆被也。』言天覆被汝以祿位，君臨天下也。」（語見余培林：《詩經正詁》下冊，頁387。）

〔註261〕余培林：《詩經正詁》下冊，頁388。

〔註262〕「釐爾女士」，余培林：「釐，《傳》：『予也。』賜予也。女士，《詩經注釋》：『女和士，實際上是兩個並用詞。』按高氏之說是也。此女士即〈小雅・甫田〉『以穀我士女』之士女（《列女傳・啓母塗山傳》引詩即作士女），謂男與女也，即指子女言。」（語見余培林：《詩經正詁》下冊，頁387～388。）

〔註263〕鄭玄：《毛詩鄭箋》，頁130。

〔註 264〕孔穎達針對《鄭箋》所語,則進一步闡述:

> 言公尸來燕,則是祭後燕尸,非祭時也。燕尸之禮,大夫謂之賓尸,
> 即用其祭之日,今〈有司徹〉是其事也。天子諸侯則謂之繹,以祭
> 之明日。《春秋》宣八年言:「辛巳,有事於太廟。壬午,猶繹。」
> 是謂在明日也。〔註 265〕

朱熹《詩經集註》同意鄭、孔二人之說,但未提此為成王之詩,朱熹謂:「此祭之明日,繹而賓尸之樂。」〔註 266〕方玉潤《詩經原始》也說:「此繹祭燕尸之樂也。」〔註 267〕陳子展《詩三百解題》:「〈鳧鷖〉,當是繹祭、宴飲公尸之詩。古時天子諸侯祭祀,祭的明日又祭叫作繹祭。第一日正祭,重在享祀神靈;第二日繹祭,重在宴飲公尸。」〔註 268〕認為本詩是寫周王祭祀後的宴公尸。朱守亮《詩經評釋》亦認為:「此祭畢之次日,設禮以燕公尸,慰其辛勞之詩。」〔註 269〕

在周代祭祀屬於國家大事,非常肅穆隆重,禮儀繁縟,扮演祖先的「公尸」責任重大,祖先神明受到祭祀者的崇拜,扮演祖先的公尸也因此受到敬重。所以祭祀後第二天要特別設禮宴請公尸,除了表示答謝之意,也是公尸代替神靈賜福的一個重要儀式。詩中說「公尸來燕來寧」,說明了公尸赴宴時,被尊為上賓,公尸來赴宴本身,就被視為福祿降臨的象徵。在這種「賓尸」的宴會上,仍然像正祭一樣,有詩有歌,〈鳧鷖〉就是這種宴會上的樂歌。〔註 270〕綜上所述,〈大雅・鳧鷖〉一詩,應是繹祭後,燕公尸之詩。

是以,〈大雅・鳧鷖〉一詩,全詩五章,重章疊句,反覆吟唱著宴會嘉餚的豐富,表現出祭者對公尸恭敬有加,以祈求神靈賞賜福祿的心情;公尸也感謝周王的盛情款待,表示要降福於人間。生動描繪了這次饗尸宴「酒清」、「餚馨」、「公尸來燕來寧」的情景。〔註 271〕

〈大雅・鳧鷖〉一詩,詩中皆以「鳧鷖」起興,蓋以鳧、鷖水鳥,在涇、

〔註 264〕姚際恆:《詩經通論》,頁 285。
〔註 265〕孔穎達:《毛詩正義》,頁 1099。
〔註 266〕朱熹:《詩經集註》,頁 152。
〔註 267〕方玉潤:《詩經原始》,頁 1097。
〔註 268〕陳子展:《詩三百解題》,頁 988。
〔註 269〕朱守亮:《詩經評釋》,頁 765。
〔註 270〕任自斌・和進健主編:《詩經鑑賞辭典》,(北京:河海大學出版社,1989 年 12 月),頁 507。
〔註 271〕劉耀娥:《詩經宴飲詩研究》,頁 44。

在沙、在渚、在潨、在亹則安，以象徵祖考在廟則樂也，〔註272〕並引起下句公尸來燕之安樂，因爲公尸代表祖考，公尸樂則祖考樂矣。〔註273〕所以，公尸一再讚詠主人準備的酒殽，或說酒清殽香；或說酒多殽嘉；或說酒湑殽脯；或說酒肉芳香，足見賓尸時主人敬備酒殽之誠。而公尸歡樂宴飲之後，則祝禱主人能「福祿來成」，「福祿來爲」，「福祿來下」，「福祿攸降」，「福祿來崇」，「無有後艱」等等嘉言，皆以「福祿」一詞祝禱。顯示公尸嘉告之內容，乃爲符應主祭者之祈願。

十二、〈魯頌・有駜〉

> 有駜有駜，駜彼乘黃。夙夜在公，在公明明。振振鷺，鷺於下。鼓咽咽，醉言舞。於胥樂兮！（一章）
>
> 有駜有駜，駜彼乘牡。夙夜在公，在公飲酒。振振鷺，鷺於飛。鼓咽咽，醉言歸。於胥樂兮！（二章）
>
> 有駜有駜，駜彼乘駽。夙夜在公，在公載燕。自今以始，歲其有。君子有穀，詒孫子。於胥樂兮！（三章）

《詩序》：「頌僖公君臣之有道也。」〔註274〕《鄭箋》進一步解釋：「有道者以禮義相與之謂也。」〔註275〕朱熹《詩經集註》：「此燕飲而頌禱之辭也。」〔註276〕姚際恆則駁《序》曰：「云『僖公』未有據，云『君臣之有道』，尤不切合」，〔註277〕方玉潤《詩經原始》則認爲：「燕飲不忘在公，頌禱專稱歲有，既無怠政，又勿忘本，君臣同樂，所謂有道。」〔註278〕分析極詳，然未明言詩中君子所指爲何。朱守亮《詩經評釋》：「此慶豐年，燕飲而頌禱僖公之詩。」〔註279〕余培林亦贊成此一說法，並引王質《詩總聞》及張學波《詩經篇旨通考》而云：「王質《詩總聞》曰：『頌禱之辭多言福言祿，而此獨言豐年，自今以始，言昔多無年也。春秋自莊閔至僖，十餘年之間，莊

〔註272〕余培林：《詩經正詁》下冊，頁 392。
〔註273〕余培林：《詩經正詁》下冊，頁 392。
〔註274〕鄭玄：《毛詩鄭箋》，頁 161。
〔註275〕鄭玄：《毛詩鄭箋》，頁 161。
〔註276〕朱熹：《詩經集註》，頁 187。
〔註277〕姚際恆：《詩經通論》，頁 355。
〔註278〕方玉潤：《詩經原始》，頁 1348。
〔註279〕朱守亮：《詩經評釋》，頁 926。

二十五年大水，二十七年無麥禾，二十九年有蜚，僖二年三年冬、春、夏，不雨，此詩當此年以後。』據此，則知此詩之『公』、『君子』當指僖公無疑。張學波《詩經篇旨通考》曰：『詩中既有豐年燕飲之樂，詩末又有頌禱福祿之詞，此當是慶豐年燕飲而頌禱僖公之詩。』其說當是。」〔註280〕綜上所述，又觀詩之末章有頌禱福祿之內容，故此詩當是慶祝豐年，君臣燕飲而賓客頌禱僖公之詩。

〈魯頌・有駜〉一詩，全詩三章，每章首句皆言「有駜」，言乘著健壯之馬至公所燕飲。一、二章言祭而舞，醉而舞；三章慶祝豐年，稱頌君子享福祿，並遺子孫。余培林論此詩道：「一章三、四句言祭祀也。二、三章易為『飲酒』、『載燕』，此互足也。『振振鷺』二句言祭而舞，『鼓咽咽』二句言醉而舞，非一事也。末章後四句與前二章迥異，『自今以始，歲其有。君子有穀，詒孫子』，此全詩之重心也。末句『于胥樂兮』則又三章全同，形式又歸於一致矣。」〔註281〕朱守亮則進一步闡述說：「詩則因豐年而燕飲，因燕飲而稱頌，開後世柏梁燕饗賦詩獻頌之漸，以其慶豐年而燕飲，故通篇不離一樂字。」〔註282〕朱氏指出此詩的特點，並賦予此詩在詩歌史上的地位。

魯國自慶父之難後，外有強齊睥睨，內又荒年歉收，在僖公繼位後，內修武備，撫慰人民，外結鄰國，鞏固邦交，才使國家轉危為安，克服了天災人禍的問題之後，國家蒸蒸日上，始有豐年，是以，〈魯頌・有駜〉一詩，即是在這樣的時代背景下產生的，全詩以臣子的視角寫成，詩的開頭即以黃馬、雄馬、青黑馬的健壯形象，以物寓志，藉此暗指魯國國力之強盛，以及展現馬背上人兒蓬勃的朝氣，奮發的精神及其旺盛的企圖心。所以，魯國的臣子們盡忠職守，為公事而勤奮不懈。君臣們在公事之餘則歡樂燕飲，宴會中鼓聲敲得咚咚作響，有人拿著鷺羽翩翩起舞，就像成群的白鷺在飛的樣子，〔註283〕非常壯觀、美麗；而有人喝醉了，也跟著跳舞，非常快樂；有人喝醉了就告退，行為舉止，合乎禮樂法度，有所節制。〔註284〕在歡樂的燕飲中，始終不忘祈禱神靈賜福保佑豐

〔註280〕余培林：《詩經正詁》下冊，頁604。

〔註281〕余培林：《詩經正詁》下冊，頁604。

〔註282〕朱守亮：《詩經評釋》，頁929。

〔註283〕朱熹《詩經集註》：「舞者振作鷺羽如飛也。」（語見朱熹：《詩經集註》，頁187。）

〔註284〕朱守亮《詩經評釋》：「樂而醉止於舞，樂以成之也；終乎歸，禮以節之也。中規中矩，故無慢弛之闕也。語極莊嚴，音節亦佳。」（語見朱守亮：《詩經評釋》，頁929。）

收，還希望將福祿遺留給子孫。在這麼歡樂的燕飲中，最後則祈禱神靈賜福保佑豐收，還希望能將福祿遺留給子孫。全詩洋溢著歡樂的氣氛，更流露出群臣對君主的尊敬之心，以及君主待臣下的恩惠之意。〔註285〕

〔註285〕「夙夜在公，在公飲酒」，《毛傳》：「臣有餘敬，而君有餘惠也。」陳奐申曰：「燕主於飲酒，推夙夜之心，以飲酒於公所，是臣有餘敬也。在於公所，飲酒以樂群臣，是君有餘惠也。《序》所謂君臣有道也。」（分見鄭玄：《毛詩鄭箋》，頁161。陳奐：《詩毛氏傳疏》，頁883。）

第五章　《詩經》男性人物形象塑造技巧

　　《詩經》是我國第一部純文學的作品，它是後代文學創作的源頭，更是周代歷史文化的呈現。《詩經》文學創作之成功，除了善用賦、比、興等技巧外，更擅於運用具體、生動的形象語言來敘述事件，描寫環境，渲染氣氛，刻畫人物，以增強語言形象的表現力和感染力。而《詩經》中的人物是詩的靈魂，人物的形塑成功，就能使讀者感受到「詩中有人」，使詩產生感動的力量。所以，成功的人物形塑，可使讀者因詩而想見其形貌，想見其思想情感，想見其人格特質。是以，《詩經》中的男性形象，常在詩人繪聲繪色，聲情並茂的具體描寫中呈現，不僅唯妙唯肖，神情畢現，還讓讀者有如臨其境，如見其人，如聞其聲的融入感。

　　又每一個人都是獨立的個體，因為「各自有其胸襟，各自有其心地，各自有其形狀，各自有其裝束。」〔註1〕所以，人物之所以生動主要來自於其各具特質，而這個特質即包括個人的外在容貌、言行舉止、人格特質、心理狀態等所呈現出來給予人的印象。徐靜嫻於《小說評點中的人物塑造論》一文中也曾提到：「大凡寫貌須見性格、心地，寫言須見其情，而人之情各異，情又隨境而異。故言隨情異，變化多端。」〔註2〕由外在描寫可見其內在特質，而生動的人物形塑又需有血、有肉、有言、有情，在不同的情境，不同的人物身上又展現出不同的表現法。是以，本文針對《詩經》男性人物形象塑造技巧，擬從一、男性人物的外在描寫；二、男性人物的內在描寫；三、環境

〔註 1〕　施耐菴撰/金聖嘆評《水滸傳》，（台北：三民書局，1970 年 4 月出版），頁 390。
〔註 2〕　徐靜嫻《小說評點中的人物塑造論》，（台北：輔仁大學中文研究所碩士論文，1991 年 7 月），頁 94。

（景物）烘托，氣氛營造；四、其他等四方面來探討。

第一節　男性人物的外在描寫

　　《詩經》中常透過男性人物外在的描寫以凸顯人物的性格特徵，展現人物的內心世界，藉此增強人物形象的清晰度、可感度與真實性。而有關《詩經》中男性人物的外在描寫部份，擬再細分為：外在形貌、車馬服飾、舉止動作、言語形式等四方面來探討：

一、外在形貌

　　本研究所謂男性人物「外在形貌」的描寫包括身體及容貌，例如：〈衛風‧淇奧〉中的君子是「瑟兮僩兮，赫兮咺兮」，他的顏色矜莊，有威嚴，明德外現。〈邶風‧新臺〉一詩，詩中以「籧篨不鮮」來形容衛宣公是個外形如蟾蜍般醜陋，又老不死的傢伙，除了言衛宣公外表老而醜之外，更重要是要刺其強納子妻醜陋的行為。而〈秦風‧終南〉中則以「顏如渥丹，其君也哉！」來讚美秦襄公整個人的面色看起來紅潤如厚漬之丹，以顯示其儀貌尊嚴已具人君之度。〈齊風‧盧令〉詩中所描述的則是位「美且仁」、「美且鬈」、「美且偲」的獵者，獵者形象除了強調「美」，說他是個體魄健美的獵人外，最重要的是他具有仁慈的、勇壯的，又多才藝的特質。而〈鄭風‧大叔于田〉中的獵者則是「襢裼暴虎，獻于公所」，詩中除了展現狩獵成果外，更是表現獵者裸露上身，徒手搏虎，以顯示獵者勇猛的形象。

二、車馬服飾

　　從《詩經》中可見詩人對於成王之前諸王的「車馬服飾」著墨不多，唯有〈大雅‧公劉〉篇提到公劉：「維玉及瑤，鞞琫容刀」，身上所佩戴的是美玉及佩刀，以及〈大雅‧大明〉篇描述武王伐紂時：「檀車煌煌，駟騵彭彭」，周師駕著檀木製造的兵車，那麼鮮明，車前四匹威武壯盛的赤色黑鬣騵馬，並駕齊驅的盛況。但成王之後，禮樂制度已漸趨完備，陳啓源《毛詩稽古編》云：「周之王業，雖成於文武，然興禮樂，致太平，實在周公輔成王時。嘗讀戴記〈明堂位〉、《周書‧王會解》二篇，想見華夷一統之盛也。」〔註3〕成王之後，有關統治階層車馬服飾的描繪，則是非常重視。陳素貞於〈論風詩中

─────────────────────

〔註 3〕陳啓源《毛詩稽古編》，《文津閣四庫全書》經部詩類，（北京：商務印書館 2005 年），頁 395。

男性審美形象及其身體文化〉一文中也提出這樣的看法；

> 服盛威重的君主排場，是周代分封制度與宗法制度的趨於完善，以
> 及社會等級的嚴格區別在服飾上的體現，對周人而言，服飾與身體
> 是結合一體的。甚至是超越身體的一種表徵，處於寶塔上層的君侯
> 服飾，自然也成了統治者最鮮亮的視覺焦點。〔註4〕

賈誼《新書・等齊》篇則引孔子曰：「長民者，衣服不二，從容有常，以
齊其民，德一。」〔註5〕當穿上盛服之後，就該有領導者的風範，要呈現出領
導者的威儀來，所以，從服飾的描繪可以看出領導者的舉止是否合禮，是否
具有君子之德。而《荀子・哀公篇》也曾引魯哀公與孔子的兩段對話說：

> 魯哀公問於孔子曰：「吾欲論吾國之士與之治國，敢問何如取之耶？」
> 孔子對曰：「生今之世，志古之道，居今之俗，服古之服，舍此而為
> 非者，不亦鮮乎？」哀公曰：「然則夫章甫絢屨，紳帶而搢笏者，此
> 賢乎？」孔子對曰：「不必然，夫端衣玄裳，絻而乘路者，志不在於
> 食葷，斬衰菅屨杖而啜粥者，志不在於酒肉，生今之世，志古之道，
> 居今之俗，服古之服，舍此而為非者，雖有不亦鮮乎？」……魯哀
> 公問於孔子曰：「紳委章甫，有益於仁乎？」孔子蹴然曰：「君號然
> 也？資衰苴杖者不聽樂，非耳不能聞也，服使然也；黼衣黻裳者不
> 茹葷，非口不能味也，服使然也。」〔註6〕

所以，當穿上盛服之後，無形之中就會受到禮的約束，行為舉止也都要合
乎禮儀法度。在周代，服飾除了是階級的象徵，最重要的是品德的展現，一個
有品德的君子能夠德服相稱，才能顯現其威儀。當時人所說的威儀，既包括他
們的莊敬的儀容，又包括裝飾、表現他們的社會等級地位的服飾、儀仗等物。
〔註7〕《左傳》桓公二年曾記魯大夫臧哀伯諫其君的一段話可為之證，他說：

> 君人者，將昭德塞違，以臨照百官，猶懼或失之，故昭令德以示子
> 孫，……，袞冕黻珽，帶裳幅舄，衡紞紘綖，昭其度也。藻率鞞鞛，
> 鞶厲游纓，昭其數也。火龍黼黻，昭其文也。五色比象，昭其物也。

〔註4〕 陳素貞〈論風詩中男性審美形象及其身體文化〉，《中臺學報》第十六卷，第
　　　　二期，（2004年12月），頁248。
〔註5〕 賈誼《文津閣四庫全書・新書》，子部儒家類231，卷一，（北京；商務印書館
　　　　2005年），頁150。
〔註6〕 王先謙《荀子集解》，（臺北；藝文印書館2000年5月），頁839～849。
〔註7〕 許志剛《詩經勝境及其文化品格》，（臺北；文津出版社1993年12月），頁33。

錫鸞和鈴，昭其聲也。三辰旂旗，昭其明也。〔註8〕

臧哀伯把裝點貴族威儀的服飾、車飾、圖文、旌旗，區分為幾大類別，認為它們具有「昭其度」，「昭其數」，「昭其文」，「昭其物」，「昭其聲」，「昭其明」的作用，可見詩中常以車馬服飾的描繪來襯托君子之德，目的即是藉由德服相稱，顯現其威儀，而使百官懼之，不敢破壞紀律。所以，《詩經》中也常以車馬服飾的描繪來襯托君子之德，然而對於不相稱者的批評、諷刺，更是一點都不留情面的。茲將《詩經》中從車馬、服飾等方面來塑造男性人物的詩篇，說明如下：

（一）車馬

《詩經》中常以車馬的描繪來襯托其德，例如：〈周頌・載見〉篇云：「龍旂陽陽，和鈴央央，鞗革有鶬，休有烈光。」當諸侯們見成王時，其車服禮儀之文章制度，都要遵守一切規矩，諸侯所建之旂，上面會有交龍，鮮明有文章；旂上之鈴，發出央央然的和聲；馬轡上也發出鶬然的聲音，真是美盛啊！以此來呈現諸侯之合禮，並襯托成王之德；〈小雅・蓼蕭〉篇則直言成王車馬：「鞗革忡忡，和鸞雝雝」，成王所乘之車馬，馬行時，轡頭上的裝飾會發出鏘鏘的聲音，還有車上的鈴聲也是一直響個不停，以此來呈現成王之威儀；〈小雅・庭燎〉篇提到：「君子至止，鸞聲將將」，「君子至止，鸞聲噦噦」，「君子至止，言觀其旂」，從宣王聽到諸侯車馬徐行有節的鸞鑣聲，到見到諸侯們壯盛的旗幟，詩人以此來顯示宣王聲威之盛，與其文治武功之隆矣。而〈小雅・裳裳者華〉所描寫的君子是「乘其四駱；乘其四駱，六轡沃若」；〈小雅・采菽〉中的君子則是「君子來朝，言觀其旂。其旂淠淠，鸞聲嘒嘒。載驂載駟，君子所屆」，以上所舉也都以車馬之盛來襯托其德之美，而以馬行時，轡頭上的裝飾及車上之鈴聲鏘鏘作響，則用來顯示其威儀有節。

〈小雅・吉日〉及〈車攻〉二詩都是描寫宣王之詩，但因〈小雅・吉日〉篇是寫宣王帶有娛樂性質的田獵活動，所以，「田車既好，四牡孔阜」，僅是呈現宣王田獵時有堅固的獵車及強壯的馬匹，而同樣是寫宣王之詩，〈小雅・車攻〉一詩則是宣王會諸侯而舉行的田獵活動，是以，軍事演習的意義濃厚，帶有威嚇諸侯的意味，所以，從一開始的「我車既攻，我馬既同，四牡龐龐」，「田車既好，四牡孔阜」到「建旐設旄」，都是藉車馬、旗幟等來呈現宣王的

〔註8〕 左丘明著、杜預集解、竹添光鴻會箋《左傳會箋》，（臺北：明達出版社1986年10月），頁140～146。

氣勢及君威，因此，連諸侯也是有備而來：「駕彼四牡，四牡奕奕。赤芾金舄，會同有繹」，諸侯們乘著高壯的馬兒，穿著紅色蔽膝、鑲著金色線條的紅色鞋子，一副盛大又合禮的打扮，絡繹不絕地前來舉行會同之禮，一點都不敢馬虎，不敢輕視此次的活動，顯見場面之盛大，禮儀之隆重以及宣王君威之顯赫，到最後田獵活動結束時，雖僅以「悠悠旆旌」一語帶過，但卻呈現出宣王的軍隊軍紀良好及一派肅穆的氣象，足見此次會諸侯已達到展示軍威，威懾列邦的目的，自此諸侯不敢造次，宣王天子的地位更鞏固，中興的形象也更確立了。所以，藉由車馬旗幟之盛也可用來壯大氣勢呈現君威。

　　另外，《詩經》中描述車馬之盛的詩篇，若是無德之君乘之，則有帶有諷刺的意味，例如〈大雅·桑柔〉篇云：「四牡騤騤，旟旐有翩」，言屬王時代雖車馬壯盛但征戰不息，詩人以此諷刺屬王暴政虐民；另〈齊風·載驅〉篇提到齊襄公：「載驅薄薄，簟茀朱鞹」，「四驪濟濟，垂轡濔濔」，詩中雖是描寫襄公盛其車服，駕著飾有「簟茀朱鞹」、「垂轡濔濔」的四驪，聲勢浩大地要與文姜相會，實顯示其不避人耳目，一副迫不及待地要與其妹文姜私會，其淫行無所忌憚，使萬民皆知，詩人藉此諷刺齊襄無禮義。〔註9〕

　　（二）服飾

　　服飾是由人所創造，同時也賦予了服飾生命，因此服飾所呈現出的視覺語言，不僅是服飾外在的美，更具有其獨特的意義。以周代的服飾而言，它代表著個人的身份及階級的標誌。而《詩經》中的服飾所呈現出的語言形象更是多元，或以服飾來借代人，如：〈鄘風·柏舟〉中用「髧彼兩髦」借指女子所愛之人，〈鄭風·出其東門〉則以「縞衣綦巾」借指男子所愛之人；或以服飾的變化來代表時間的流逝，如：〈齊風·甫田〉中的「總角丱兮」到「突而弁兮」，則由小孩變成年人了；或以服飾呈現出文化的內涵，而本研究範圍中男性人物所穿戴之服飾，即呈現出其形象與品德之間有著密切關係，此亦與周文化內涵有著極深的關係。例如：〈小雅·斯干〉篇中提到：「乃生男子，

〔註9〕　《詩序》：「〈載驅〉，齊人刺襄公也，無禮義，故盛其車服，疾驅於通道大都，與文姜淫，播其惡於萬民焉。」《孔疏》進一步闡釋曰：「〈載驅〉詩者，齊人所作以刺襄公也。刺之者，襄公身無禮義之故，乃盛飾其所乘之車與所衣之服，疾行驅馳於通達之道，廣大之都，與其妹文姜淫通，播揚其惡於萬民焉，使萬民盡知情，無慚恥，故刺之也。」（分見鄭玄《毛詩鄭箋》，臺北；學海出版社2001年9月出版，頁43。孔穎達《毛詩正義》，北京；北京大學出版社1999年出版，頁352。）

載寢之牀，載衣之裳，載弄之璋。其泣喤喤，朱芾斯皇，室家君王。」生男則或爲周室之君或爲周室諸侯，穿著鮮明的朱芾，一副非常有威儀的模樣，充滿著貴族氣息，就是藉著服飾以襯托其威儀；而〈衛風‧淇奧〉中的斐然有文章的君子是「充耳琇瑩，會弁如星」，這位君子雙耳所戴的是晶瑩的美石，而頭上所戴的皮弁中縫，飾結之玉，閃爍如星。服飾之美盛、合禮，所襯托出來外在的威儀也是顏色矜莊，有威嚴，明德外現的，可謂德服相稱矣；〈秦風‧終南〉中的君子是「錦衣狐裘」，「黻衣繡裳，佩玉將將」，穿著狐裘，外面再加上錦衣這樣的諸侯之服，並搭配邊邊繡著幾何圖案爲裝飾的袞冕服，身上佩玉，發出鏘鏘的玉佩聲，顯示行止得宜，塑造出德稱其服的君子形象；〈曹風‧鳲鳩〉中的淑人君子則是「其帶伊絲，其弁伊騏」，君子所穿戴的是素絲，滾朱綠邊之大帶，及以白色鹿皮上面綴滿玉所製成的帽子，儀態莊重威嚴；〈小雅‧瞻彼洛矣〉中的君子是「韎韐有奭」，「鞞琫有珌」，這位君王所穿著的皮革蔽膝鮮紅耀眼，所佩的刀鞘用玉裝飾得很漂亮，詩人頌美其服儀及作爲六軍統帥身分之相稱；而〈小雅‧采菽〉中的君子則是「赤芾在股，邪幅在下」，穿著下垂到大腿的蔽膝，腳上綁著行縢，穿著合禮又有精神，來接受天子豐厚的賞賜，都是藉其盛服以襯托其德，並顯現其威儀。

　　但〈邶風‧旄丘〉詩中的「褎如充耳」，乃譏諷衛國君臣對黎國的苦難聽而不聞，置之不顧〔註10〕，而「狐裘蒙戎」，則更是表現黎侯失權已久的落魄模樣。〔註11〕不管是黎侯的「狐裘蒙戎」，是一副失權落魄的形象，或是衛國

〔註10〕 「褎如充耳」，《毛傳》：「褎，盛服也；充耳，盛飾也。大夫褎然有尊盛之服而不能稱也」，《鄭箋》：「充耳，塞耳也。」按此處充耳可實指懸瑱之充耳，亦有「充耳不聞」之意。《國語‧楚語》中，自公子張諷靈王宜納諫，王病之曰：「子復語，不穀雖不能用，吾憖寘之於耳。」對曰：「賴君用之也，故言。不然巴浦之犀、犛、兕、象，其可盡乎，其又以規爲瑱也？」也是以充耳比喻不聽不用之意；充耳設置的本意是使人不聽讒言，但在此詩中則藉形容充耳之盛，譏諷衛國君臣對黎國的苦難聽而不聞，置之不顧。（分見鄭玄《毛詩鄭箋》，臺北：學海出版社 2001 年 9 月出版，頁 16。左丘明撰/韋昭注《國語》，臺北：里仁書局 1981 年 12 月出版，頁 557。）

〔註11〕 「狐裘蒙茸，匪車不東」，《毛傳》：「大夫狐蒼裘，蒙戎以言亂也。」《孔疏》：「〈玉藻〉云：『君子狐青裘豹褎，玄綃衣以裼之』，青、蒼色同，與此一也。……蒼裘所施，禮無明文，唯〈玉藻〉注云：『蓋玄衣之裘』，禮無玄衣之名，鄭見『玄綃衣以裼之』，因言『蓋玄衣之裘』兼無明說，蓋大夫士玄端之裘也。大夫士玄端裳雖異也，皆玄裳象衣色，故皆用狐青。」據陳奐《詩毛氏傳疏》：「《正義》以爲玄端裘誤矣，蒙戎猶尨茸，杜預注云『尨茸，亂貌』。」《毛傳》以狐裘爲大夫之蒼裘，孔氏則以服此狐裘者爲衛大夫，但本詩中並未言及所

大夫的「襃如充耳」，都是服飾雖盛，反爲詩人藉此服飾之描繪，以達極盡諷刺之能事之例，陳奐《詩毛氏傳疏》評此爲：「大夫有此服，而不能救患恤同，是徒有其服，而不能稱其德矣。」〔註 12〕所以，詩人藉服飾的怪異、失常，來呈現國家即將敗亡的象徵。

　　而有關《詩經》中所提到的「彼其之子」，亦常爲詩人諷刺之對象，例如：〈鄭風・羔裘〉篇中的主角「彼其之子」是：「羔裘如濡，洵直且侯」，「羔裘豹飾，孔武有力」，「羔裘晏兮，三英粲兮」，詩人特別強調「彼其之子」穿著羔裘這樣的盛服，卻強烈質疑其果能稱其服而無愧乎？所以，「彼其之子」在此詩中的形象是個德不稱服的形象。〈曹風・候人〉詩亦云：「彼其之子，不稱其服」，詩中將「彼其之子」與「候人」作一強烈對比，強調候人之官，雖是個小小的官職，但是，仍盡忠職守，而「彼其之子」卻如「維鵜在梁，不濡其翼」，「維鵜在梁，不濡其咮」，在其位而不做事，徒領乾薪，所以，在〈候人〉一詩中的「彼其之子」也是個尸位素餐、德不稱服的形象，詩人也是從威儀與等級身分不合，而對「彼其之子」進行批評。《左傳・僖公二十四年》，曾記鄭國公子子臧喜歡戴鷸鳥羽毛製成的冠。鄭文公很厭惡這種奇裝異服，便派人殺掉了他。也曾引詩曰：「『彼其之子，不稱其服』，子臧之服不稱也。」〔註 13〕對此，左氏更評述說：「服之不衷，身之災也」。〔註 14〕可見穿著的不當是會引來災害的。

三、舉止動作

　　《詩經》中對於男性人物外在的描繪，不僅是從靜態外在形貌、車馬服飾等著手，詩人也從男性人物舉止動作的動態描繪來塑造其形象，例如：〈齊

服爲何種狐裘，所以，不必定指爲大夫。而余培林《詩經正詁》引《禮記・玉藻》曰：「『錦衣狐裘，諸侯之服也。』狐裘是公侯之服，故《左傳》曰：『狐裘尨茸，一國三公。』若是大夫之服，不得云一國三公矣。」「此詩之『狐裘蒙茸』，當亦喻黎君失國而久失其權也」，余氏之說是也。按《禮記・玉藻》：「表裘不入公門」，而今見「狐裘尨茸」，當是指黎君失權已久的落魄樣。（分見鄭玄：《毛詩鄭箋》，頁 16。孔穎達：《毛詩正義》，頁 158。陳奐：《詩毛氏傳疏》，頁 106。余培林：《詩經正詁》上冊，頁 110～111。阮元校勘：《十三經注疏・禮記》，卷二十九，頁 552。）

〔註 12〕陳奐：《詩毛氏傳疏》，（臺北：臺灣學生書局 1967 年），頁 107。
〔註 13〕左丘明著、杜預集解、竹添光鴻會箋《左傳會箋》，（臺北：明達出版社 1986 年 10 月），頁 494～495。
〔註 14〕左丘明著、杜預集解、竹添光鴻會箋《左傳會箋》，（臺北：明達出版社 1986 年 10 月），頁 494。

風‧載驅〉篇曰：「載驅薄薄，簟茀朱鞹」，詩人從齊襄公駕車迫不及待要與文姜相會的行為，來塑造其淫行；〈衛風‧淇奧〉一詩則將君子之舉止剪影特寫鏡頭，落在「猗重較兮」，詩人利用君子倚靠在車子兩輢旁立木的動作，來顯現出其恢宏寬大的氣質風度；而〈魏風‧十畝之間〉篇中所呈現的則是一位汲欲尋求心靈解放，想過悠閒自在隱者生活的詩人，詩云：「行，與子還兮」，「行，與子逝兮」，詩人以「行」字，表示其行動之堅決，「還」字，以示其志，言其欲歸也，而「逝」字，則堅定其志，有去了不再回來之意，運用「行」、「還」、「逝」等三個動詞來宣示其有堅決欲歸隱之決心及行動，簡潔有力，形象鮮活。同樣是獵者，〈齊風‧還〉一詩中的「遭我乎猛之間兮，並驅從兩肩兮，揖我謂我儇兮」，以「遭」、「驅」、「從」、「揖」、「謂」等動詞來呈現兩獵者從相遇、逐獸、相揖為禮、相互稱美等互動關係來強調獵者與獵者間是並驅共獵，同時也是相揖為禮的形象。而〈鄭風‧大叔于田〉篇中，詩人云大叔于田：「乘乘馬，執轡如組，兩驂如舞，」「乘乘黃，兩服上襄，兩驂鴈行」，「乘乘鴇，兩服齊首，兩驂如手」，詩人藉此塑造獵者駕御技術之純熟，執馬轡時齊一不亂，兩驂隨兩服齊整而行，能和諧中節，而「襢裼暴虎，獻于公所」，除了展現成果外，更是表現獵者裸露上身，徒手搏虎，來塑造獵者勇猛的形象，詩人最後將鏡頭落在「抑釋掤忌，抑鬯弓忌」，獵者將綁在腰際的箭筒放下，把弓藏於囊中，態度從容不迫，結束了這次成功的打獵行動，是以，〈鄭風‧大叔于田〉詩中詩人所塑造出來的獵者形象是個善射獵，駕御純熟、中節，勇猛中又不失從容的有禮獵者。在〈大雅‧生民〉一詩中后稷是個異於常人的形象，舉凡從出生之異、遭棄仍生之奇，到善於稼穡的摹寫，詩人更言其「誕我祀如何？或舂或揄，或簸或蹂；釋之叟叟，烝之浮浮。載謀載惟，取蕭祭脂，取羝以軷，載燔載烈，以興嗣歲。」后稷準備了祭品要祀奉上帝。於是，把粟擣一擣，而後從臼中拿出，再揚去糠，或用手將糠揉除，接著淘米，炊煮米飯，然後開始籌畫要祭祀上帝之事。取了香蒿與祭牲之脂來燃燒，使香氣遠播，請上帝來受饗，還準備了牡羊來祭行道之神，將肉串成一串，以火來燒烤，祈求來年仍然能夠豐收。詩中以「舂、揄、簸、釋、烝、燔、烈」等舉動來形塑后稷奉祀之誠的形象。而詩人利用這一連串的動詞來強調后稷祭祀之誠，主要是要表達其德能配天，所以，有周一代，能有文武之功，也是因為受其餘蔭，因此能一直承受上帝的庇祐，足見周人對其始祖后稷之尊崇。

四、言語形式

語言，人們除了透過它來表達思想情感、傳遞訊息之外，在文學上，「人物的語言是性格創造的延伸，由人物語言賦予形象更豐富的生命內容。」〔註15〕所以，在《詩經》中，對於男性人物語言的鍛鍊與刻畫，可看出一人之性格，透過言語形式的描繪，更能使人如聞其聲，想見其人。例如：〈衛風·淇奧〉篇中則從「善戲謔兮，不為虐兮」，來形塑這個君子是個幽默風趣，得體但不過分，分寸拿捏得很好的國君形象。而〈大雅·蕩〉篇談到厲王則是：「式號式呼，俾晝作夜」，以厲王大聲咆哮，來形塑其敗壞君王威儀容止的形象。可見語言除了表情達意，更可作為形塑人物的工具之一。

而本文中所謂「言語形式」，意指說話者的聲調、語氣、口吻、態度甚或與人的對話。例如：〈大雅·蕩〉篇云：「文王曰：『咨！』」，藉文王「咨！」短促有力的聲調及嚴厲的語氣以刺厲王，足見文王之語具有恫嚇的作用，用此以形塑文王在周人的心中是個形象威嚴的祖先神。〈大雅·大明〉篇述及牧野之戰，其中有段武王誓師於牧野之詞提到：「矢于牧野：『維予侯興。上帝臨女，無貳爾心』」，武王深怕有人畏懼而陣前倒戈，於是訓勉將士說：「現在我承受著天命，只有我才能興周邦，上帝會監臨著你們，您們要同心同德，不可有貳心。」詩人以武王之言來強調其承天命伐紂之決心，並藉由上帝來增強自己的威赫力，訓勉將士無二心。更由武王語氣之堅定強勢，塑造其威嚴的形象。而〈大雅·假樂〉篇中的成王是：「威儀抑抑，德音秩秩」，是個有威儀，言語有序，行為舉止得體的君王，另在〈小雅·蓼蕭〉篇中所述的成王則是：「燕笑語兮，是以有譽處兮」，在諸侯的眼中，成王言談之間，流露出落落大方，和藹可親的樣子，詩人藉言語形式形塑成王是個有美德，澤被四海的好國君形象。

而〈大雅·常武〉篇是宣王親征的詩篇，所以，詩中宣王誓師時說：「戒我師旅：『率彼淮浦，省此徐土，不留不處，三事就緒。』」宣王要士兵們循著淮水之涯，巡視徐方之地，不久占據他們的土地，以免擾民，戰備之事，三卿要籌備就緒。宣王語氣堅定，簡短有力，顯示軍令如山，當大勝之後，則僅以王曰：「還歸。」語氣簡潔有力，信守承諾，更顯示其大獲全勝，四方皆服。而〈大雅·雲漢〉篇是宣王憂旱，為民祈雨之詩，所以，詩人以「王

〔註15〕徐靜嫻，《小說評點中的人物塑造論》，（臺北：輔仁大學中文研究所碩士論文，19991 年 7 月），頁 96。

曰：『於乎！何辜今之人！天降喪亂，饑饉薦臻。靡神不舉，靡愛斯牲。圭璧既卒，寧莫我聽。』」詩人描繪宣王感嘆地說：「唉！今之人何罪呀！饑饉一再地降臨，如今所有的神都祭祀了，三牲等祭品也都準備了，祭神用的圭璧之玉也都呈獻了，爲什麼老天爺都不聽我的禱告呢？」宣王內心夾雜著恐懼、無助與焦躁不安，但仍誠敬地懇求眾神們可以幫忙度過難關，因爲他的所作所爲不是爲了自己，而是爲了全天下的老百姓，顯見其悲天憫人之心，詩人以此悲憫的語氣及內容形塑宣王是個憂國憂民的好國君形象。到了宣王之末，征戰頻繁，民困兵乏，所以，〈小雅・祈父〉一詩中首句皆以呼告「祈父」開頭，充滿憤怒之情，而詩人則自稱「予，王之爪牙」，有不滿之意，因爲我明明是王護衛之士，卻派我出去征戰，致使我無法安居，也無法終養我的父母。詩中藉由對「祈父」的呼告，及自稱「予，王之爪牙」，來呈現士兵們內心之憤怒不滿，顯見此時的宣王已罔顧天意，是個不得民心的國君形象。

　　另外，〈陳風・株林〉詩中則採對話的方式，將陳靈公與其大夫孔寧、儀行父等臣子三人淫於夏姬的醜惡行徑揭出。詩曰：「胡爲乎株林？從夏南。匪適株林，從夏南。」有人問陳靈公：「爲什麼要去株林？」陳靈公還找藉口說：「從夏南」，是爲了找夏徵舒呀，但實際上是因爲陳靈公不敢直言要找夏姬，故言「從夏南」，欲蓋彌彰，卻不打自招，使淫逸行徑畢露，詩人以此對話方式形塑陳靈公行爲之荒唐，相當生動。

第二節　男性人物的內在描寫

　　有關《詩經》中男性人物的內在描寫部份，本研究擬從心理活動的描寫、人格特質的呈現等兩方面來探討，茲分述如下：

一、心理活動的描寫

　　人內心世界微妙的變化，是最難了解，也最難刻畫的，而《詩經》對於男性人物心理活動的描寫，卻是相當用心，例如：詩人於〈周頌・閔予小子〉篇云：「閔予小子，遭家不造，嬛嬛在疚。於乎皇考，永世克孝。念茲皇祖，陟降庭止。維予小子，夙夜敬止。於乎皇王，繼序思不忘。」此爲成王除完父喪之後，且周公還政於成王，開始當政，才會有「夙夜敬愼，繼續先緒」之志，詩中流露出成王雖在沉痛中卻有奮起之志，然文武之業既偉大又沉重，對於成王而言有著無形的壓力，擔心自己會做不好，而無法纘緒先王之業，

成王內心充滿著「焦慮」，誠惶誠恐，深怕做不好，不如理想，詩篇中刻畫出年幼即位的成王那種誠惶誠恐，戒慎勤勉的心理，詩人藉此形塑成王恭愼敬謹地朝於廟的形象。

〈大雅·雲漢〉篇是宣王之時遭遇旱災之詩，宣王憂旱，爲民祈雨云：「旱既太甚，滌滌山川。旱魃爲虐，如惔如焚。我心憚暑，憂心如薰。群公先正，則不我聞。昊天上帝，寧俾我遯。旱既太甚，黽勉畏去。胡寧瘨我以旱？憯不知其故。祈年孔夙，方社不莫。昊天上帝，則不我虞。敬恭明神，宜無悔怒。」宣王感嘆旱災那麼嚴重，山光禿禿的，河川一點水也沒有，旱神施行暴虐，使大地整個像燒起來一樣，我的內心對於這種暑熱是如此地害怕，整個心憂煩得就像火在熏灼一般，先祖們也都不恤問我們，偉大的上帝呀！請告訴我要如何逃避這場旱災呀？旱災那麼嚴重，我只能以更黽勉畏怯的態度面對天的示警，可是上天爲什麼要以旱災來使我病困呢？我眞的不知道是什麼原因？只能在孟冬行祭，祈求豐年，祭四方之神與祭社神不晚，爲什麼偉大的上帝都不幫助我呢？我敬事明神如此恭謹，明神當不致恨怒於我才是！詩中的宣王面對旱神肆虐，內心夾雜著怨嘆、恐懼、無助與焦躁不安，但仍誠敬地懇求眾神們可以幫忙度過難關，詩人藉對宣王心理活動細膩的描寫，將宣王形塑爲具有悲天憫人的胸懷，懂得爲民祈雨，安定民心的好國君形象。

〈陳風·衡門〉一詩云：「豈其食魚，必河之魴？豈其取妻，必齊之姜？豈其食魚，必河之鯉？豈其取妻，必宋之子？」藉詩人認爲食魚不必魴、鯉，娶妻不必齊姜、宋子，而這樣的說法透露出這是一位放逸而曠遠，安貧樂道，無求無欲，自樂隱士的想法。而〈檜風·匪風〉一詩，則是因爲憂國而思周之詩，其詩云：「匪風發兮，匪車偈兮。顧瞻周道，中心怛兮」，「匪風飄兮，匪車嘌兮。顧瞻周道，中心弔兮」，詩人用風颯颯，車轔轔之聲，以製造緊張的氛圍，然在逃難情急之下，仍再三回頭瞻彼周道，詩人的心情百感交集，既沉痛又憂傷，但又抱持著希望，以此頻頻回顧來形塑詩人內心之沉痛與不捨，足見詩人面對世道之衰的憂傷。

而〈小雅·小弁〉一詩則是《詩經》中對於心理活動描寫之極致，因爲詩中全是針對宜臼憂怨之情的摹寫，全詩八章，以一「憂」字貫穿全詩，首章即以鸒鳥之有家可歸，來反襯「民莫不穀，我獨于罹」，表達宜臼遭放不得歸之鬱悶心情，而「何辜于天？我罪伊何？心之憂矣，云如之何」，更是暗示因讒言而無辜遭放，眞是百口莫辯，莫可奈何呀！只能含冤對天哭訴。二章

言平坦的周道居然長滿了草，顯示幽王信褒姒之讒，亂其德政，使不通於四方，所以，令人憂心呀！之後連用三「憂」字，還分別以「怒焉如擣」，「假寐永歎」，「疢如疾首」來表達其憂之深也。三章更以「維桑與梓，必恭敬止」，說明自己對於養生送死之事，必以恭敬之心，而且「靡瞻匪父，靡依匪母。不屬于毛，不罹于裏」，身體髮膚受之父母，如此重恩豈可輕忘？而今卻遭放不得奉養父母，是感憂傷。四、五章分別以「菀彼柳斯，鳴蜩嘒嘒」，「有漼者淵，萑葦淠淠」，「鹿斯之奔，維足伎伎」，「雉之朝雊，尚求其雌」，來說明蟬兒都有茂盛的柳樹可以棲息、鳴叫，萑葦也可以在深水邊茂盛地生長著，鹿奔、雉雊都為求友，而自己卻是「譬彼舟流，不知所屆」，「譬彼壞木，疾用無枝」，以此反襯己身之孤寂，無家可歸。六章更以「相彼投兔，尚或先之；行有死人，尚或墐之」，來說明即使是自投羅網的兔，都有人會為其開脫，路邊有死人，也會有人不忍心而將他埋葬，而身為父母的您們，怎麼忍心對我這麼殘忍呢？七章更是痛刺幽王之所以會做出違背倫常，不合仁心之事，全因「君子信讒，如或醻之」，幽王對於讒言全盤接受，完全沒有明察，所以，怨刺幽王做事不知「伐木掎矣，析薪扡矣」，做事應該要如伐木一樣，順著傾斜的一方而牽曳它使它自然倒下，又如劈柴也是要順木之理而析之，就是要有方法，有規則可循，而不是「舍彼有罪，予之佗矣」，有罪的人反而沒事，卻由我來承擔他的罪。末章則以「莫高匪山，莫浚匪泉。君子無易由言，耳屬于垣」，來說明萬物都有規則，希望幽王應尊崇規則法度，勿再信讒。最後則以「無逝我梁，無發我笱，我躬不閱，遑恤我後」，來控訴被拋棄的憂怨之情。全詩將宜臼內心的憂怨，不管是對國家之憂，或對個人處境之怨，皆透過具體、形象的語言來呈現，將其內心複雜情緒表露無遺，堪稱是《詩經》詩篇中心理描摹之典範。

二、人格特質的呈現

　　《詩經》中對於男性人物內在的描寫部分，除了透過心理活動的描寫之外，也常利用人格特質來凸顯人物形象，而所謂的人格特質包括與生俱來的本質及內在修為所呈現出來的氣質、涵養及態度等，例如：〈大雅·公劉〉一詩，每句皆以「篤公劉」開頭，來讚美公劉是位厚實之人，因為有公劉的忠厚篤實，才能不畏艱辛千里跋涉，為其族人尋一沃土，好安身立業；因為公劉的忠厚篤實，所以，才能一步一腳印地開疆闢土；因為忠厚篤實的公劉，所以，人民樂於歸附，受其領導、統治。詩中用一「篤」字來概括形容公劉

忠厚篤實的人格特質，來凸顯其優秀的領導形象。〈大雅・皇矣〉篇則云：「維此王季，因心則友。則友其兄，則篤其慶，載錫之光。受祿無喪，奄有四方。維此王季，帝度其心，貊其德音。其德克明，克明克類，克長克君，王此大邦，克順克比。」詩中強調王季「因心則友」，能發自內心，自然不虛偽地友愛他的兄長，因此獲得上帝給予的厚福，上帝賜予他能光顯族人。上帝開始思考，要將其美譽傳布出去，使四方之人都知道，使四方人民都能知道他的勤政無私，能夠做好一個君長該有的樣子，所以，因為他的美德，使周邦興盛，使得人民願意順從、親附。詩中將王季形塑成一位能夠光顯族人，善治天下等好德行的君長形象，而推本究源就是因為王季具有「友愛兄長」的人格特質。而文王則因為具有「謹慎」的人格特質，所以，〈大雅・思齊〉篇曰：「惠於宗公，神罔時怨，神罔時恫，刑於寡妻，至於兄弟，以御于家邦。雝雝在宮，肅肅在廟。不顯亦臨，無射亦保」，〈大雅・大明〉篇亦曰：「維此文王，小心翼翼。昭事上帝，聿懷多福。厥德不回，以受方國。」詩中一再強調文王祭祀祖先和順敬謹，使得神無所怨，無所痛，能顯靈保佑子孫，文王之言行舉止堪為妻子兄弟的典範。而文王這種「小心翼翼」的人格特質還表現在伐崇之役上，從「是類是禡」一語，可看出文王的軍隊在出征之前，先以類祭來告天帝，至征地時則又以禡祭，告祀羣神，顯示文王出征態度相當敬謹，絕非兒戲。所以，《詩經》中藉文王「敬謹」的人格特質，將文王形塑成不僅是妻子兄弟的典範，更是順天應人，萬民順服的賢君形象。而〈大雅・蕩〉則以「炰烋于中國，斂怨以為德」，「天不湎爾以酒，不義從式。既愆爾止，靡明靡晦。式號式呼，俾晝作夜」，言厲王之暴怒及其無知，作了許多可怨之事，竟自以為德，還無晝無夜，湛湎於酒，「式號式呼」，大聲咆哮，敗壞君王的威儀容止，竟不知改過，詩中利用厲王「暴怒無常」的人格特質，將厲王形塑成暴虐無道之君。〈衛風・考槃〉一詩則藉由「碩人之寬」，「碩人之薖」，「碩人之軸」，來凸顯隱士具有心胸寬大，無處而不自得的人格特質，對於隱居生活沒有半點的委屈與無奈。

　　另外，《詩經》中對於君子內在修為而呈現出來的氣質也非常重視，例如：〈衛風・淇奧〉中的君子是「瑟兮僩兮，赫兮咺兮」，他的顏色矜莊，有威嚴，明德外現；〈小雅・蓼蕭〉、〈小雅・裳裳者華〉則是從見君子之人的角度，來呈現君子給人的感受，詩曰：「既見君子，我心寫兮」，「既見君子，孔燕豈弟」（〈小雅・蓼蕭〉），「我覯之子，我心寫兮；我心寫兮，是以有譽處兮」

（〈小雅・裳裳者華〉），顯見與君子相處非常自在舒暢，而能與君子這麼愉快的相處，主要是因爲君子所表現的是種快樂又和易的心情及儀態；而〈小雅・桑扈〉的「不戢不難」、「彼交匪敖」是呈現君子和順、敬謹，不倨傲的態度；〈小雅・采菽〉篇云：「彼交匪紓」則是強調不驕傲怠慢的態度。除此之外，《詩經》中有關「君子」的詩篇還常使用「有匪」、「淑人」、「豈弟」、「假樂」等與「君子」一詞連用，來讚美君子是個有文采、和樂的、有美德的君子，並反覆歌頌之。顯見周代貴族十分重視由內而發的和樂氣質，因此，就連〈鄭風・叔于田〉這種讚美獵人的詩篇，也特別強調其具有「仁、好、武」等人格特質。

第三節　環境（景物）烘托，氣氛營造

一、環境（景物）烘托

　　《詩經》中對於男性人物的塑造，也善於運用環境或景物以烘托男性人物的內心活動、性格特徵，並藉此勾勒出鮮明的男性人物形象，例如：〈邶風・新臺〉一詩，全詩三章，而首二章前二句以「新臺有泚，河水瀰瀰」，「新臺有洒，河水浼浼」，言新臺之鮮明美盛，與滾滾的黃河之水相配，可謂相得益彰，但今宣姜要嫁的對象卻是這個老不死如蟾蜍般醜陋的衛宣公，故以此景象來反襯衛宣公強納子妻之陋行；〈邶風・北風〉一詩，則以「北風其涼，雨雪其雱」，「北風其喈，雨雪其霏」言環境之惡劣，於是詩人乃萌歸隱之意。藉此惡劣環境烘托詩人徬徨無助的心情，乃思與好友歸隱田園；而〈衛風・考槃〉一詩，則是述一位隱居山水，隨遇而安，悠遊自得的快樂隱者，詩中以「考槃在澗」、「考槃在阿」、「考槃在陸」述隱居之所，並示其能隨遇而安之形象。至於〈小雅・鶴鳴〉一篇，則是位有令聞德誼，能成君之德業的隱者，所以，即使歸隱，仍聲聞于天，全詩二章，詩之一至七句皆言隱者所居風物，從園中之景，以襯托此隱者之令聞德誼，不必更言其賢，而賢者形象已躍然紙上矣；〈王風・黍離〉一詩以詩人所見「彼黍離離，彼稷之苗」，「彼黍離離，彼稷之穗」，「彼黍離離，彼稷之實」，詩人見舊時宗廟宮室之處，今盡爲黍稷，觸目所及，雖然黍稷離離，但心中卻產生一種失落感，以此烘托詩人的感傷與不安。〈小雅・苕之華〉一詩，則是詩人見幽王之時，國家動亂，民不聊生，而此動亂之由，蓋因人禍，而非天災，故詩人傷之。其詩首二章言「苕之華，芸其黃矣」，「苕之華，其葉青青」，以苕華之盛，來反襯人飽受

饑饉，顯示天時地利兩者並宜，饑饉之成，並非天災，純由人爲。所以，引起詩人的憂傷及悲痛。

二、氣氛營造

前面所述，透過環境或景物的烘托，是一自然的、可見的、可感的環境描寫，而氣氛的營造則多屬人爲的、可感的環境描寫。《詩經》中對於男性人物的塑造，除了善用環境或景物的烘托方式外，也擅長運用氣氛的營造，尤其是在各種群像圖部份，使用最多，例如：〈小雅‧車攻〉主在描繪周宣王會諸侯一事，而宣王即藉田獵以會諸侯，展示軍威，以此來威懾列邦，並顯示天子的統治地位。所以，詩人對於宣王軍隊之盛大，軍容之莊嚴，軍紀嚴明等多所鋪陳，但在射獵的進行當中則以「射夫既同，助我舉柴」，諸侯們展現合禮又和諧的表現，不得利者爲得利者積禽，以及結束後有「大庖不盈」，施君恩給諸侯的表現，宣王於展示軍威中猶不失禮，呈現莊重雍容的畫面及嚴肅中帶有和諧的氣氛；同樣是宣王的詩篇，〈小雅‧吉日〉篇，所寫則是周宣王一次常規性的歲典，是一種帶有娛樂性質的田獵活動，所以整個氣氛的鋪排、人物活動的描寫，都是圍繞著周宣王，並以田獵爲主，不管是描寫獸群，或是虞人趕群獸的畫面，都是爲了討周宣王的歡心，以供其射殺，詩中並以「既張我弓，既挾我矢。發彼小豝，殪此大兕」，特寫周宣王高超的射技及勇猛的射獵畫面，最後則「以御賓客，且以酌醴」，將其所獵之物宴飲群臣，呈現一幅君臣田獵後共飲共樂圖，詩中洋溢著輕快的氣氛；〈秦風‧駟驖〉是一篇美秦襄公田狩之詩，所欲呈現的即是秦襄公由附庸的身分轉爲諸侯的那份殊榮，所以，詩人藉由田狩之事，園囿之樂以美之。全詩由上階層到下階層的喜樂之情都表露無遺，包括安排親信隨從的同行、虞人驅趕肥壯的禽獸給襄公射殺、襄公射技精準的表現以及獵後人、馬、犬悠閒遊園的畫面，字裡行間洋溢著歡愉的氣氛，以及發自內心的喜悅。

在祭祀圖像中，以〈小雅‧楚茨〉一詩爲例，全詩即以「誠心敬意」爲主軸，詩人不直接寫犧牲菜肴之豐盛，而是通過祭前參祭的人忙碌地準備活動來表現這一意思。所以，詩人不惜筆墨，大肆描繪眾人繁忙、宰牛殺羊，爲俎爲豆的場面。「或剝或亨」、「或肆或將」、「或燔或炙」等句，寫廚師們謹慎而熟練的宰割烹飪，簡潔生動，詩人將整個氣氛炒得熱絡起來，還使用一連串的疊字「濟濟蹌蹌」、「踖踖」、「莫莫」，使人物更具形象。詩中的描寫，不管是主祭者或參祭者皆塑造出一種恭敬敏疾而又合法度的形象，極言祭祀

禮儀的隆重與整飭，這也是主祭者對先祖敬誠的表現。而祭後私宴的豐盛和賓客對主祭的滿意，同樣表現主祭的誠意。祭祀活動本身關乎人群，特別是同姓人群的團結，而結尾處「莫怨具慶」、「小大稽首」之句，無疑又是對祭畢宴享活動所具有的「親骨肉」社會功能的鄭重明示。所以，全詩所營造出來的是熱烈盛大、莊重敬肅、和氣團結的景象及氣氛；而〈小雅・信南山〉一詩，則是以大自然為背景，從地上的綿延廣闊的田野，平整的田畝及溝渠，到天上的雨雪紛紛，四時充美，都是為了鋪排下面的主題－「祭祀」，因為四時充美，才能有瓜、黍稷、清酒、騂牡等完備的祭品來祭祀祖先，所以〈小雅・信南山〉祭祀的虔敬是由祭祀物品之豐來呈現，而與〈小雅・楚茨〉是通過祭前參祭的人忙碌地準備活動來表現誠敬有所不同。〈小雅・信南山〉祭祀的群像圖是以農事為主，但不言農事之勞，而是從「維禹甸之」的創業，到「曾孫田之」，瓜、黍稷的收成，在這樣的氣氛鋪排之下，呈現出祭祀者謹慎守成又感恩的心；而〈小雅・甫田〉一詩所呈現的君王祈豐年祭祀之群像圖，是以敬天重農的思想為主題來表現的，因君王重農，所以農夫克敏；因農夫克敏，所以能有稼穡之盛；因稼穡之盛，所以君王能得大福，故君王祭神以求豐年，可見重農、豐收、福祿、祭神，四者關係密切，環環相扣，任何一環節都疏忽不得。因此整個祭禮中粢盛羅列，犧羊間陳；琴瑟緩奏，鼓聲激昂；農民載歌載舞，歡慶喜悅。詩人從不同的角度和側面，把祭祀的場面寫得有聲有色，氣氛熱鬧，給人一種如聞其聲，如見其人的藝術享受。所以，全詩從稼穡的茂盛，祭祀的熱鬧，到期望穀物的豐收，君民的關係是親切融洽的，氣氛是熱烈的，就連祭祀的場面也不是嚴肅的，而是帶有喜樂的心來祈神，格調明快熱烈，主祭者洋溢著喜悅自得的神情，因為他是受民愛戴的君王，是受神護祐的君王。所以，〈小雅・甫田〉一詩所呈現的君王祈豐年祭祀之群像圖，沒有〈小雅・楚茨〉莊嚴肅穆的場面，君王的形象是親民愛民，而不是高高在上的，是可以與民同樂的；而農民們也是本著喜樂的心參與祭祀慶祝，君民上下和樂，更顯示出君王之德，由其德而顯其誠，因此，自不需藉由祭物之豐或祭禮之嚴來表其誠敬；至於〈小雅・大田〉一詩是君王樂豐年而祭祀之詩，所以，全詩依春耕、夏耘、秋收、冬祭進行，層次分明有序。在此詩中，祭祀時所呈現的除了虔敬、感恩的心外，最重要還表達了仁愛之心，從「雨我公田，遂及我私」到「彼有不穫穉，此有不斂穧；彼有遺秉，此有滯穗，伊寡婦之利」，可以知之。〈小雅・大田〉一詩沒有〈小

雅‧甫田〉熱鬧的場面，但卻營造出感人的畫面。雖然，〈小雅‧大田〉詩中祭祀的場面僅以「來方禋祀，以其騂黑，與其黍稷，以享以祀，以介景福」一語帶過，但因爲政者的無私，有仁愛之心，感動天地，所以，一樣得到上天賜予福祿萬萬年。

　　而在宴飲圖像的部份，〈小雅‧鹿鳴〉一詩以敬賓、樂賓爲主軸，而呈現一片賓主同樂的氣氛，全詩以鹿鳴所渲染出來的氣氛則與三章中宴會時莊嚴隆重的場面相呼應。野鹿的呦呦鳴叫與琴瑟笙簧的演奏，再加上主人熱誠的款待與客人恭敬的回應，形成此詩和諧歡樂的基調，全詩所呈現的是周王得治國之至道，群臣也獲得周王豐富的賞賜，上下一心，誠意對待，賓主盡歡，一片和樂融融的氣氛；〈小雅‧彤弓〉是周王賞賜有功諸侯弓矢後，而舉行宴會時所詠之詩，大典中有莊嚴隆重的賞賜過程，有功的諸侯接到紅色的弓後，要愼重地藏之以示子孫，因爲這代表著無上的光榮。而賜弓給諸侯的周王，更是以發自內心的誠意來行賞。周王賞賜有功諸侯弓矢後，則舉行宴會，宴會中有音樂演奏，也有主人誠意、溫馨的勸酒畫面，大家和樂融融地參與宴會。所以，此詩中所營造的是個隆重、溫馨的氣氛；〈小雅‧桑扈〉一詩所塑造的是一個斐然有文采的君子，他的心情一直保持著和樂的狀態，他是全國人民的屏障，是國家的棟樑，因爲有他，才使天下平安無事。他的態度是那麼的和順、敬謹，他的所作所爲又是那麼的合禮，天下人都以他爲效法的對象，所以，他能受到上天所賜的大福。而今大家可以拿著牛角做成的酒杯，喝著很甘美的酒，都是因爲他的態度不倨傲，才能聚萬福於一身，天下人也能分享幸福。這次的宴會，洋溢著嚴肅中又帶點幸福和樂的氣氛。主客雙方在杯觥交錯中，感情互動交流，特別是主人熱忱款待客人，客人發出了由衷的讚美，在一片頌禱聲中，充份體現了諸侯與天子之間的和睦關係；而〈小雅‧頍弁〉一詩末章以「如彼雨雪，先集維霰」爲喻，感嘆人生之短暫如雨雪，更應及時行樂，所呈現的宴飲氣氛不似〈小雅‧鹿鳴〉上下一片和諧，君臣同樂的畫面；更沒有〈小雅‧彤弓〉莊嚴隆重的場面，而是兄弟親戚相聚，但卻有著濃濃的，灰色的感傷思想及氣氛在其中；而〈小雅‧瓠葉〉一詩，所寫之物雖淡薄，然情意卻深重，因爲詩中除了用「亨、炮、燔、炙」等烹調食物的方法來顯示其誠意之外，更重要的是在描繪賓主間互相勸酒的過程，從「酌言嘗之」、「酌言獻之」、「酌言酢之」，到「酌言醻之」，寫出了古人獻、酢、醻「一獻之禮」的過程，井然有序，合於禮法。先是主人斟滿

一杯酒，接著也爲客人斟滿酒，然後恭敬地請客人品嘗；再是主人向客人敬酒，表示歡迎客人之意；繼而賓客回敬主人，感謝主人的熱情款待；最後飲酒達到高潮，主人再向客人敬酒，賓主盡歡，結束一場看似平淡卻充滿眞心誠意的宴會；〈魯頌・有駜〉一詩，是魯國自慶父之難後，外有強齊睥睨，內又荒年歉收，在僖公繼位後，內修武備，撫慰人民，外結鄰國，鞏固邦交，才使國家轉危爲安，克服了天災人禍的問題之後，國家蒸蒸日上，始有豐年，〈魯頌・有駜〉就是在這樣的時代背景下所產生的詩篇，所以，全詩以臣子的視角寫成，詩的開頭即以黃馬、雄馬、青黑馬的健壯形象，以物寓志，藉此暗指魯國國力之強盛，以及展現馬背上人兒蓬勃的朝氣，奮發的精神及其旺盛的企圖心。魯國的臣子們盡忠職守，爲公事而勤奮不懈。君臣們在公事之餘則歡樂燕飲，宴會中鼓聲敲得咚咚作響，有人拿著鷺羽翩翩起舞，就像成群的白鷺在飛的樣子，非常壯觀、美麗；而有人喝醉了，也跟著跳舞，非常快樂；有人喝醉了就告退，行爲舉止，合乎禮樂法度，有所節制。在歡樂的燕飲中，始終不忘祈禱神靈賜福保佑豐收，還希望將福祿遺留給子孫。在這麼歡樂的燕飲中，最後則祈禱神靈賜福保佑豐收，還希望能將福祿遺留給子孫。全詩洋溢著歡樂的氣氛，更流露出群臣對君主的尊敬之心，以及君主待臣下的恩惠之意。

第四節　其他塑造技巧

　　《詩經》中除了上述人物塑造技巧外，還善於運用其他塑造技巧來凸顯男性人物形象。茲舉想像、比喻、側寫、反覆吟詠、對比等表現法以說明之。

一、想像

　　所謂的想像並非抽象不實，《詩經》中藉由想像來形塑男性形象，通常是透過因物而及人，甚至是因聲而物而人這樣的想像關係，而這聲、物、人之間往往有著密切的關係，例如：〈秦風・小戎〉篇中則是述一婦人因夫出征而思念之，而思念的君子或是隨襄公征討西戎之大夫，故詩中並未直接描寫君子衝鋒陷陣、英勇殺敵的畫面，因此，詩中亦無血腥慘烈畫面的描繪，而是透過兵甲、車馬之盛（物），來表現秦軍之威武雄壯，君子（人）的英勇善戰，所以，是透過因物及人的想像來形塑君子英勇善戰的形象。而〈齊風・盧令〉一詩，每章皆以「先犬後人」的摹寫順序，在寫獵犬的部份，並非直接摹寫

獵犬出獵時的盡忠職守，威武英勇的畫面，而是透過「盧令令」,「盧重環」,
「盧重鋂」等戴在獵犬頸上的環飾所發出的鈴鈴聲（聲），來顯示獵犬威武英
勇的氣勢，以聲音表現氣勢，得力助手－獵犬（物），都如此優秀，想當然耳，
身為主人的獵者（人），必定更不同凡響，故藉此以凸顯主人的氣勢非凡。單
聞其聲，想見其犬，進而引出主角－獵者，給予人無限的想像空間。詩人完
全透過想像力，想像這個威武英勇獵犬的主人，應該是位「美且仁」,「美且
鬈」,「美且偲」之獵者，既是透過由聲而犬而人的想像，所以沒有實際的打
獵畫面，而是想像中的獵者形象是個體魄健美的，而且仁慈的，勇壯的，又
多才藝的。

二、比喻

　　詩人擅用借彼喻此的相似性，將男性人物形象描摹得栩栩如生，例如:〈小
雅・巧言〉篇中將讒人比喻為「躍躍毚兔」，又說「巧言如簧」，將巧言比喻
成如鼓簧般那麼悅耳動聽,〈小雅・巷伯〉一詩，也指出讒言可怕的地方在於:
「萋兮斐兮，成是貝錦」,「哆兮侈兮，成是南箕」，讒言交織，能無中生有，
還用巧言羅織人入罪，而他的嘴巴大得像南箕星一樣，一開口就是要害人。
詩中將讒佞之人的形象描摹得維妙維肖。而〈小雅・青蠅〉一詩，更以青蠅
喻讒人，言讒言擴散之快，為禍之大。詩中以青蠅喻讒人形象,「止于樊」、「止
于棘」、「止于榛」，是就空間而言，指讒人到處為禍，以見讒言擴散之快，而
「交亂四國」、「構我二人」則言其為禍之大！顯見此詩中以青蠅喻讒人之形
象，非常貼切鮮活。〈邶風・新臺〉一詩則以「籧篨」、「戚施」將衛宣公比喻
為老不死如蟾蜍般醜陋的形象。而〈衛風・淇奧〉篇則以「如切如磋，如琢
如磨」將有匪君子在修養品德，鑽研學問方面，以治骨角玉石為喻，需經用
心地切磋琢磨，又以「如金如錫，如圭如璧」以比喻君子德器已成，詩中用
了八個比喻，以形塑有德的君子形象。

三、側寫

　　《詩經》在描述男性形象時，有時並不以直接摹寫的方式，而是透過側
寫來凸顯其所欲呈現的主角。例如:〈周頌・載見〉篇云:「載見辟王，曰求
厥章。龍旂陽陽，和鈴央央，鞗革有鶬，休有烈光。率見昭考，以孝以享，
以介眉壽。永言保之，思皇多祜。烈文辟公，綏以多福，俾緝熙于純嘏。」
詩中藉由諸侯進見成王時車馬之盛，行進有節，來側寫成王之威儀，是一國

之君的模樣。而〈鄭風・叔于田〉一詩，除了首句指出獵人正在打獵之外，其後所引出的「巷無居人」、「巷無飲酒」、「巷無服馬」，皆是藉此側寫獵人善射獵及駕馭技術之高超，以致出獵時萬人空巷爭相觀看，全因其具有健美的體魄及「仁、好、武」等人格特質。所以，詩人並未眞正從打獵的過程或實際狀況來摹寫，而是從側面呈現獵人技術之高超，及其善駕的技能，並藉「豈無居人？不如叔也」的反問句子，來特別凸出這位獵者的出類拔萃，卓然出眾，而且這位獵者並非只是有健美的體魄，最重要的是在於它具有「仁、好、武」等人格特質，所以才讓民眾爭相目睹，顯現這位獵者獨特的魅力。而〈秦風・駟驖〉一詩，一章寫秦襄公出獵，二章述秦襄公射獵的情形，三章則將鏡頭落在「遊于北園，四馬既閑。輶車鸞鑣，載獫歇驕」，全力描摹四馬從容徐行的樣子、還有傳來陣陣輶車上鸞鑣作響的聲音，以及田犬被載，一副悠閒享受的樣子，詩人不以歌功頌德的方式結束，而以四馬從容、田犬悠閒的畫面結束，其實是在暗示秦襄公此次田獵的成功，以及彰顯襄公之德，雖然詩人並未直言，藉由側寫的畫面，反留予讀者無限的想像空間。

而《詩經》中使用側寫最多的歷史人物當屬宣王，例如：〈小雅・鴻鴈〉一詩的敘述視角雖非宣王，但是詩人藉由第三人稱及第一人稱視角的描述，使人了解宣王做了安集流民之事，以顯見宣王有明智，在百廢待舉之時，懂得先安定百姓，來凸顯其悲天憫人的表現；而〈小雅・庭燎〉詩中則藉：「君子至止，鸞聲將將」，「君子至止，鸞聲噦噦」，「君子至止，言觀其旂」，由諸侯車馬徐行有節的鸞鑣聲，及諸侯們壯盛的旗幟，來顯示宣王聲威之盛，與其文治武功之隆，以形塑宣王中興之氣象；〈小雅・斯干〉詩言宣王建宮室之事，但詩人藉此側寫宣王建宮室非爲個人享受，而是爲了延續祖先之業而努力，以告慰祖先，使骨肉和親，如此才可使周室世代子孫綿延不絕，將宣王形塑成一仁君的形象；〈小雅・無羊〉詩中雖是描述牧業發達，國富民豐的狀況，詩人未言及宣王，但宣王自在其中矣。是以詩中的夢兆，所呈現的正是宣王之世國富民豐，子孫眾多的繁榮景象；〈小雅・沔水〉詩首二章皆以流水終歸於大海，以興萬物皆有所歸，而且是以「小就大也」之序爲之，而今之諸侯卻不朝天子。又以隼之想飛就飛，想止息於木就止息，以喻諸侯之自驕恣，欲朝不朝，自由無所在心也，所以，此詩所呈現的諸侯是驕恣無禮，不循禮制，不盡其職，詩中雖明責諸侯敗禮，不順服於王，實刺宣王自壞制度，立下壞榜樣，致使諸侯違禮犯上，不復來朝，是宣王咎由自取，自損天子的

威儀，此亦是從側面寫宣王形象之例。

四、反覆吟詠

《詩經》中利用反覆吟詠的方式，除了造成一唱三嘆的情感效果，更可加強形象的塑造，例如：〈唐風‧采苓〉一詩，蓋諷刺晉獻公因為自己先接納僞言，才讓僞言有機滲入，也才使說僞言的驪姬詭計得逞，所以，每章詩末皆以「舍旃舍旃，苟亦無然。人之為言，胡得焉？」詩人再三勸誡晉獻公勿聽僞言，只要獻公不聽，僞言就無從得生。而〈邶風‧北風〉一詩，則是姦邪當道，國是日非，詩人傍徨無助，乃思與好友歸隱田園之詩，每章末二句皆以「其虛其邪？既亟只且」，詩人反覆吟詠以凸顯其被迫的無助與無奈的情感。〈邶風‧北門〉一詩，則是言王事、政事繁忙，即使連家人都沒有人能體會其艱辛，而心生感嘆，其詩末皆以「已焉哉！天實為之，謂之何哉！」詩人再三感嘆，將自己的命運歸之於老天爺的安排，營造出無可奈何，自怨自嘆的情感氛圍，具有一唱三嘆的效果。

五、對比

《詩經》中對於男性人物形象的描寫，常使用對比的手法，以強烈對比的方式，凸顯所欲呈現男性人物的性格、情感或形象。例如：〈大雅‧召旻〉篇以：「皋皋訿訿，曾不知其玷。兢兢業業，孔填不寧，我位孔貶。」言奸佞「皋皋訿訿」，尸位素餐，遇事只會互相詆毀，幽王卻看不出其缺失，仍重用他們；而賢臣則是戒慎恐懼，「旻天疾威，天篤降喪」，甚不安寧，但地位反不如奸佞。詩以小人得勢，賢臣反遭黜退做一強烈對比，凸顯賢臣心中的不平及不安的形象。〈魏風‧汾沮洳〉一詩，每章前二句，言魏地之人，生活條件極差，在汾河的旁邊採摘野菜，而「彼其之子」卻修飾無度，過著浮靡的生活，一點也不關心人民生活疾苦，一點憂患意識都沒有，詩中藉此以凸顯「彼其之子」是個過度打扮，只管個人，一點都不關心民間疾苦的貴族，遠比不上那些掌君路車、掌君兵車、掌君宗族的大夫們。而〈曹風‧候人〉亦是以候人之官與「彼其之子」作一強烈對比，詩中言候人雖是個小小的官職，但是，仍盡忠職守，而「彼其之子」卻如「維鵜在梁，不濡其翼」，「維鵜在梁，不濡其咮」，在其位而不做事，徒領乾薪，所以，詩人藉此以凸顯「彼其之子」是個尸位素餐、德不稱服的形象。而〈王風‧兔爰〉一詩則以「有兔爰爰，雉離于羅」，作一強烈對比，對比生之初、生之後，所過的生活，藉此

以抒發生不逢時的情感。而〈小雅·北山〉一詩中四、五、六章更是使用一連串的對比，將對比手法發揮得淋漓盡致，三章共十二句，分成六組作一對照，每一組前一句皆言大夫之安逸，後一句則言我之勞苦。而大夫之安逸表現在「燕燕居息」，「息偃在床」，安居休息，完全置「王事靡鹽」於不顧；而我卻是「盡瘁事國」，「不已于行」，爲國事到處奔波，不敢休息。大夫「不知叫號」，「棲遲偃仰」，對於徵發召喚，完全不當一回事，還一副從容自如的模樣；而我則是「慘慘劬勞」，「王事鞅掌」，爲王事勞苦不安。當大夫「湛樂飲酒」，「出入風議」，正事不作，飲酒作樂，還對國事大放厥詞，只會動口，不想動手；而我則是「慘慘畏咎」，「靡事不爲」，成天勞苦於王事，還怕有罪過，所有的事都盡心盡力去做。詩人義憤填膺，發出不平之鳴，凸顯勞逸不均之嚴重，顯示其憤怒之情非常強烈，極力塑造其怨嘆不平之形象。

第五節　結　語

　　總結《詩經》男性人物塑造技巧的考察，茲歸納如下：

　　一、《詩經》中對於男性外在形貌的描寫，它不是單純的靜態展現身體、容貌而已，這其中還隱含著男性人物的思想、情感、儀態、行爲、人格特質等的呈現，所謂「相由心生」，借由外在形貌的描寫可使讀者想見其爲人，達到以形傳神、形神俱似的效果。

　　二、《詩經》中車馬之盛除了可凸顯君威之外，亦可因其有德與否，藉此以讚美之或諷刺之，顯見車馬已非單純作爲階級的標誌，它更是道德的顯影劑，若有德者乘之，則兩相輝映；若無德者乘之，則黯然無光。

　　三、詩人在利用服飾以塑造男性形象時，或以美盛服飾襯托其德，讚美其德服相稱；或以怪異失常之服飾，會帶來災難，諷刺其失權失德；或直言「彼其之子」著美盛之服，卻不稱其德，諷刺其德不稱服。足見周代對於服飾與其身分、品德是否相襯，相當重視。

　　四、《詩經》中對於男性人物舉止動作的動態描繪相當細膩，不僅用詞豐富，表達準確，井然有序，層次分明，字義更具有區別度、準確性，能適當配合情境，使得畫面生動，形象鮮活，能給予讀者深刻的印象。

　　五、《詩經》中對於男性人物形象的塑造，常能善用言語形式的特點，再配合情境，與所其欲塑造的人物特質，而形塑出屬於該人物的語言特色，呈現出人物內心的想法及性格特徵，並藉此反映出當時社會的時代背景來，例

如：同樣是宣王，在〈大雅‧雲漢〉一詩中所表現的就是為民祈雨，憂國憂民的好國君形象，因此配合祈雨的情境，用字語氣也較舒緩哀傷；而〈大雅‧常武〉是征戰的詩篇，為了形塑宣王是個形象威嚴，但不擾民的國君，所以，所使用的語言也必須是短促有力，使民信服的；於〈小雅‧祈父〉篇中則藉由士兵們內心之憤怒不滿之言詞，來反映出此時的宣王已是罔顧天意，不得民心之國君形象，可見此時已屆宣王之末世矣。由上可知：同樣是宣王的詩篇，在不同時期，面對不同的情境，可透過語言的形式，表達出不同的情緒反應，而其所呈現出宣王的形象也不盡相同。

　　六、《詩經》中透過心理活動的描寫，除了呈現男性人物的情緒變化、內心深層的想法，塑造出男性人物性格鮮明、血肉豐滿的人物形象之外，更重要的是透過此一描寫，得以反映當時的社會，及見證周代社會的變遷。

　　七、《詩經》中對於人物形象的塑造是鮮明的，即使是內在的人格特質摹寫亦不含糊，透過詩人的手，猶如為詩中人物貼上標籤，也烙上了歷史的印記，讓讀者一讀，即不易抹去。例如：談到公劉，就想見其忠厚篤實的為人；談到王季，就思其友愛兄長的形象；談到文王，就難忘其謹慎的特質；至於說起厲王，暴怒無常的特質，更是深植人心。而有關內在修為的呈現，詩人對於君子和樂的特質，更是再三稱頌，言及「君子」就會蹦出「有匪」、「淑人」、「豈弟」、「假樂」這般讚美的形容詞，所形塑的「君子」，是個為人無驕心，讓人看了很放心，相處使人極安心的形象。所以，人格特質決定一切，當君王具有正面的人格特質，能為人民帶來福祉；若君王具有負面的人格特質，則會為國家帶來災難。因此，詩人對於正面的人格特質稱頌不已；對於負面的人格特質亦不客氣地大肆抨擊。

　　八、《詩經》中透過環境或自然景物的烘托，除了達到人與物的有機結合之外，更能造成情景交融的效果，使主題更鮮明，人物形象更鮮活，作品更具感染力。

　　九、《詩經》中特別重視氣氛的營造，而氣氛的營造必須與所欲呈現的主題、場景、甚至人物性格形成一致性，如此才能達到藝術渲染的效果。

　　十、詩人運用想像的手法，帶領讀者進入想像的空間，使得詩有了趣味性，間接凸顯形象，饒富美感。

　　十一、《詩經》中所使用的比喻題材，相當生活化、具體化、多元化、趣味化，可使讀者易於理解，讀後不禁露出會心一笑。

十二、詩人不直接點明主題，而採側寫的方式，運用與主題相關的事物，以引出主題，詩中的筆法是委婉的，情感是含蓄的，內容則具有聯想力與感染力，表現出溫柔敦厚之詩教。

十三、反覆吟詠除了是標準民歌形式之特點外，在音樂上，它具有節奏感、感染力，使人易於記誦詩篇；在內容上，它具有加強性，使詩人易於凸顯人物形象。

十四、《詩經》中對於男性人物的形塑，藉著對比技巧的運用，將兩個截然不同的生活、性格、想法、情感、作為等對立起來，以強化矛盾衝突，對比凸顯人物性格，達到增強描寫的藝術效果。

綜上所述，詩人不管使用何種形塑技巧，都是為了使男性人物形象更鮮活地呈現在讀者面前，使讀者有如聞其聲，如見其人的感覺。所以，成功的人物形象塑造，可使形象深植人心，更可使讀者有融入感、參與感，達到藝術的感染力。當然，不可諱言地，《詩經》中這些形塑人物的技巧，更是深深地影響了後代詩歌、小說、戲劇的創作。顯見即使《詩經》已傳誦千年，仍現生命力。

第六章 《詩經》男性人物形象所反映的政治、文化內涵及文獻史料價值

　　撰者透過對於《詩經》中各類型男性人物形象的探析，綜合歸納出男性人物形象所反映出周代政治、文化內涵及文獻史料價值等意義，分成：一、政治方面；二、文化內涵方面；三、文獻史料等三大面向來探討：

第一節　政治方面

　　本文藉由考察《詩經》中的男性人物，而歸結出其反映在周代政治方面的內涵，有以下數端：

一、天命的觀念

　　《詩經》中對於男性人物的塑造，從神話人物到周王甚至君子的部份，透露出兩個政治目的：其一為透過人物的塑造，呈現出統治者欲將政權合理化，並藉助神威以達到合理統治人民的目的，這是從神權過渡到君權，藉神權以鞏固君權的一種方式，所以，詩中一再說明「天子」是天帝之子，上帝派其到人間成為人民之君這樣的觀念，例如：周始祖后稷，是周人氏族社會由母系制向父系制過渡的偉大人物，所以，《詩經》中利用神話來美化他，周人一再渲染后稷出生的神異，意在宣揚他們自己是天神的後裔，並把天上的上帝和人間的帝王合在一起，〔註1〕這即是將政權合理化之例，又如：〈大雅‧

〔註1〕　夏傳才：〈周人的開國史詩和古史問題〉，頁59。

文王〉一詩中即寫道:「文王在上,於昭于天。周雖舊邦,其命維新。有周不顯,帝命不時。文王陟降,在帝左右。」詩中表達了君王是受上帝之命,降於民間來治理萬民,所以稱之為「天子」,而死後則仍升天為神,周人利用這樣的觀念,很自然地將政權合理化。

其二為藉助神威以儆統治者,例如:〈大雅·假樂〉、〈周頌·我將〉等詩中強調執政者態度要恭謹,祭祀應得當,有美德,則可獲上天或祖先的庇祐而得福;相反地若是為政不德,則會受到上天的懲罰,例如:〈大雅·蕩〉一詩中談到:「蕩蕩上帝,下民之辟。疾威上帝,其命多辟。天生烝民,其命匪諶。靡不有初,鮮克有終。」言偉大的上帝是人民的國君,而今卻暴虐多邪辟,其必有故。詩中提到「天命靡常」的觀念,強調「皇天無親,惟德是輔」。所以,上天是不可完全依賴的,惟有德的統治者能受到上天的眷顧;惟有德的統治者始能使天命不絕;惟有德的統治者始能受到人民的擁戴。

上述兩大政治目的,不管是藉助神威以達統治人民的目的或藉助神威以儆統治者,其所強調的都是周人天命的觀念。而周人承天命的觀念顯然與統治者是否有德有密切的關係,在〈大雅·皇矣〉一詩中即談到:「皇矣上帝,臨下有赫。監觀四方,求民之莫。維此二國,其政不獲;維彼四國,爰究爰度。上帝耆之,憎其式廓。乃眷西顧,此維與宅。……,帝遷明德,串夷載路。天立厥配,受命既固。」詩一開頭即言偉大的上帝,威明地監視著人民,發現人民的疾苦全由為政者之暴虐,不能善待人民,因此,就開始思量究竟誰可以受天命以代之?因為上帝痛惡殷商惡政日漸嚴重,所以,上帝特別眷顧待民以德的周,在冥冥之中暗助太王,保佑有德的太王。所以,《詩序》謂:「〈皇矣〉,美周也。天監代殷莫若周。」〔註2〕天命是由上帝所受,而承天之命的天子有了真正的主導權後,要秉天之彝德,做順天應人之事,不可有權力的傲慢,〈大雅·皇矣〉即藉上帝之言說明此道理:「帝謂文王:『無然畔援,無然歆羨,誕先登于岸。』」上帝告訴文王做人不可跋扈以自傲,不可貪求來侵人,要先平理國內獄訟之事,等待時機已成之後才可。所以,文王待密須不恭,欲侵犯阮、共二國,始承天之命伐密須:「王赫斯怒,爰整其旅,以遏徂莒,以篤周祜,以對于天下」,文王所做所為是為篤厚周人之福,以顯揚天下,全為安定民心之故,而非為一己之貪欲,此即所謂「順天應人」。因此,即使明德如文王者,也不敢猜測天命之長短,不敢存有僥倖之心,只能恭敬

〔註2〕 鄭玄:《毛詩鄭箋》,頁 121。

明德，以秉順上帝，所以文王自稱：「予懷明德，不大聲以色，不長夏以革。不識不知，順帝之則。」

而武王伐紂更是承天命而行，絕非貿然行事，〈大雅・大明〉詩云：「維予侯興。上帝臨女，無貳爾心。」武王對著將士們說：「現在我承受著天命，只有我才能興周邦，上帝會監臨著你們，你們要同心同德，不可有貳心。」詩中摹寫武王承天命伐紂之決心，及藉由上帝來增強自己的威赫力，訓勉將士無二心。

至於，成王更是深刻體會承天命之不易，〈周頌・昊天有成命〉一詩，即言「昊天有成命，二后受之。成王不敢康，夙夜基命宥密。於緝熙，單厥心，肆其靖之。」上天早已有定而不改易之命，文、武二王，受此天命，而成王並不敢因此而稍有安逸之心，夙夜敬勤其始受之命，而又謹慎。啊！多麼光大昌明啊！成王竭盡心力就是想要保有此天命。可見成王自承受天命，即戒慎恐懼，夙夜匪懈，自我勉勵，以文、武二王之文德及功業為治國之典範，一定要盡其所能加以發揚光大，並延續此得來不易之天命而勿失。〈周頌・敬之〉篇亦曰：「敬之敬之，天維顯思，命不易哉。無曰高高在上，陟降厥士，日監在茲。維予小子，不聰敬止。日就月將，學有緝熙于光明。佛時仔肩，示我顯德行。」群臣進戒成王要恭敬謹慎，因為天道是很顯明的，而我們周室得以奉承天命是不易的，天神高高在上，但每天會降臨視察人間的事，監臨著我們。而成王則自己謙稱是個不聰明不敬慎的人，只能一步一腳印，慢慢地日有所成，月有所進，慢慢地學習，能將光明的德行發揚光大，希望天神能夠輔助成王，承擔起這個重責大任，並指示成王成顯德之道。

文、武、成王承受天命，夙夜敬謹，不傲慢，不懈怠，秉天之彝德，以成順天應人之事，故於成王之時，能政和年豐，成太平盛世。而厲王則好行暴虐，逆天行道，所以，使其臣子芮伯感嘆：「國步蔑資，天不我將。」言國運日蹙，連老天爺都不肯幫忙，還「天降喪亂，滅我立王。降此蟊賊，稼穡卒痒。哀恫中國。具贅卒荒。靡有旅力，以念穹蒼。」言老天爺都盛怒，將滅周邦，故降喪亂，而上天降災，皆由虐政所致。厲王不知勤政愛民，所以，天降喪亂。可見當君王無道，上天會以示警的方式，如〈小雅・正月〉篇云：「正月繁霜」，非降霜之月而降霜，是天變示警，又〈小雅・十月之交〉篇亦云：「十月之交，朔月辛卯。日有食之，亦孔之醜。彼月而微，此日而微。今此下民，亦孔之哀。日月告凶，不用其行。四國無政，不用其良。彼月而食，

則維其常。此日而食，于何不臧。爗爗震電，不寧不令。百川沸騰，山冢崒崩。高岸爲谷，深谷爲陵。哀今之人，胡憯莫懲？」詩中言日食、月食、雷電大作，山洪爆發，山崩地裂，等皆非吉兆，是因君主失道無善政，則天變示警，然幽王仍無視民之哀痛，無視天之懲罰。厲、幽二王暴虐無道，倒行逆施，天降災亂以儆之，然二王無視上天示警，故最後厲王流亡於彘，而幽王更難逃亡國之命運。同樣天災示警，宣王因能勤勉政事，爲民祈雨，安定民心，對於天災宣王以黽勉畏怯的來態度面對，更恭謹的態度來敬事神明，所以，當災厄過後，反能牧業發達，國富民安，呈現中興之氣象。

從以上所舉之例，可以看出周人對於天命的重視，強調天與人之關係，更強調爲政者要有德，才能永受天命。

二、人民的重要

人民是國家的根基，是國家的財富，而國家政策的執行也仰賴人民，國家的興亡更掌握在人民的手上。所以，統治階級欲使政權長治久安，一定要重視人民，凡事要爲人民著想，〈大雅·桑柔〉篇即道：「菀彼桑柔，其下侯旬」，言爲政者當爲民謀利，猶如茂盛的柔桑之普遍庇蔭老百姓。而〈大雅·常武〉篇之一、二章中則表現宣王雖然伐徐方，還是秉持著「既敬既戒，惠此南國」，以及「省此徐土，不留不處」，這種仁愛天下子民，不隨意打擾百姓生活的心態，絕不因徐方無故作亂，而傷及無辜，這才是爲政之道。除了積極爲民謀利，消極不擾民之外，國君更要爲人民之父母，〈大雅·泂酌〉一詩即爲勸戒君王慈祥愛民，始可使民親附來歸之作，詩云：「豈弟君子，民之父母」，「豈弟君子，民之攸歸」，「豈弟君子，民之攸塈」，執政者要能像父母一般照顧老百姓的生活，要能使人民有所依靠，以爲歸宿，使人民生活安定，這樣的君子形象是人民所期待的理想天子典範。而慈祥愛民的國君則能常保青春，萬歲長壽，其美名也能廣爲流傳，他的子子孫孫能繼續綿延下去，家族興旺，嗣息綿長，〈小雅·南山有臺〉詩中即稱頌這樣的君子是：「邦家之基」，「邦家之光」，「民之父母」，所以，能夠「萬壽無期」，「萬壽無疆」，「德音不已」，「德音是茂」，「保艾爾後」，君子既有壽、有德、又有後。

可見，一個好的政府一定要做到順從民意，爲人民所信任，使民無怨尤，如〈大雅·假樂〉篇即稱美成王：「無怨無惡，率由群匹」，成王能順從群眾之望，所以臣民無怨惡王者，而〈大雅·桑柔〉中則以「如彼遡風，亦孔之僾」

為喻，言迎著風而立，當然會氣促難呼吸，所以，為政要順風而立，不要迎風而立，而今「民有肅心，荓云不逮」，當人民有心要向善，要使生活過得更好，執政者當然更要順勢而為，不可與民意相悖。可見周代雖已是君權時代，但是對於民意卻相當重視，《國語‧周語》中也曾提到召公以防民之口甚於防川諫厲王：「為川者決之使導，為民者宣之使言」，〔註3〕為政者一定要使民意有宣洩的管道，否則民意的洪流將一發不可收拾。足見周人對於民意之重視。

所以，當厲王「好是稼穡，力民代食」，與民爭利，讓人民活不下去，所有執政的措施都反其道而行，「稼穡維寶，代食維好」，聚斂財物，專利禍民。如此則會使民怨四起，「如蜩如螗，如沸如羹。小大近喪，人尚乎由行。內奰于中國，覃及鬼方。」時人悲嘆之聲，如蜩螗之鳴；憂亂之心，如沸羹之熟，老少幾乎都憂傷，而厲王仍不改其行，不僅國內民怨沸騰，就連外患也蠢蠢欲動。

因此，一個優秀的領導者應該是人民的公僕而不是人民的公敵，執政者當以人民為大，要隨時自我惕勵「民之所欲，常在我心」，應時時以民為念，做福國利民之事，如此才能孚眾望，不招致民怨，國家才能長治久安，而《詩經》中即能體現這一點，時時警惕執政者。

三、領導的哲學

《詩經》中為人所稱讚的是德治思想，但事實上，《詩經》中的優秀領導哲學，撰者以為還可再細分為服務型領導及德式領導兩大類，所謂服務型領導，指本著服務成員與組織的精神來從事領導的一種領導方式。服務型領導的精神在於視領導不是權力的擁有，而是在於如僕人般的服務他人，以助人成事，故又譯為「僕性領導」。〔註4〕當上領導者之後，能體認到領導並不是高高在上發號施令指揮下屬，而是在為組織與成員提供服務，讓成員心甘情願的共同為達成組織目標而努力。〔註5〕

是以，撰者從《詩經》中的男性人物形象中，考察《詩經》中的領導者，從后稷、公劉到太王，都是身體力行，或善於稼穡，造福人民，或率領著族人，開疆闢土，結合群眾的力量，為謀取周人更好的生活而努力，而這種領

〔註3〕　左丘明撰，韋昭注：《國語》，卷一，周語上，頁9～10。
〔註4〕　謝文全：《教育行政學》，（台北：高等教育文化事業有限公司，2004年9月），頁322。
〔註5〕　謝文全：《教育行政學》，頁323。

導哲學是屬於「服務型領導」。例如：〈大雅・生民〉篇提到后稷以善稼穡天份來造福族人，〈魯頌・閟宮〉篇更讚美后稷教民種植各種穀類，承續了禹之功業，造福百姓；而在〈大雅・公劉〉詩中呈現公劉率眾遷豳的形象更是親力親為，從啟程前充足的糧食準備，以及精良的防備武器，都是為了遷豳之事而做的萬全準備，到一路上考察地形，「陟則在巘，復降在原」，「逝彼百泉，瞻彼溥原。迺陟南岡，乃覯于京。」上山下海，開疆闢土，不辭辛勞，不怕危險，都是為了替族人尋找一塊沃土，好安身立業，還「既景迺岡，相其陰陽，觀其流泉。其軍三單，度其隰原，徹田為糧。度其夕陽，豳居允荒」，根據日影來辨別四方的方位，觀察陰陽方向，以作為居所的依據。再察看流水的方向，以方便耕種。接著組織人民，將其民分為三軍，用其一，而以其二從事農耕，輪番替代。此外，還測量廣平與下濕之地有多少，再針對治田取其糧以為稅。這一連串的作為及措施都是為了讓族人安居樂業，這就是僕性的領導作為，公劉的領導並不是高高在上發號施令指揮下屬而已，而是在為周族及其族人提供更好的服務，讓族人心甘情願的共同為周族而努力，所以，不辭辛苦，千里迢迢，追隨公劉到豳地定居；而〈大雅・皇矣〉一詩中提到太王遷岐時修理、整治灌木、栵樹，開闢道路的辛苦：「作之屏之，其菑其翳；脩之平之，其灌其栵；啟之辟之，其檉其椐；攘之剔之，其檿其柘。」而〈大雅・緜〉詩中更是記載著太王遷岐之建業，從初到之時的「陶復陶穴，未有家室」，到在周原開始建築家室：「爰始爰謀，爰契我龜。曰止曰時，築室於茲，迺慰迺止，迺左迺右；迺疆迺理，迺宣迺畝。自西徂東，周爰執事。」規畫好界壘，還治好了溝塗及田疇，以利灌溉、耕種等事宜。當人民安定之後，便著手「俾立室家」，「作廟翼翼」，建造室家的安居，並以恭敬謹慎的態度來建造宗廟，「百堵皆興，鼛鼓弗勝」，眾多的牆垣同時興造，工程非常浩大，但是人民不待鼓聲大作，即自動自發地前去幫忙，這就是太王以其服務型的領導風範，吸引人民歸附，受其領導、統治。

　　《詩經》中有關周先王公劉遷豳、古公遷岐後的具體作為，都有詳細描述，但〈大雅・皇矣〉一詩中，卻完全沒有提及王季在政治上任何的具體措施及作為，這或許是因為周人在經歷了公劉遷豳，古公遷岐之後，一切漸趨安定，故當王季執政之時，最重要的就是安定民心，勿使人心向背，要能孚眾望，故此時更當以「德治」為本，執政者以身作則，才能達到風行草偃之效，使社會不再瀰漫著不安的氛圍，所以詩中一再強調：「維此王季，因心則

友。則友其兄，則篤其慶，載錫之光。受祿無喪，奄有四方」，「維此王季，帝度其心，貊其德音。其德克明」，「比于文王，其德靡悔。既受帝祉，施于孫子」，王季是個能夠友愛兄長，勤政無私，具有君長典範的人。是以，王季以「德」為號召，人民願意順從、親附，也為其子文王打下了很好的基礎。王季的德，不僅是個人修身的私德，更是能夠造福百姓，大公無私的美德，是以，王季是個能孚眾望，使人民近悅遠來，上下親附，有九德的賢君。所以，從王季而後，乃至於文、武、成王等，則是屬於德式領導的類型。

　　中國聖王的領導表現，是一種駕凌於情欲生命強度之上的道德生命強度，他們的生命為道德生命所充滿，在周代最典型也最為人民所稱頌的就是文王。〈周頌・維天之命〉篇是讚美文王之德之詩，其詩曰：「維天之命，於穆不已。於乎不顯！文王之德之純。假以溢我，我其收之。駿惠我文王，曾孫篤之。」文王德惠之盛大，足以配天，使周之子孫永受其庇蔭。孔穎達也說：「文王之德則能上順於先祖宗廟群公，以安寧百神。……其化自內及外，遍被天下，是文王聖也。」〔註6〕文王能從個人的修身、齊家推而恩及兄弟，親睦九族，以治天下，全因文王之盛德所致。即使虞芮之訟，《詩經》文本中雖未言虞、芮二國相與爭田之經過，但將其完滿結局呈現，並藉此以頌美文王之德，不言而化，因文王之德感動其民，紛紛願意為文王效命，於是文王擁有親近之賢臣，輔佐之賢臣，宣揚教令之文臣，捍衛疆場之武臣，〔註7〕一時俊彥畢集。而在〈大雅・皇矣〉一詩述文王伐崇之役時仍言「予懷明德」，肯定文王有明德，〈大雅・文王有聲〉一詩中稱美文王：「文王有聲，遹駿有聲。遹求遹寧，遹觀厥成。文王烝哉！」周人頌揚文王有令聞、有偉大的聲譽，文王不僅能繼承太王、王季之業，以安定民心，且能完成安天下之大業，文王之聲譽可謂美盛啊！而文王建靈臺一事，〈大雅・靈臺〉首章即云：「經始靈臺，經之營之。庶民攻之，不日成之。經始勿亟，庶民子來。」文王始營靈臺之際，首先計畫，並進行測量、營建等事宜。百姓因感念文王之德，皆趨而為文王建臺，故未到預期即完成，完全出乎文王之意料，因為剛開始擬築臺時，還擔心會擾民，所以下令不必求快，但人民自動自發，自願來參與工作，是以靈臺得以速成，當文王事業興盛，國家安定之時，所呈現的是民心歸附，歌樂昇平的景象，洋溢著民之太和、物之太和、君臣之太和的氣

〔註6〕　孔穎達：《毛詩正義》，頁1010。
〔註7〕　余培林：《詩經正詁》下冊，頁335。

氛，文王之化非僅及於人，連鳥獸蟲魚皆感焉。《詩經》中在在呈現文王德式領導風範，而孔子更是盛讚文王德盛，天下民心三分有二歸服於文王，《論語‧泰伯》篇曰：「子曰：三分天下有其二，以服事殷。周之德，其可謂至德也已矣。」〔註8〕

　　而武王之德是表現在武王克殷後，安置天下臣民，大肆分封先聖遺族，兄弟功臣，並兵甲藏之，而改以射禮，以示不復用武，欲安定民心，故歛武事，修文德。〔註9〕所以，武王滅商後，乃繼續承文王之業，以修文德，〈周頌‧武〉云：「允文文王，克開厥後。嗣武受之，勝殷遏劉，耆定爾功。」是以，余培林於《詩經正詁》中更讚美武王說：「武王之烈，即在上承文王之緒，下開百世之功，光前裕後，誠『無競』矣。」〔註10〕〈大雅‧文王有聲〉篇五至八章詩人盛讚武王能使諸侯歸附、臣服，遷都於鎬京，營建辟廱以講學，能安護其後世子孫，正是武王德政的表現。

　　至於成王，〈大雅‧假樂〉一詩即詳述其德：成王是個言語有度，威儀美盛，受到群臣愛戴的好國君，其美德表現在敬天、法祖、用賢、安民等各方面，使得成王之世呈現出臣民和睦，政治清明的盛況。

　　從以上考察發現：本文中所談的不管是服務型領導或德式領導，都以人民為施政的出發點，重視人民，敬畏人民，強調民意的重要；而此二者所不同處是：《詩經》文本中服務型領導者呈現能為人民提供實質的服務，如僕人般的服務風格，甚至與人民站在同一陣線，是一起打拚的夥伴，文本中有詳細描述其具體、實際的作為，而對於德式型領導者則缺乏這樣的描述，僅強調其以道德為感召，重視的是內在修為，是抽象的感化人民，安定民心的力量。

四、領導的策略

　　《詩經》中所描述的優秀領導作為，強調既要神助也要人助，但最根本

〔註8〕　朱熹：《四書集註‧論語》，頁108。

〔註9〕　《左傳》宣公十二年引《詩經‧周頌》中之〈時邁〉、〈武〉、〈賚〉、〈桓〉等詩篇以讚美武王禁暴，戢兵、保大、定功、安民、和眾、豐財之德政，其文曰：武王克商，作頌（〈時邁〉）曰：「載戢干戈，載櫜弓矢，我求懿德，肆于時夏。允王保之。」又作〈武〉，其卒章曰：「耆定爾功。」其三（〈賚〉）曰：「敷時繹思，我徂維求定。」其六（〈桓〉）曰：「綏萬邦，屢豐年。」夫武，禁暴，戢兵、保大、定功、安民、和眾、豐財者也，故使子孫無忘其章。（語見左丘明著，杜預集解，竹添光鴻會箋：《左傳會箋》，頁786～787。）

〔註10〕　余培林：《詩經正詁》下冊，頁567。

的是要自助，所以，其所採取的領導策略表現在敬天思想、保民安民、任用賢能等方面。

（一）敬天思想

在周人觀念中的「天」，是有思想、有意識、有情感的天，君王的所作所為若合禮儀、合法度，則上天會給予福祿，使之永享萬年，反之，則會遭天譴，上天就會降災於其身，所以，周人非常敬天，因為君權是神授的。

《詩經》中的敬天思想，推本究源應是自姜嫄、后稷一脈相傳下來，〈大雅·生民〉篇中談到：「厥初生民，時維姜嫄。生民如何？克禋克祀，以弗無子」，「以赫厥靈，上帝不寧。不康禋祀，居然生子」，姜嫄為了求子，潔祀以除去無子之不祥。而上帝安享姜嫄的禋祀，所以上帝顯其靈，使姜嫄安然妊娠而生子。〈大雅·生民〉篇中六、七、八章更是強調后稷將善稼穡之功皆歸之於上帝，所以豐收成之後當然要感謝上帝，準備了祭品要祀奉上帝。顯示周人自姜嫄、后稷以來即有敬天的思想。

而在〈大雅·緜〉一詩中述太王遷岐之建業，也提到以恭敬謹慎的態度來建造宗廟：「作廟翼翼」，「迺立冢土」，太王建立宗廟，使祖先得以享祀，繼而保祐子孫；建立大社，使土神保護眾民。由於敬神的觀念，使得太王在政權的合法性上，有了神助，有了宗教的加持，所以，周人在太王之時，即將神權與政權做了巧妙的結合。

在《詩經》中則有多篇述及文王敬天的思想，例如：〈大雅·思齊〉篇二、三章提到文王祭祀之敬謹：「惠於宗公，神罔時怨，神罔時恫，刑於寡妻，至於兄弟，以御于家邦。雝雝在宮，肅肅在廟。不顯亦臨，無射亦保」，〈大雅·大明〉篇第三章亦曰：「維此文王，小心翼翼。昭事上帝，聿懷多福。厥德不回，以受方國。」文王不僅事親至孝，就連祭祀祖先也非常和順敬謹，所以神無所怨，無所痛，能顯靈保祐子孫，是以，文王之言行舉止堪為妻子兄弟的典範。〈大雅·皇矣〉一詩述文王伐崇之役時，提到文王「不識不知，順帝之則」，不敢試圖知道天命的長短，只能恭敬明德，以秉順上帝，又言文王「是類是禡」，文王的軍隊在出征之前，先以類祭來告天帝，至征地時則又以禡祭，告祀軍神。

而在君子的詩篇中也充分表達這種敬天的思想：例如：〈小雅·桑扈〉中的君子是「受天之祜」的，因為他有文采，態度和順、敬謹又不倨傲，所以能受上天所賜予之福，能得到上天的庇祐，自然也就成為全國人民的屏障；〈大

雅・旱麓〉的「清酒既載,騂牡既備。以享以祀,以介景福」,「瑟彼柞棫,民所燎矣。豈弟君子,神所勞矣」,則由祭祀之誠來表達敬天;〈大雅・假樂〉的君子是「宜民宜人,受祿于天。保右命之,自天申之」,以此說明昭明有美德的國君,能使人民安居,能夠治理好人民,所以能獲得上天給予的福祿,受到天的保佑並承受上天之命,受到上天的反覆眷顧;〈大雅・卷阿〉則是「俾爾彌爾性,百神爾主矣」,當主祭時,神明都願意受饗,顯見君子的所作所為,神明感到滿意。所以君子這種敬天的表現,或以日常修為、態度表之或以祭祀形式呈現。

綜而言之,領導者敬天的行為,是一種美德,更是領導者的重要策略之一,因為能敬天,天不怒,不降災,便能使國家長治久安,故詩人樂稱頌之。

(二) 保民安民

《尚書・泰誓》篇說:「天視自我民視,天聽自我民聽。」〔註11〕即道出周人除了「敬天」之外,更表達重視人民的觀念,人民的力量是不可以忽視的。所以,一個領導者若罔顧天意,不得民心,這是犯了大忌,因為周人認為執政者一定要有「敬天保民」的思想,這也是《尚書・泰誓》篇所強調的:「民之所欲,天必從之。」〔註12〕否則天命靡常,周室將不保矣。而《孟子・萬章上》也認為天命是「天與之」,「人與之」,當領導者能讓人民過安定的生活時,上天才會將天下交與他:

> 萬章曰:「堯以天下與舜,有諸?」孟子曰:「否。天子不能以天下與人。」「然則舜有天下也,孰與之?」曰:「天與之。」「天與之者,諄諄然命之乎?」曰:「否。天不言,以行與事示之也。」曰:「以行與事示之者,如之何?」曰:「天子能薦人於天,不能使天與之天下。」……曰:「敢問薦之於天,而天受之,暴之於民,而民受之。如何?」曰:「使之主祭而百神享之,是天受之;使之主事而事治,百姓安之,是民受之也;天與之,人與之。故曰:『天子不能以天下與人也。』」〔註13〕

所以,《詩經》中所塑造出優秀的領導者,常呈現出其具有保民安民的作為,例如:〈周頌・思文〉一詩即以「思文后稷,克配彼天。立我烝民,莫匪爾極。貽

〔註11〕 孔安國傳,孔穎達疏:《尚書正義》,卷十一,頁329。
〔註12〕 孔安國傳,孔穎達疏:《尚書正義》,卷十一,頁325。
〔註13〕 朱熹:《四書集註・孟子》,頁307~308。

我來牟，帝命率育，無此疆爾界，陳常于時夏」，頌美后稷的文德可以配天，而后稷之德表現在能安定眾民，欲使眾民安定最直接有效的方法即是做到皆有所養，上帝命后稷徧養眾民，於是后稷遺民以小麥與大麥，並將稼穡之法不分國界地陳布於此中國。而公劉的遷豳是在為人民尋找一個更能安家立業之所；太王則為避狄而從豳地遷居於岐山周原，人民攜老負幼而附歸之，亦可見太王能保民能安民，所以，《荀子·王制篇》亦引詩以美太王遷岐，有肇王業之功：「故天之所覆，地之所載，莫不盡其美，致其用，上以飾賢良，下以養百姓而安樂之。」〔註14〕王季在《詩經》文本中雖未曾述其具體作為，但仍於〈大雅·皇矣〉詩中讚美王季：「其德克明，克明克類，克長克君，王此大邦，克順克比。」四方人民都能知道他的勤政無私，能夠做好一個君長該有的樣子，所以，因為他的美德，使周邦興盛，也使得人民願意順從、親附。

　　文王伐崇之後，將都由岐遷至豐，不管是為了拓展先王之業，或遇天旱年荒，農田失收，遂作邑于豐，〔註15〕或是為了便於調動大軍，攻下殷朝，甚或因地理形勢上更適合於作為國都，〔註16〕以上都有可能是文王的考量，但觀其共同的目的，均為使周有更好的發展，均為使人民有更好的生活，所以，〈大雅·文王有聲〉詩中讚美：「王公伊濯，維豐之垣。四方攸同，王后維翰。王后烝哉！」文王之功勞偉大，乃能建都於豐邑，四方臣民皆來朝會歸附之，文王成為這些諸侯國之楨榦，文王真是人君的典範啊！

　　而文王除了做到保民安民之外，更是位親民愛民、視民如傷的仁君，《詩經》中對此雖未有任何具體作為的描述，但《孟子·梁惠王》、〈盡心〉、《墨子·兼愛上》等篇中皆詳述其事，〔註17〕而《史記·周本紀》更讚美文王力

〔註14〕王先謙：《荀子集解》，頁322。

〔註15〕譚國洪：《詩經中關於西周開國史詩之研究》，頁337～338。

〔註16〕楊寬：《西周史》，頁77。

〔註17〕《孟子·梁惠王》云：「昔者文王之治岐也，耕者九一，仕者世祿，關市譏而不征，澤梁無禁，罪人不孥。老而無妻曰鰥，老而無夫曰寡，老而無子曰獨，幼而無父曰孤，此四者，天下之窮民而無告者，文王發政施仁，必先斯四者。」《孟子·盡心》又曰：「所謂西伯善養老者，制其田里，教之樹畜，導其妻子，使養其老。五十非帛不煖，七十非肉不飽。不煖不飽，謂之凍餒。文王之民，無凍餒之老者，此之謂也。」《墨子·兼愛上》也說文王之德化有如日月之普照：「昔者文王之治西土，若日若月，乍光于四方于西土。不為大國侮小國，不為眾庶侮鰥寡，不為暴勢奪穡人黍稷狗彘，天屑臨文王慈。是以老而無子者，有所終其壽，連獨無兄弟者，有所雜於人生之間，少失其父母者，有所放依而長。」（分見朱熹：《四書集註·孟子》，頁218。朱熹：《四書集註·孟

行「遵后稷、公劉之業，則古公、公季之法，篤仁、敬老、慈少」，〔註18〕因為文王能尊祖、施仁政的結果，使得近者安其政，遠者則歸其德，文王以德服人，視民如傷，故歸者眾矣。所以，〈大雅・靈臺〉更是描述文王事業達於巔峰之狀態，國家安定之時，建靈臺與民同樂，詩中所呈現的是民心歸附，歌樂昇平的景象，洋溢著民之太和、物之太和、君臣之太和的氣氛，此非保民安民、親民愛民仁君之所為，孰能為之？

而武王保民安民的措施除了伐商以成王業之外，還作鎬京，致使四方之國皆臣服於周。武王從豐邑遷都於鎬京，〈大雅・文王有聲〉讚美武王：「詒厥孫謀，以燕翼子。武王烝哉！」武王為了長遠的打算，以奠定國家基礎，安護後世子孫，武王的功業真的是很隆盛呢！而武王伐商之後，安置天下臣民，大肆分封先聖遺族，兄弟功臣，並兵甲藏之，而改以射禮，以示不復用武，更是為了安定民心。〈周頌・賚〉的「敷時繹思，我徂維求定。」〈周頌・桓〉的「綏萬邦，屢豐年。」就是武王安民、和眾、豐財的表現。

至於成王是個能守成，不犯錯，能遵從自太王、王季、文王、武王以來所制定規章制度的好國君，所以，能獲得百福，子孫千億。〈大雅・假樂〉一詩稱其「假樂君子，顯顯令德。宜民宜人」，成王是個昭明有美德的國君，能使人民安居，能夠治理好人民，又說：「無怨無惡，率由群匹」，「之綱之紀，燕及朋友」，成王能順從群眾之望，所以，臣民無怨惡王者，成王為天下之綱紀，臣下能安居樂業。所以，〈大雅・卷阿〉一詩，所營造的則是成王之世統治階層和諧融洽，歡樂大團結的氣氛。除此之外，周室在成王的統治之下，就連百姓也過著豐年太平的日子，《詩經・周頌》中有多首盛讚成王太平之世豐收的詩歌，例如：〈周頌・載芟〉一詩，即言成王之世，耕作之勤，收穫之豐，祭祀之誠，及其祈豐年之詞。而〈周頌・噫嘻〉一詩，則是成王祭祀上帝，行籍田之禮，〈周頌・豐年〉更是形容豐年的狀況。以上所舉，足以呈現成王是個能保民、安民、富民的好國君。

宣王修政，法文、武、成、康遺風，所以在內，則亟欲解決大旱的問題，以使民心免於恐懼，能安居樂業，因此，宣王的安民之舉主要是在於為民祈雨，〈大雅・雲漢〉曾詳述其事，另一則是安集流民，使民安居，因為厲王之時政亂，用姦邪，課重稅，連年征戰，又遇饑荒，致使人民流離失所，勞累困頓，

子》，頁 355。墨翟：《墨子》，卷四，頁 76。）
〔註18〕瀧川龜太郎：《史記會注考證》，頁 66。

無法安居樂業，待宣王立，乃命使者，出巡各地，撫恤窮苦流民，使之聚集安居，並助流民重建家園，就連矜寡孤獨都能得其所，此事詳載於〈小雅・鴻鴈〉一詩，顯見宣王有明智，在百廢待舉之時，懂得先安定百姓，當社會漸趨安定之後，百姓就能眞正安居樂業，〈小雅・無羊〉一詩，即是描述牧業發達，國富民豐的狀況，尤其詩中的夢兆：「牧人乃夢，眾維魚矣，旐維旟矣。大人占之，眾維魚矣，實維豐年。旐維旟矣，室家溱溱」，所呈現的正是宣王之世國富民豐，子孫眾多的繁榮景象。以上所述都是宣王安撫人民，照顧百姓，使國富民豐的具體作爲，可看出其領導策略也是以保民安民爲優先。

但可惜宣王末世，征戰頻繁，民困兵乏，於是引起民怨，〈小雅・祈父〉一詩即是刺宣王罔顧天意，不恤民情，使民疲於征戰而不得終養父母也，士兵們內心憤怒不滿地說：「胡轉予于恤？靡所止居」，「胡轉予于恤？靡所底止」，「胡轉予于恤？有母之尸饔」，足見身爲一位領導者，欲得民心，必先保民安民，使民無怨懟。如果像幽王一樣到了「天方薦瘥，喪亂弘多。民言無嘉，憯莫懲嗟」的地步，天變不常，禍亂又多又大，執政者對於上天的懲戒不知悔改，民不聊生，也不知視民如傷，那麼人民將會對執政者徹底失望。

（三）任用賢能

《詩經》中對於領導者是否能善用賢能，相當重視，一個優秀的領導者有賴賢才的輔助。在周先王之時，僅以〈大雅・緜〉一詩提到「乃召司空，乃召司徒，俾立室家」，召令掌營國邑的「司空」官員，又召令掌管徒役的「司徒」官員，命他們監管、建造室家的安居，顯示太王之時，已建立有司，但未特別強調賢才。然自文王之後，則特別強調賢能輔佐之重要性，所以，〈大雅・思齊〉云文王之培育人才：「古之人無斁，譽髦斯士」，言文王作人之不厭，對於士人則稱讚之，選擇之，而〈大雅・棫樸〉一詩即是讚美文王有眾多人才，助其興王業，首章即以「芃芃棫樸」，以興周文王有眾多人才，當威儀莊嚴的文王準備祭祀時，左右群臣也疾行以赴，俊秀之士奉璋瓚以助祭；當周文王征伐之時，六軍也跟著出征；而這些能做大事的各種人才，都是文王長時間培育出來的，這些人才之所以願意追隨文王，全因文王有文質彬彬之盛德，還有勤勉不已的精神，所以，有了這些賢士的輔佐，群策群力，文王才得以興周邦。

成王之時，於〈大雅・假樂〉篇中詩人讚美成王是「無怨無惡，率由群匹。受福無疆，四方之綱」，因爲他能用賢尊賢，聽從民意，故能成爲人民的

典範；而〈大雅·卷阿〉詩中則讚美成王是「有馮有翼，有孝有德。以引以翼。豈弟君子，四方爲則」，成王有守孝道、有美德的賢士們來輔佐他，也因爲周圍都是這樣的賢士，在長期耳濡目染之下，成王的言行舉止自然可以被天下人奉爲準則。

而〈大雅·常武〉一詩，雖是詩人讚美宣王親征徐方威武英勇的詩篇，但是詩中仍不忘強調宣王之舉賢用能：「赫赫明明，王命卿士，南仲大祖，大師皇父，整我六師，以脩我戎。既敬既戒，惠此南國。王謂尹氏，命程伯休父，左右陳行。」宣王在太祖廟中命南仲爲卿士，命皇父爲太師，另命尹吉甫掌策命卿大夫之事，令程國之伯休父爲大司馬，顯見宣王親征徐方之成功，仍因有賢才輔助。

所以，由上述文、成、宣王之例可知：一位領導者如何能成爲賢君，除了個人的進德修業之外，最重要的是能用賢人，方能助王業之興。是以，在能用人方面，《詩經》中有關君子的詩篇也多有描繪，例如：〈南山有臺〉一詩中，以「南山有……，北山有……」起興，因臺萊桑楊等各有其用，以此象徵邦國人才濟濟，又能適才適用；〈小雅·裳裳者華〉則以「左之左之，君子宜之。右之右之，君子有之。維其有之，是以似之」，來說明君子因爲有好的輔佐者，所以能幫助君子嗣續祖先的大業；〈小雅·采菽〉中的君子所率領的是「平平左右」，臣子們個個非常明慧；〈大雅·旱麓〉中則以「鳶飛戾天，魚躍于淵。豈弟君子，遐不作人」，來比喻說明君子善於培養人才、造就人才，也因爲他善於用人，所以，能使各種人才發揮所長，就像「鳶飛戾天，魚躍于淵」一樣，各具所長。綜而言之，千里馬常有，而伯樂不常有，而能有識千里馬的伯樂，不僅是千里馬之福，更是人民之福，所以《詩經》中對於能識人、能用人的君子多所稱讚。

而對於不能用賢人的君王，詩人則多有諷刺、勸戒，例如：厲王任用強橫聚斂之臣而不用賢臣，不聽芮良夫等諫言，〈大雅·蕩〉云：「曾是彊禦，曾是掊克；曾是在位，曾是在服。天降滔德，女興是力。」言厲王使強橫聚斂之臣在位，態度倨慢不恭。〈大雅·蕩〉又云：「爲謀爲毖，亂況斯削。告爾憂恤，誨爾序爵。誰能執熱，逝不以濯。其何能淑，載胥及溺。」芮伯勸戒厲王應有謀略，要更小心敬謹，或許災難會稍微減輕，要進用賢臣勿用小人，這樣才能拯救周邦之難，否則只能眼睜睜看著人民飽受災溺。所以，芮良夫將厲王之暴怒及其無知，歸咎於厲王身邊沒有賢人良臣：「女炰烋于中

國，斂怨以爲德。不明爾德，時無背無側，爾德不明，以無陪無卿。」

　　而同樣是宣王的詩篇〈小雅·白駒〉中則言宣王不能用賢：「皎皎白駒，食我場苗。縶之維之，以永今朝。所謂伊人，於焉逍遙。」以白駒喻賢者，詩人認爲這樣的賢臣應該是要留在朝廷爲王效命才是，而今卻留不住，寧願在外逍遙，是以，詩人刺宣王末年聽讒言，拒直諫，不能用賢，以致如玉之德的賢臣離宣王越來越遠，國家痛失賢才，這也是宣王由盛轉衰之因。〈大雅·召旻〉則以「昔先王受命，有如召公，日辟國百里；今也日蹙國百里。於乎哀哉！維今之人，不尚有舊。」詩人感慨「昔先王受命，有如召公，日辟國百里」，而今卻「日蹙國百里」，以今昔作一強烈對比，猶希冀幽王能尊尚舊章，進用賢人，庶幾反否爲泰，轉危爲安也。〔註19〕而〈小雅·節南山〉詩中更是大肆批評幽王任用奸邪，以尹氏爲太師，皇父爲卿士，番氏爲司徒，家伯爲冢宰，仲允爲膳夫，棸氏爲內史，蹶氏爲趣馬，楀氏爲師氏。這些人等，爲人只顧私利，不問是非，結黨營私，排擠忠良，阿諛奉承，不知勸戒幽王體恤民情，反引王淫樂，不事朝政，政亂不寧，陷王於不義，由當權者之不公，遂引民怨。

　　由《詩經》中對於君王能善用賢才的稱讚，以及不能用賢，反用奸佞的大肆批判，不難看出，賢才對於國君的重要性。

第二節　文化內涵方面

　　《詩經》中將周族人的興起，從公劉遷豳，太王遷岐，文王作邑於豐，到武王以鎬京爲都等，一一描述這段周人篳路藍縷的拓荒史，詩中除了顯揚祖先的功蹟外，還一次又一次地將周族精神加以顯揚，透過一次又一次的遷徙，將周人的生活提昇，使周族的政治版圖更擴大且確立，而這過程中所呈現的是周族旺盛的生命力，在歷史的畫卷中律動著，它代表著周族人對土地的敬畏與熱愛，更是展現出周民族的文化內涵。

　　周人政治的統一後所帶來的是文化上的統一，而周民族的歷史價值，不僅是表現在政權上的統一，更是在政權統一的背後那股深層文化的力量，它在無形中影響著周民族的盛衰。綜觀中國歷史，沒有任何一個王朝的祚命比周代長，這是因爲周文化是經過不斷的融合、深化的結果，再經過周公的制

〔註19〕余培林：《詩經正詁》下冊，頁 508。

禮作樂，而完成了一套有系統的文化體系，確立了周文化博大精深的內涵，強化了統治階層對於周文化的實踐與認同，所以，連孔子對於周文化也發出由衷地讚嘆說：「郁郁乎文哉！吾從周」。〔註20〕

是以，撰者試從本研究中所呈現出來的周文化內涵，綜合歸納出三點，茲分述如下：

一、以德爲貴族風範

周人尙德的思想在《詩經》中在所多見，例如：從周始祖后稷〈周頌‧思文〉中即稱「思文后稷，克配彼天」，子孫們頌美后稷的文德可以配天；而〈大雅‧公劉〉詩中述公劉之用心與付出，使遠近誠服，全因公劉之德，〈大雅‧行葦〉詩則寫公劉有仁及草木之德；〈大雅‧皇矣〉則以上帝之名稱太王有德：「帝遷明德，串夷載路。天立厥配，受命既固」；〈大雅‧皇矣〉中則稱王季有好德行：「維此王季，帝度其心，貊其德音。其德克明。」

考察有關周先祖的詩中，詩人常藉周人有德，爲上帝所眷顧，以此強調周民族承天命之合理性，並將周民族與殷商作一區隔，所以，「德」變成一種訴求，是統治階級欲取得永久執政權的訴求，他得向百姓保證，因爲周人「有德」，所以不會像殷人一樣暴虐無道，向下沉淪；同時「德」也變成一種規範，統治階級若想取得人民的信賴與支持，就需修德，自我規範，所以，「德」是周代貴族該有的風範，而一位有德的人更是詩人所樂於稱頌的對象。

鄭海濤於〈從君子探詩經中彰顯的貴族人格精神〉中說：

> 《詩經》貴族的道德風範是通過宴飲禮儀和天子、諸侯等貴族之間的相互頌美而彰顯的。在周人的文化觀念裡，道德實踐是政治實踐的基礎，「治國」先從「修身」做起，在這方面文王已經樹立了榜樣。
>
> 所謂「刑於寡妻，至於兄弟，以御於家邦。」〔註21〕

鄭海濤認爲「道德實踐是政治實踐的基礎」，此說是也，「德」是周文化非常重視的一環，尤其是對統治階層而言，有德與否關係是政權興敗的指標。而文王可謂實踐最徹底者，他是集周先王、周室三母之德之大成者，所以，〈大雅‧皇矣〉詩中則透出這樣的訊息：因爲有王季這樣的聖王，才能生出文王這樣的聖

〔註20〕 朱熹：《四書集註‧論語》，頁65。

〔註21〕 鄭海濤：〈從君子探詩經中彰顯的貴族人格精神〉，《詩經的接受與影響》，（上海：上海古籍出版社，2006年7月），頁52。

子。〈大雅・大明〉篇則說大任：「乃及王季，維德之行。大任有身，生此文王」，〈大雅・思齊〉篇更讚美大任是位莊嚴有婦德的母親：「思齊大任，文王之母。思媚周姜，京室之婦。大姒嗣徽音，則百斯男。」朱熹《詩經集註》於〈大雅・思齊〉一詩中說：「此詩亦歌文王之德，而推本言之。」〔註22〕《詩經》中一再稱讚王季、大任之德，所以文王也就是在這樣有德的父母教導、薰陶之下，使得文王成為文武雙全，才德兼備的賢君。因此，《詩經》中再三頌美文王，不管是祭祀祖先或眾神，態度和順敬謹，所以，神無所怨，無所痛，能顯靈保佑子孫，是以，文王之言行舉止堪為妻子兄弟的典範。孔穎達《毛詩正義》亦云：

> 文王之德，乃能上順於先祖宗廟群公，以安寧百神，故神無有是怨志文王者，神無有是痛傷文王者。明文王能敬事明神，蒙其祐助之，又能施禮法於寡少之適妻，内正人倫，以為化本。復行此化，至於兄弟親族之内，言族親亦化之，又以為法，迎治於天下之家國，亦令其先正人倫，乃和親族，其化自内及外，遍被天下，是文王聖也。
> 〔註23〕

而其盛德表現並非侷限于自己的兄弟九族，對於矜寡孤獨等弱勢，更充分表現其濟弱扶傾的仁人之心。因為文王德惠之盛大，足以配天，使周之子孫永受其庇蔭，所以，〈周頌・維天之命〉篇更是讚美文王之德之詩，其詩曰：「維天之命，於穆不已。於乎不顯！文王之德之純。假以溢我，我其收之。駿惠我文王，曾孫篤之。」

　　《詩經》中除了於周先王、周王的詩篇中歌頌其盛德外，於祭祀詩、宴飲詩、田獵詩以及有關君子的詩篇中也一再宣揚仁德思想，鄭海濤在〈從君子探詩經中彰顯的貴族人格精神〉中也曾提出這樣的看法：

> 在《詩經》祭祀詩中，周人一反夏商尚勇孔武的風尚，極力宣揚仁德，為自己尋找替代殷人政權的道德理論扶持，並以此聲明周人政權的合理性，力圖在民眾心理中尋求認同感。在宴飲詩中，「仁德」又成為帶有濃重的周代禮樂文化氣息的社會審美追求：溫厚、平和、友善、端莊、典雅的中和之美。從審美層次審視，「君子」的風範正是這種審美追求在人格塑造上的結晶。……即使是在征戰、狩獵等本以主張武力為題材的詩歌裡，也仍然表現出「君子」仁德的崇

〔註22〕朱熹：《詩經集註》，頁143。
〔註23〕孔穎達：《毛詩正義》，頁1010。

尚。……可以説，對仁德的追求已經滲透於周人生活的各層面之中，

而這種追求在君子身上得到了最集中的體現。〔註24〕

考察本研究中的祭祀圖，可以發現統治階級在祭祀時，所展現的不僅是祭祀之豐、心意之誠，更重要的是威儀之盛，而威儀由何而來？是其內在的道德加以烘托而成，劉曄原・鄭惠堅於《中國古代祭祀》中曾說：「人們相信對神誠實、恭恭敬敬地祭祀，會得到神的救助，神是有靈驗的，祖先神尤其如此；祭品豐盛只是一個方面，德行才是最主要的。德行包括方方面面，最主要的是不能違禮。」〔註25〕以〈小雅・楚茨〉為例：「既齊既稷，既匡既勑。永錫爾極。時萬時億。」主祭者祭祀時的禮容既齋敬又敏疾不怠慢，祭品之陳列既嚴正又整齊，神將賜主祭者福祿萬萬年。有德的主祭者，神不僅願意受享，還會賜與萬福。而呂東萊更認為德盛政修之時才能達到〈小雅・楚茨〉一詩所言之內容。〔註26〕

在宴飲圖的部份，不管是參加宴會前、宴會中，甚或宴會後，對於「德」的風範都非常重視，例如：〈小雅・頍弁〉一詩以「有頍者弁」開頭，詩從一開始即描寫一位頭戴著圓形的弁帽，著盛裝要去參加家庭宴會的模樣，而在〈小雅・賓之初筵〉中則表現剛開始舉行宴會時，溫和有禮，飲之未醉之時，威儀謹慎的樣子：「賓之初筵，溫溫其恭。其未醉止，威儀反反」，即使在宴會時的射箭更要如〈大雅・行葦〉詩中所言：「序賓以不侮」，勝的人一點也不驕傲，對於輸的人態度不侮慢，所強調的就是燕而射的重德。另外〈大雅・既醉〉篇則強調重德輕味，所以，詩的一開頭說：「既醉以酒，既飽以德」。而對於喝醉之後，不安於坐，舉止失措，侮慢不恭，失禮敗德的樣子，則毫無保留地批評，例如：〈小雅・賓之初筵〉即從初醉的「屢舞僊僊」，到大醉的「屢舞傲傲」、「屢舞傞傞」，甚至還有「舍其坐遷」、「載號載呶」、「亂我籩豆」、「側弁之俄」等誇張乖禮的行為描繪，一層深似一層，將醉酒的情態描寫得栩栩如生，這些都是屬於失德敗禮的不良示範，所以，詩人嚴加痛斥。

而在田獵詩中，所描述的獵者形象，除了身材健壯、駕馭技能精湛，射

〔註24〕 鄭海濤：〈從君子探詩經中彰顯的貴族人格精神〉，頁53～54。

〔註25〕 劉曄原・鄭惠堅：《中國古代祭祀》，頁150～151。

〔註26〕 呂氏云：「〈楚茨〉極言祭祀。所以事神受福之節，至詳至備，所以推明先王致力於民者盡，則致力於神者詳，觀其威儀之盛，物品之豐，所以交神明，逮群下，至于受福無疆者，非德盛政修何以致之。」（語見呂祖謙：《呂氏家塾讀詩記》，卷十二，頁560。）

獵技術高超之外，最重要的是具有由內而發的仁德，是內外兼美的獵者，而不是好勇鬥狠的匹夫。所以，在內在品德方面，詩人常以「美且仁」，「美且好」，「美且武」，「美且鬈」，「美且偲」，來讚美獵者不是空有技術的魯莽武夫，即使是獵者與獵者間的並驅共獵，也能如〈齊風‧還〉一詩云：「揖我謂我儇兮」，獵者與獵者間並驅共獵且相揖為禮，這就是內在修為的呈現。

至於典型性人物中的憂國憂民之人、心有怨嘆之人，其內心更是為道德所充滿，其背負的是個人的榮辱和對國家的使命，只不過仁而不遇，所以，他們承受著道德的焦慮，滿懷憂懣，欲救無從，只能眼睜睜見周室日漸衰微，或呼天訴之，或歌以遣憂，或期待救世主的出現。而這種憂國憂民的偉大道德情操，事實上影響了後代有志的「士人」對於自我操守的期許，以及愛國主義思想的產生。另外，在君子的詩篇中，則多從車馬服飾來襯托其威儀，表現德服相稱，這在本文第五章已做闡述，此處不再舉例說明。

綜而言之：《詩經》中不論是在周王、君子的詩篇中或祭祀詩，宴飲詩，甚或田獵詩中，皆一再宣揚以「德」作為貴族該有的風範這樣的思想，而且這個「德」所展現的不僅是個人的修德，更是呈現出周文化的特色，周文化因為有「德」的加入而大放異彩，也因為有「德」的主政者而能承受上天的眷顧，享有歷代最長的國祚。

二、以禮為核心價值

周代對於禮制十分重視，國家在禮的軌道上來運作，所以上從天子、諸侯、公卿大夫等貴族，凡事都必須以禮為依歸，強調在上位者更要守禮，才可作為人民的典範，如此方能上行下效，使國家長治久安。許志剛在《詩經勝境及其文化品格》一書中也提到貴族率先執禮，以為天下的榜樣，〔註27〕而李山於《詩經的文化精神》中則針對「禮」加以定義說：

> 「禮」是什麼？禮是尺度，是社會給於個體的行為規範。……，作
> 為社會尺度、行為規範的「禮」，實際上是人以個體身分進入社會群
> 體的媒介，它在保證著個體以規範的方式與社會發生關係時，也在

〔註27〕 許志剛：「周代的禮是當時的統治階級的階級利益的集中體現。為了保證禮的思想與禮制的實施，它要求貴族率先執禮，以為天下的榜樣。而要這樣，就必須首先使貴族自己成為在思想上和行動上體現出禮的規定的人，也就是成為體現了當時的『人格美』的理想的人。因此，周代貴族所崇尚的『人格美』具有鮮明的時代的、階級的特徵。」（語見許志剛：《詩經勝境及其文化品格》，頁32。）

　　界定著個體，因而對禮制的遵從，也就是在肯定並顯示著自己的個

　　性。因此禮樂的對立統一，實際上表現的也是每個社會成員的群體

　　性與個體性的對立統一。」〔註28〕

所以，《詩經》中對於一個合禮、合法度的君子，詩人會再三讚美他是「四方之綱」（〈大雅·假樂〉），「四方為綱」（〈大雅·卷阿〉）。君子位雖尊，卻不以勢威人，而是以德化人。因此，在對君子的讚美中，既表現出周代的聖君理想，也表現出他們的王化理想。周代貴族津津樂道的「修德以來遠人」的理想，是要在禮的軌道上來運作，上從天子、諸侯、公卿大夫等貴族，凡事都必須以禮為依歸，是以，「禮」成為周文化的核心價值，貴族要率先執禮，尤其是在王會諸侯、田獵、祭祀、宴飲等有特殊意義的場合中，貴族更要有合禮合度的表現。例如：〈小雅·車攻〉一詩即言王會諸侯時諸侯們：「駕彼四牡，四牡奕奕。赤芾金舄，會同有繹」，四方諸侯乘著高壯的馬兒，穿著紅色蔽膝、鑲著金色線條的紅色鞋子，一副盛大又合禮的打扮，絡繹不絕地前來舉行會同之禮，場面盛大，禮儀隆重。而在射獵之時：「射夫既同，助我舉柴」，在射獵的進行當中，諸侯們展現合禮又和諧的表現，不得利者為得利者積禽，呈現一片和樂融融的氣氛。而在田獵詩中，〈小雅·吉日〉詩所寫是春季田獵，所以，在出獵之前：「吉日庚午，既差我馬」，先由卜巫擇定吉祥的戊辰日，祭拜馬祖神。然後卜巫再擇定吉祥的庚午日，亦即戊辰日的第三天出獵，顯示周宣王對於此次的田獵非常慎重，是按照天子田獵禮儀程序進行的。

　　在祭祀詩中〈小雅·信南山〉所表現的祭祀的部份是尸賓的「餕餘之禮」，也是藉由豐收後的祭祀，透露感恩之心，因為這些都是祖先遺留下來的福祉，尸賓才有機會享用。〈小雅·甫田〉詩所寫則是以祭品、音樂祈神的合禮表現：「以我齊明，與我犧羊，以社以方。我田既臧，農夫之慶。琴瑟擊鼓，以御田祖，以祈甘雨，以介我稷黍，以穀我士女。」然而，在祭祀的場合中最重要的是不管是主祭者或參祭者都要表現出一種恭敬敏疾而又合法度的形象，以顯示祭祀禮儀的隆重與整飭，這也是主祭者對先祖敬誠的表現。而所有的祭祀詩中，〈小雅·楚茨〉一詩誠如姚際恆所言：「煌煌大篇，極備典制。其中自始至終，一一可按，雖繁不亂。《儀禮》〈特牲〉、〈少牢〉兩篇皆從此脫胎。」〔註29〕此詩所述是最合乎祭祀之禮的，所表現王者祭宗廟，層次井然，

〔註28〕 李山：《詩經的文化精神》，頁96。

〔註29〕 姚際恆：《詩經通論》，卷十一，頁231。

周詳備至。全詩營造出來的是熱烈盛大、莊重敬肅、合禮合度的景象及氣氛。

　　而宴飲詩中是將周代禮樂文化表現得最淋漓盡致的作品，例如〈小雅·鹿鳴〉詩以野鹿呦呦的鳴叫與琴瑟笙簧的演奏，再加上主人熱誠的款待與客人恭敬的回應，形成全詩和諧歡樂的基調。〈小雅·伐木〉詩中則特別強調燕諸父、諸舅而後言燕兄弟：「先諸父而諸舅，親疏之殺也。」「先諸舅而後兄弟者，尊卑之等也。」〔註30〕按親疏尊卑之分的，這也是周文化中特別強調的倫理內涵。最後並以「有酒湑我，無酒酤我。坎坎鼓我，蹲蹲舞我。迨我暇矣，引此湑矣。」藉美酒、佳餚、歌舞來聯繫彼此的感情，與朋友相聚，一起飲酒作樂。而〈小雅·彤弓〉詩中更可見其詞甚莊雅，而意亦深厚，方玉潤更認為此詩當是周初制禮時所定，〔註31〕詩中呈現大典中莊嚴隆重的賞賜彤弓過程，及宴會中有音樂演奏，也有主人誠意、溫馨的勸酒畫面，詩以「右之」、「酬之」，申述「饗之」之禮。〔註32〕〈小雅·桑扈〉則稱這位有文采的君子是「之屏之翰，百辟為憲。不戢不難，受福不那」，讚美君子是全國人民的屏障，是國家的棟樑，因為有他，才使天下平安無事。他的態度是那麼的和順、敬謹，他的所作所為又是那麼的合禮，天下人都以他為效法的對象，所以，他能受到上天所賜的大福。而〈小雅·賓之初筵〉一詩，則表現無論射飲或祭飲，賓客皆能飲而有禮。〈小雅·瓠葉〉詩則描繪賓主間互相勸酒的過程，從「酌言嘗之」、「酌言獻之」、「酌言酢之」，到「酌言醻之」，寫出了古人獻、酢、酬「一獻之禮」的過程，井然有序，合於禮法。〈大雅·行葦〉詩中則生動描繪兄弟宴飲的整個過程，有祭而飲的尊老，有燕而射的重德，這是充分發揚周代「以飲食之禮親宗族兄弟」〔註33〕的觀念。

　　綜上所述可以看出：「禮」是周貴族階級的普世價值，凡事都以「禮」為基準，合禮、合度的君子，則會一再為詩人所讚揚。可見「禮」是周文化的核心價值，周文化一旦將「禮」抽離，則會黯然無光。

三、以和為最高境界

　　「和」代表著什麼樣的意涵？李山於《詩經的文化精神》中提到：「『和』

〔註30〕 朱熹：《詩經集註》，頁82。
〔註31〕 方玉潤：《詩經原始》，頁779。
〔註32〕 余培林：《詩經正詁》下冊，頁61。
〔註33〕 阮元校勘：《十三經注疏·周禮》，卷十八，頁277。

是『合好』的效果，是宴飲詩中所表達的周文化所遵循的最高精神原則。」
〔註34〕但撰者以爲「和」除了是「合好」的效果外，還包括個人由內而發
的和樂氣質，還有待人處世的和諧、中和之道，以及大環境和樂的氣氛，因
此，「和」是周文化中的最高境界。

《詩經》中對於具有和樂氣質的君子一再稱頌，例如：「假樂君子」一詞，
出現 1 次（見於〈大雅・假樂〉），「豈弟君子」出現次數最多，共 16 次（分
見於〈小雅・湛露〉、〈小雅・青蠅〉、〈大雅・旱麓〉、〈大雅・泂酌〉、〈大雅・
卷阿〉），顯見周代貴族十分重視由內而發的和樂氣質。

在〈小雅・蓼蕭〉、〈小雅・裳裳者華〉詩篇中則從見君子之人的角度，
來呈現君子給人的感受，詩曰：「既見君子，我心寫兮」，「既見君子，孔燕豈
弟」（〈小雅・蓼蕭〉），「我覯之子，我心寫兮；我心寫兮，是以有譽處兮」（〈小
雅・裳裳者華〉），顯見與君子相處非常自在舒暢，而能與君子這麼愉快的相
處，主要是因爲君子所表現的是種快樂又和易的心情及儀態；而〈小雅・桑
扈〉的「不戢不難」、「彼交匪敖」是呈現君子和順、敬謹，不倨傲的態度；〈小
雅・采菽〉「彼交匪紓」則是強調不驕傲怠慢的態度。以上所描繪都是君子與
人相處所呈現出來和諧、中和之道。

另外，李山於《詩經的文化精神》中則又從社會的角度來說「和」的歷
史本質：

> 「和」是什麼？「和」是一個人群在經歷了由野蠻時代向文明時代的
> 跨越後，實現的歷史自由；是一個人群以歷史給予的條件爲前提，合
> 理地組織了社會結構，恰當地分配了社會的權益後，所形成的王朝與
> 封國、國家與家族、整體與部分等關係的積極的協調使然。〔註35〕

李山是從比較功利的角度來闡述「和」的社會意義，但是，撰者則認爲「和」
是在周代禮樂文化的薰陶下，所營造出來的和樂氣氛，所以，《詩經》中對於
「和」的氣氛營造，在田獵詩、祭祀詩、君臣應對的場合中多所出現，而在
代表周代禮樂文化純熟的宴飲詩中更是大量呈現。

例如：在田獵詩的部份，〈小雅・吉日〉詩在射獵結束後的宴請群臣，也
呈現出上下一派和諧：「既張我弓，既挾我矢。發彼小豝，殪此大兕。以御賓
客，且以酌醴」，周宣王展現了他高超的射技，整個射獵的過程相當順利，大

〔註34〕 李山：《詩經的文化精神》，頁 92。
〔註35〕 李山：《詩經的文化精神》，頁 95。

有斬獲。射獵結束後，將獵物烹成佳肴，並準備好甜酒宴請群臣。整個田獵活動洋溢著輕快的氣氛，上下一派和諧，呈現一幅君臣田獵後共飲共樂圖。

在祭祀詩中的〈小雅·甫田〉，所呈現的是君王祈豐年祭祀之群像圖，詩中以「敬天重農」的思想為主題來表現的，因君王重農，所以農夫克敏；因農夫克敏，所以能有稼穡之盛；因稼穡之盛，所以君王能得大福，故君王祭神以求豐年，詩中將重農、豐收、福祿、祭神四者環環相扣，所以呈現出來的是整個祭禮中粢盛羅列，犧羊間陳；琴瑟緩奏，鼓聲激昂；農民載歌載舞，歡慶喜悅。全詩從稼穡的茂盛，祭祀的熱鬧，到期望穀物的豐收，君民的關係是親切融洽的，氣氛是熱烈的。就連祭祀的場面也不是嚴肅的，而是帶有喜樂的心來祈神，格調明快熱烈，主祭者洋溢著喜悅自得的神情，因為他是受民愛戴的君王，是受神護祐的君王。所以，〈甫田〉一詩所呈現的君王祈豐年祭祀之群像圖，君王的形象是親民愛民，而不是高高在上的，是可以與民同樂的；而農民們也是本著喜樂的心參與祭祀慶祝，君民上下和樂融融。

此外，在君民、君臣應對相處的場合中，茲舉〈大雅·靈臺〉及〈大雅·卷阿〉二詩為例，在〈大雅·靈臺〉詩中，當文王在靈臺與民同樂時看到了「麀鹿攸伏。麀鹿濯濯，白鳥翯翯。王在靈沼，於牣魚躍。」使人感受到在靈臺，不僅民能與文王同樂，就連地上的鹿兒，天上的鳥兒，水中的魚兒，都深受文王之德澤，而能自在快樂地過生活。此外，文王更是以音樂來與百姓同樂，教化百姓：「虡業維樅，賁鼓維鏞，於論鼓鐘，於樂辟廱。於論鼓鍾，於樂辟廱。鼉鼓逢逢，矇瞍奏公。」可見此時，正是文王事業興盛，國家安定之時，所以，所呈現的是民心歸附，歌樂昇平的景象，洋溢著民之太和、物之太和、君臣之太和的氣氛，足見文王之化非僅及於人，連鳥獸蟲魚皆感焉。這正是周文化所呈現最高的境界——「和」。

而〈大雅·卷阿〉一詩，所營造的則是周王朝統治階層和諧融洽，歡樂大團結的氣氛。在遊宴歡樂的氛圍下，車馬眾多，羣賢陳詩，營造了周王朝大團結的氣氛，也暗示統治者能繼續鞏固政權、維持政權。詩中周王的形象是個能承先祖，受天命，有溫和的態度，高昂的志氣，有聲望，有威望的和樂君子。而來朝的諸侯則是個個忠君愛民，上下和諧，威儀顯赫的君子形象。〈大雅·卷阿〉一詩可以說是周王朝鼎盛時期的呈現，有物富民豐的歡樂，有神明降福的肯定，有諸侯群賢的輔助，有君臣同樂的和諧，最重要的是國

君、諸侯有德、有威儀、在禮樂的薰陶下，形成融洽和樂的氣氛。

在宴飲詩中，〈小雅・鹿鳴〉全詩以敬賓、樂賓爲主軸，而呈現一片賓主和樂的氣氛，首先言「我有嘉賓，鼓瑟吹笙。吹笙鼓簧，承筐是將」，周王備美酒，奏燕歌，誠意地邀請群臣共飲，還贈送幣帛給群臣，勸賓客多用酒食，顯示周王款待之誠，賓客因此得以盡興。此外，還頌美群臣「人之好我，示我周行」，群臣擁戴、愛護周王，還教示周王治國大道，而且「我有嘉賓，德音孔昭。視民不恌，君子是則是傚」，群臣有好聲名，態度不輕薄，可以作爲效法的對象，最後則呈現「和樂且湛」的氣氛。君臣在禮樂的薰陶之下，美酒佳餚的沉醉之中，君又贈臣以幣帛，臣又示君以大道，彼此誠意相待，自然呈現和樂融融的氣氛，這是極難得的事，顯示君臣上下一心爲國。而〈小雅・常棣〉一詩則是呈現兄弟和樂宴飲圖，尤其六至八章特別指出：「儐爾籩豆，飲酒之飫。兄弟既具，和樂且孺。妻子好合，如鼓瑟琴。兄弟既翕，和樂且湛。宜爾家室，樂爾妻帑。是究是圖，亶其然乎？」準備了豐富的酒菜，族內兄弟皆到齊，大家一起和樂地共飲，彼此相親相愛，和樂融融。在筵席中良好氣氛的催化之下，兄弟感情更深了，彼此間能夠相處和樂，這是一件令人高興的事，因爲兄弟和則室家安，室家安則妻孥樂，人生所圖，真的就是這麼簡單的道理罷了。可見兄弟和睦是家庭和樂的基礎，這是周人相當強調的觀念，也就是兄弟之情勝於夫妻之情。李山於《詩經的文化精神》中曾提到：「人倫的和諧與凝聚，在消極的意義上，可以防止一個人群的毀滅，在積極的意義上，則是實現生命的更高福祉。」〔註36〕這個生命的更高福祉，撰者認爲應是代表著周代國祚的延續，周王朝的永續經營，所以，吾人將「和」稱之爲周文化的最高境界。

綜上所述：周文化所呈現出的內涵是以「德」爲貴族該有的風範，所著重的是修德以來遠人，從統治階層切實做起；而以「禮」作爲規範貴族的行爲，使禮成爲周文化的核心價值；最後則結合個人的修德，而在貴族社會群體實踐的禮儀中，來呈現個人和樂的氣質、中和之道及群體和樂的氣氛。所以，「和」所代表的是個人與自己內在的和順，也是個人與群體之間的和諧，更是人與天之間的協調統一。「德」、「禮」、「和」三者，撰者將其視爲周文化歷經點、線到面所擴散與整合出來的文化內涵。

〔註36〕李山：《詩經的文化精神》，頁 97。

第三節　文獻史料方面

　　本節針對《詩經》中有關男性人物形象所反映在文獻史料的方面，以及撰者在研究的過程中所遇到的問題，將其歸納爲兩大部分，茲分述如下：

一、文獻的價值

　　《詩經》是中國第一部純文學的作品，但是它的文獻價值也是不容忽視的，以神話爲例，《詩經》的年代在時間上，是與神話時代相距最近，記錄又眞實可靠少遭篡改。應當說，對於神話學文獻來說，這是很難得的。〔註37〕所以，《詩經》若與其他幾部記錄神話較多的典籍如《莊子》、《山海經》、《楚辭》、《淮南子》相比，出現時間的早晚是其有特殊意義的。〔註38〕除了時間上較接近神話時代之外，其語境、內容等也應較能貼近神話時代，所以《詩經》中的神話資料，相較於其他神話文獻而言，其可信度是較高的。

　　至於史料的部份，其價值就更高了，尤其《詩經》中的〈大雅·生民〉、〈公劉〉、〈緜〉、〈皇矣〉、〈大明〉向來被學者視爲周民族的史詩，因爲〈生民〉記錄了后稷的出生之異及其因善稼穡之功而封於邰之功蹟；〈公劉〉描述公劉率眾遷豳之功業；〈緜〉、〈皇矣〉寫太王遷岐的建業；〈皇矣〉讚美王季的美德；以及〈大明〉強調上天願意賜與周王朝從王季、文王、武王一脈相傳下來的天命，是因周人有德，所以，武王伐紂是有其正當性的。此五篇史詩見證了周王朝從后稷、公劉、太王、王季、文王到武王這一段歷史，因此，《詩經》具有珍貴的史料價值，應是毋庸置疑的。

　　在撰者研究的範圍內，《詩經》文本中，也常存有史料能與後代的歷史紀錄相印證。換言之，歷史除了可作爲《詩經》的本事外，亦可藉由《詩經》補強歷史紀錄所欠缺的。以文王爲例，《尚書大傳》曰：「文王受命，一年斷虞芮之訟，二年伐邗，三年伐密須，四年伐犬戎，五年伐耆，六年伐崇，七年而崩。」〔註39〕而司馬遷《史記》則載：

> 西伯陰行善，諸侯皆來決平。於是虞、芮之人有獄不能決，乃如周。
> 入界，耕者皆讓畔，民俗皆讓長。虞、芮之人未見西伯，皆慙，相
> 謂曰：「吾所爭，周人所恥，何往爲，祇取辱耳。」遂還，俱讓而去。

〔註37〕趙沛霖：〈論詩經的神話學價值〉，頁676～677。
〔註38〕趙沛霖：〈論詩經的神話學價值〉，頁676～677。
〔註39〕伏勝撰，鄭玄注：《尚書大傳》，卷二，頁728。

諸侯聞之,曰:「西伯蓋受命之君也。」明年,伐犬戎。明年,伐密須。明年,敗耆國。殷之祖伊聞之,懼,以告帝紂。紂曰:「不有天命乎?是何能爲!」明年,伐邘。明年,伐崇侯虎。而作豐邑,自岐下而徙都豐。明年,西伯崩,太子發立,是爲武王。〔註40〕

根據《尙書大傳》與司馬遷《史記》所載,在時間順序上雖稍有出入,然在史事的內容上卻大致相同,而《詩經》文本中述及文王後期大事,則有「斷虞芮之訟」見於《詩經》中的〈大雅‧緜〉篇;「伐密須」詳述於〈大雅‧皇矣〉篇;「伐崇」分見於〈大雅‧文王有聲〉篇、〈皇矣〉篇;「作豐邑」見於〈大雅‧文王有聲〉篇;「建靈臺」見於〈大雅‧靈臺〉篇;「伐西戎」則分見於〈小雅‧采薇〉、〈出車〉等詩篇。在《尙書大傳》與司馬遷《史記》中僅點出有這些史事,然未詳細述說,而《詩經》文本中時見相關細節描述,甚至人物心理刻畫,故可補史籍之不足,《詩經》的史料價值不言而喻。

在武王的部份,根據《竹書紀年》僅載:「西伯使世子發營鎬。」〔註41〕而〈大雅‧文王有聲〉篇五至八章,則詳細讚美武王建鎬京的功業。而有關武王伐紂之事,《詩經》文本用詞極爲精簡,僅以〈大雅‧大明〉篇中之七、八章述及牧野之戰之本末:「殷商之旅,其會如林。矢于牧野:『維予侯興。上帝臨女,無貳爾心。』牧野洋洋,檀車煌煌,駟騵彭彭。維師尙父,時維鷹揚。涼彼武王,肆伐大商,會朝清明。」從武王承天命,要伐商,然而殷商之兵眾多,會聚如林,以見商、周之兵力懸殊,到武王乃誓師於牧野,因爲深怕有人畏懼陣前倒戈,於是訓勉將士,接著說到牧野之戰的狀況,詩文極簡,但本末交代清楚,又能凸顯人物的形象特色。而《史記‧周本紀》則詳述牧野之戰,精彩絕倫,〔註42〕在《詩經‧大雅‧大明》與《史記‧周本

〔註40〕瀧川龜太郎:《史記會注考證》,頁67。
〔註41〕陳逢衡:《竹書紀年集證》,卷二十二,頁273。
〔註42〕諸侯不期而會盟津者八百諸侯。諸侯皆曰:「紂可伐矣。」武王曰:「女未知天命,未可也。」乃還師歸,二年,聞紂昏亂暴虐滋甚,殺王子比干,囚箕子,太師疵,少師彊,抱其樂器而犇周。於是武王徧告諸侯曰:「殷有重罪,不可以不畢伐。」乃遵文王,遂率戎車三百乘,虎賁三千人,甲士四萬五千人,以東伐紂。十一年十二月戊午,師畢渡盟津,諸侯咸會。曰:「孳孳無怠!」武王乃作〈太誓〉,告于眾庶:「今殷王紂,乃用其婦人之言,自絕于天,毀壞其三正,離逖其王父母弟,乃斷弃其先祖之樂,乃爲淫聲,用變亂正聲,怡說婦人。故今予發維共行天罰。勉哉夫子,不可再,不可三!」二月,甲子昧爽,武王朝至于商郊牧野乃誓。武王左杖黃鉞,右秉白旄,以麾曰:「遠矣西土之人!」武王曰:「嗟!我有國家君,司徒、司馬、司空,亞

紀》一簡一繁間，可以互相參照，如此可使歷史的真相更接近完整，亦使人物形象更為凸顯。

又如《史記‧周本紀》載：「三年，幽王嬖愛褒姒。褒姒生子伯服，幽王欲廢太子。太子母申侯女，而為后。後幽王得褒姒愛之，欲廢申后，并去太子宜臼，以褒姒為后，以伯服為太子。」〔註43〕《史記‧周本紀》僅述廢申后，而朱熹《詩經集註》則認為《詩經‧小雅‧白華》是：「幽王娶申女以為后，又得褒姒而黜申后，故申后作此詩。」〔註44〕考察此詩的確詳述出申后見黜之孤獨、感傷，以及被幽王拋棄踐踏，深感卑賤無比，卻仍對幽王念念不忘之情，那種身心劇痛的煎熬寫照，當非一般人情之事，故朱熹將申后見黜作為此詩之本事，亦不無道理。另外，《詩經‧小雅‧小弁》篇則以幽王廢太子為本事，詳述宜臼因幽王聽讒而被廢的憂怨之情。此二詩可為撰者所言：歷史除了可作為《詩經》的本事外，亦可藉由《詩經》補強歷史紀錄所欠缺的最佳明證。

二、史料接受與詮釋的問題

龍協濤在《文學閱讀學》一書中將傳統美學與接受美學作一比較，他說：

傳統的文學史和文學理論認為，作家及其作品在文學史上的地位，

旅、師氏，千夫長、百夫長，及庸、蜀、羌、髳、微、纑、彭、濮人，稱爾戈，比爾干，立爾矛，予其誓。」王曰：「古人有言『牝雞無晨。牝雞之晨，惟家之索。』今殷王紂維婦人言是用，自弃（棄）其先祖肆祀不荅（答），昬弃（棄）其家國，遺其王父母弟不用，乃維四方之多罪逋逃，是崇是長，是信是使，俾暴虐于百姓，以姦軌于商國。今予發維共行天之罰。今日之事，不過六步七步，乃止齊焉，夫子勉哉！不過於四伐五伐六伐七伐，乃止齊焉，勉哉夫子！尚桓桓，如虎如羆，如豺如離，于商郊，不禦克犇，以役西土，勉哉夫子！爾所不勉，其于爾身有戮。」誓已，諸侯兵會者，車四千乘，陳師牧野。帝紂聞武王來，亦發兵七十萬人距武王。武王使師尚父與百夫致師。以大卒馳帝紂師。紂師雖眾，皆無戰心。心欲武王亟入，紂師皆倒兵以戰，以開武王。武王馳之，紂兵皆崩畔紂。紂走反入，登于鹿臺之上，蒙衣其殊玉，自燔於火而死。武王持大白旗，以麾諸侯，諸侯畢拜武王，武王乃揖諸侯，諸侯畢從武王至商國，商國百姓咸待於郊。於是武王使群臣告語商百姓曰：「上天降休！」商人皆再拜稽首，武王亦荅（答）拜。遂入，至紂死所，武王自射之，三發而后（後）下車，以輕劍擊之，以黃鉞斬紂頭，縣大白之旗。已而至紂之嬖妾二女，二女皆經自殺。武王又射三發，擊以劍，斬以玄鉞，縣其頭小白之旗。武王已乃出復軍。（語見瀧川龜太郎：《史記會注考證》，頁69～70。）

〔註43〕瀧川龜太郎：《史記會注考證》，頁79。
〔註44〕朱熹：《詩經集註》，頁134。

是由作家的全部創作活動和所有作品的客觀價值所決定的，這種客
觀價值對讀者所產生的效果是恒定不變的。即使某個歷史時期，讀
者對作品褒貶不一，這只能從讀者的理解水平上找差異，而不能改
變作家應有的歷史地位和作品的客觀價值。接受美學不同意這種靜
止的文學史觀，認為作品的價值既取決於作者的創作意識和作品的
內容結構，又取決於不同時代讀者的接受意識及其所處的文化環
境，是二者共同作用的結果。〔註45〕

接受美學派的學者認為作品的價值在於作者的創作意識和作品的內容結構以
及不同時代讀者的接受意識及其所處的文化環境，是二者共同作用的結果，
所以，龍氏又認為：

單純循著作家的足迹去追蹤文學史發展的線索是很不可靠的。要充
分考慮讀者接受意識的變化和社會心理的變遷。「一代人有一代人的
文學史」之說不無一定道理。……丹納（H.A.Taine）曾深刻地論述
過由於「風俗習慣與時代精神」形成的精神氣候，制約著讀者的文
化視野和審美需求，給藝術家的發展道路和作品的價值取向起著「選
擇」、「淘汰」的定向作用。〔註46〕

可見作品價值除了作品本身的因素之外，作者的創作意識以及讀者的接受意
識是決定作品價值的關鍵因素，而作者的創作意識及讀者的接受意識又深受
當時社會心理、風俗習慣與時代精神等外在因素的影響，所以，才會產生「一
代人有一代人的文學史」這樣的觀念。而撰者在進行本論文之研究時也發現：
處理《詩經》中某些人物相關史料時，常有學者提出不同的看法，或許是因
為學者受到當時的時代背景的影響，或是學者加入個人主觀的態度或想法，
又或者是學者面對史料時，其敘述的方式或對事件的偏重取捨有所不同，而
造成了對史料的詮釋有所差異，這樣的現象似乎符合接受美學的論述，例如：
有關后稷的出生問題，根據《史記·周本紀》記載：「周后稷，名弃。其母有
邰氏女，曰姜嫄。姜嫄為帝嚳元妃。姜嫄出野，見巨人跡，心忻然說，欲踐
之，踐之而身動，如孕者。居期而生子，以為不祥。」〔註47〕司馬遷認為后
稷的誕生，是一種「感天而生」，於是採用了神話的筆法來敘述。但同樣是漢

〔註45〕龍協濤：《文學閱讀學》，（北京：北京大學出版社，2005年6月），頁35～36。
〔註46〕龍協濤：《文學閱讀學》，頁39～41。
〔註47〕瀧川龜太郎：《史記會注考證》，卷四，頁64。

代唯物主義哲學家王充卻以其理性的批判精神指出：「物生自類本種」，「天地之間，異類之物，相與交接，未之有也。」他說明人不可能和人以外的任何神異的東西配偶，批判姜嫄履迹感生之說虛妄不實。〔註48〕王充這種科學又理性的看法，無疑是個人主觀的態度及思想所致，更是對當時讖緯迷信的一種批判。又今文經學者鄭玄贊成「感天而生」之說，古文經學者王肅卻反對，而提出「遺腹」之說。所以，同樣是漢代的學者，同樣面對后稷出生的問題，卻有不同的詮釋與看法，也使用了不同的筆法來呈現。

　　又如有關太伯出奔荊蠻之事，有學者主張是主動的「讓賢說」，也有學者認為是被動且具有陰謀論的「避禍說」。即使是同樣贊成太伯讓位之說，《史記》描述太伯、虞仲是為避季歷「乃犇荊蠻」，使季歷即位事可以順理成章，而太伯、虞仲犇荊蠻後乃「文身斷髮，示不可用」，以行動表示讓位之決心，最後並以「荊蠻義之」來稱讚太伯。〔註49〕而《韓詩外傳》則以其史傳故事的筆法描述此事，所以，敘述方式更具故事性，首先交代「太伯之吳」一事，再以大王將死告誡季歷要讓二兄，如此季歷既守住了「義」，也較心安理得，事實上是一種以退為進法，其次群臣拱之，太伯陷入兩難，最後則因為仲雍的一席時話，而使太伯下了最後的決定，全文相當具有戲劇的張力。〔註50〕《吳越春秋》則雖載此事，但說：「大伯、仲雍望風知指，曰：『歷者，適也。』」還稱太伯、仲雍二人以太王病，託言採藥而至荊蠻，顯得較為穿鑿附會。〔註51〕由上述可知：雖然同樣

〔註48〕 夏傳才：〈周人的開國史詩和古史問題〉，頁58～59。

〔註49〕 《史記·周本紀》云：「古公曰：『我世當有興者，其在昌乎！』長子太伯、虞仲知古公欲立季歷以傳昌，乃二人亡如荊蠻，文身斷髮，以讓季歷。」而《史記·吳太伯世家》亦曰：「吳太伯，太伯弟仲雍，皆周太王之子，而王季歷之兄也。季歷賢，而有聖子昌，太王欲立季歷以及昌，於是太伯、仲雍二人乃犇荊蠻，文身斷髮，示不可用，以避季歷。季歷果立，是為王季，而昌為文王。太伯之犇荊蠻，自號句吳。荊蠻義之，從而歸之千餘家，立為吳太伯。」（語見瀧川龜太郎：《史記會注考證》，頁66及頁537～538。）

〔註50〕 韓嬰《韓詩外傳》：「大王亶甫有子曰太伯、仲雍、季歷，歷有子曰昌。太伯知大王賢昌，而欲季為後也，太伯去，之吳。大王將死，謂曰：『我死，汝往，讓兩兄，彼即不來，汝有義而安。』大王薨，季之吳告伯仲，伯仲從季而歸。群臣欲伯之立季，季又讓。伯謂仲曰：『今群臣欲我立季，季又讓，何以處之？』仲曰：『刑有所謂矣，要於扶微者，可以立季。』季遂立，而養文王，文王果受命而王。」（語見韓嬰：《韓詩外傳》，卷十，頁86。）

〔註51〕 趙曄《吳越春秋》：「古公知昌聖，欲傳國以及昌，曰：『興王業者，其在昌乎！』因更名曰季歷。大伯、仲雍望風知指，曰：『歷者，適也。』知古公欲以國及昌。古公病，二人託名採藥于衡山，遂之荊蠻，斷髮文身，為夷狄之服，示

贊成太伯讓位之說，但因爲學者側重有異，而有不同的敘述方式。有關此段史事，《史記》比較側重儒家仁德的思想，《韓詩外傳》則多牽強附會以說理，但內容故事性強，《吳越春秋》有關吳越取材多選自《韓詩外傳》，筆法與《韓詩外傳》稍同，但更顯穿鑿附會。

而今人任曉鋒於〈太伯、仲雍事迹述說〉一文，則以「讓」字的解讀不同而提出所謂的「避禍說」，〔註52〕任曉鋒從現實政治鬥爭的現實面及殘酷面切入，而提出與之前學者不同看法的「避禍說」。以上所舉都是學者面對史料因爲接受因素的不同而有不同的詮釋，而歷史的眞相爲何，大概很難還原。

另外，龍協濤又針對作品的「虛」與「實」關係，提出他的看法：

作品的不確定性與規定性，也就是作品的「虛」與「實」的關係。「虛」的部分爲接受者的想像、塡充和再創造提供了活動空間，但「虛」必須以「實」爲依托；「實」的部分爲審美再創造提供了契機、規定

不可用。」（語見趙曄著，黃永堂譯注：《吳越春秋》，頁12。）

〔註52〕 任曉鋒〈太伯、仲雍事迹述說〉：「讓賢說或避禍說均源自於對《史記·周本紀》中『讓』的不同理解上。……，這裡的『讓』有雙重含義，即既有主動性的讓，也有可能爲被動性的讓。若主動讓位的話，那則可譽之爲高風亮節；若被動讓位的話，恐怕會隱藏一些深層次的原因。但在孔子那裡，這種『讓』被理解爲主動性的讓賢，太伯、仲雍因此也被推上了『至德』的寶座。……，孔子爲太伯、仲雍冠以儒家的『仁』、『德』，對他們的出奔之舉進行了美化，認爲是一種主動性的讓賢，從而隱瞞了現實政治鬥爭的複雜性和殘酷性。若從被動性的『讓』來理解太伯、仲雍出奔乃是爲了避禍，可能更會接近歷史事實。如前所述，太王時的周族尚不強大，而且其重要任務之一就是提高周族的政治地位，這使得太王在王位繼承問題上煞費苦心，『因季歷之妻家，文王之母方是商王畿內氏族顯貴。這一聯姻抬高了季歷在周族中的地位，而古公在選嗣位繼承人時不能不考慮這些重要因素。』（引自王暉：《古文字與商周史新證》，（北京：中華書局，2003年），頁6。）因而決定打破兄弟相及，最後回傳於長兄之子的傳統。（太伯無子，按殷禮王位的最終繼承權應回傳仲雍之子），『讓太伯、虞仲、季歷三子以兄弟相及的方式繼位，最後傳位於幼孫姬昌。』（引自王暉：《古文字與商周史新證》，頁6。）『太伯不從，也正是由於不滿這種安排，他與虞仲不願做過渡式的君主，便一起出逃，連君位也不願繼承。』（引自王暉：《古文字與商周史新證》，頁1。）太王對王位傳承的明確態度，使太伯、仲雍感覺到政治危機，若他仍繼續留在國內，好像有意違抗父親的意願，說不定哪天就會招來橫禍，況且對新繼位的季歷來說，他們彷彿是一顆隨時會爆炸的原子彈。在這種無奈的情況下，他們選擇了出奔，於是奔入荊蠻之地，索性在來個『文身斷髮，示不可用』，以表明他們絕無野心奪取政權。這樣，太伯、仲雍因避禍。不得已而出奔，反倒落了一個『讓賢』的美名。」（語見任曉鋒：〈太伯、仲雍事迹述說〉，頁61～62。）

> 了方向，它對於「虛」的不確定性就是一種規定。如果抽掉了「實」
> 的規定性，凌空蹈虛，審美的再創造就是海市蜃樓。這些不確定中
> 確定的東西，就是讀者再創造的規定和導向。所以，文學讀解的再
> 創造可以沿著文本指示的坐標軸的方向上下波動，或者說以某種意
> 向為圓心一圈一圈地向外擴散，但要記住，座標的方向和圓心的位
> 置是確定的。〔註53〕

龍氏認為「虛」必須以「實」為依托；「實」的部分為審美再創造提供了契機、
規定了方向，它對於「虛」的不確定性就是一種規定。可見「虛」所代表的
並不是虛無縹緲，更不是虛假無所依托，而是在「實」的基礎上來創造出作
品的美感，並賦予作品更高的價值及藝術性。這也說明了「虛」並非完全不
可信的。以本研究中的宣王為例，《詩經》中所寫的宣王是個勤勉政事，能復
古，能會諸侯，能因大旱而為民祈雨，能安集流民、安定百姓，又能任用賢
能，攘除外患，南征北討，大展軍威的中興國君形象，但在《國語》、《史記》
中卻是不籍千畝，立戲太子，料民於太原，有失君道的形象。而這都是因為
學者面對史料時，思考角度有所不同，而選擇了不同的史料，所以，呈現出
來的宣王形象也就不一樣。誠如呂師珍玉於〈史料的解釋與接受——以吳公
子季札生平事蹟相關史料為考察〉一文中所言：

> 不同史書，因為史家敘述方式、歷史觀點不同，於是出現記載重點
> 不一，詳略有別、褒貶不同的現象。我們讀這段歷史應以怎樣的態
> 度去解釋接受，這應該是十分重要的問題。這樣的研究不僅提醒我
> 們史料難免真實虛構兼而有之，但並非虛構的史料就全無價值，亦
> 應分析其產生背景與解釋其內涵，作更好的接受。〔註54〕

由此可知史料是經過史家選擇後的產物，史料的解釋者往往都有特定立場，
不可能擁有全方位的視角，所以任何書寫都是一種特殊情態下的觀點描述，
是片面性與客觀性相互滲透的產物。〔註55〕透過對史料有「虛」有「實」的
分析，撰者在研究過程中，面對史家留下來的史料，在選擇上，雖然遇到一
些困難及問題，無法全然判斷出虛實真假來，也僅能針對研究所需而做解釋

〔註53〕 龍協濤：《文學閱讀學》，頁43。
〔註54〕 呂珍玉：〈史料的解釋與接受——以吳公子季札生平事蹟相關史料為考察〉，
　　　　《東海大學文學院學報》四十八卷，（2007年7月），頁35。
〔註55〕 呂珍玉：〈史料的解釋與接受——以吳公子季札生平事蹟相關史料為考察〉，
　　　　《東海大學文學院學報》四十八卷，（2007年7月），頁3。

與取捨，亦如龍協濤於《文學閱讀學》中引伽達默爾所言：

> 伽達默爾的看法，任何解讀對象（包括各種文本和典籍）都蘊含有原作者的一定的視域，他把這種視域稱之爲「初始的視域」。這一視域反映了作者思考問題的獨特的範圍和角度，它是由當時的歷史情景所賦予的。而一個試圖去理解前人典籍或「文本」的後來的解讀者，也有著在現今的具體歷史情景中形成起來的獨特的視域，伽達默爾稱之爲「現在的視域」。顯然，蘊含在「文本」或典籍中的原作者的「初始的視域」與作爲解讀者的今人的「現在的視域」之間是存在著很大的差異的。這種差異是由時間間距和歷史情景的變化所引起的，是任何解讀者都無法迴避的問題。因此，伽達默爾主張，理解不應該像古典釋義學要求的那樣，完全拋棄自己「現在的視域」而置身於理解對象「初始的視域」，也不能把理解對象「初始的視域」簡單地納入自己「現在的視域」，而應該把這兩種不同的視域融合起來，形成一個新的視域。這個全新的視域把二者完全融爲一體，不分彼此，超越了各自獨立的狀態和相互間的距離，從而形成新的意義。所以，在伽達默爾看來，「理解其實總是這樣一些被誤認爲是獨立存在的視域的融合過程。」〔註56〕

因爲「初始的視域」與「現在的視域」顯然有差異，而今天吾人已無法完全還原歷史眞相，是以，撰者盡量以《詩經》文本爲主，再配合史料的描述，試圖融合「初始的視域」與「現在的視域」而從中以更全面性的角度來呈現《詩經》中的男性人物形象。

〔註56〕龍協濤：《文學閱讀學》，頁289。

第七章 結 論

　　總結本文各章節對於《詩經》中不同類型男性人物形象的考察，撰者將人物形象歸納爲以下八大類型，並分別論述其形象如下：

一、神話人物形象

　　禹在《詩經》中是個善治山水的人物，並成爲治國者的典範，詩中君王常將「禹」之善治山水功績，掛在嘴邊，並順勢引出自己的功績，頗有「神主牌」的作用，但未明言「禹」是夏之開國國君，然而在《國語》、《山海經》、《淮南子》、《楚辭》、《史記》等書，卻肯定其爲君王之身分；另一神話人物——后稷，在周人的心目中，不僅是他們的始祖，安養眾民的英雄，更是天神的化身，《詩經》中描寫后稷遭棄的經過：「誕寘之隘巷，牛羊腓字之。誕寘之平林，會伐平林；誕寘之寒冰，鳥覆翼之」，這種神異的形象非常鮮活。

二、周先王人物形象

　　從考察〈大雅・公劉〉詩中描繪公劉率眾遷豳的形象，及〈行葦〉詩中一再讚美公劉的仁德，撰者認爲詩人將公劉形塑成具有忠實篤厚的特質、高瞻遠矚的思維、堅毅不拔的精神、精明幹練的能力、仁德思想的君主；而古公亶父（太王）的主要建業是遷岐而奠定了王業之基，這過程中，他不僅建立家室，使人民安居立業；建立宗廟，使祖先得以享祀，繼而保祐子孫；建立大社，使土神保護眾民；建立宮室，樹立權威，就連戎狄都嚇到遠遁，此外，還任用賢臣、委任官吏，使其適才適用。而《史記》、《孟子》、《莊子》、

《呂氏春秋》、《尚書大傳》、《淮南子》以及《吳越春秋》等諸書也提及太王遷岐，乃因戎狄貪得無厭，先欲財貨珠寶，最後連豳地人民賴以生存的土地都不放過，強調太王本著仁慈愛民之心，而不與之戰，實因不忍族人為此而受害，遂一讓，再讓，三讓，終為避狄而從豳地遷居於岐山周原，也因此奠定太王在豳地人民心中是位仁人君主的形象，考之諸書所言，而得古公亶父是位為周（文王）之興起奠下篳路藍縷之功、肇王業之績，仁慈愛民，不尚暴力的仁人君主。另一先王——季歷（王季），在《詩經》中一再強調王季之德，而其美德不僅是個人修身的私德，更是能夠造福百姓，大公無私的美德。是以，王季除了能友愛兄長，勤政無私，篤於行義之外，還是位能孚眾望，使人民近悅遠來，上下親附，具備九德的賢君。

三、周王人物形象

考察《詩經》及《史記》等書中有關文王形象的描繪，文王是位事親至孝，祭祀敬謹，做事勤勞的人，而且濟弱扶傾，視民如傷，設立有司，舉用賢能，武功彪炳，是位仁德兼備的賢君；除此之外還具有威嚴的祖先神形象，能夠庇祐子孫，又能產生儆示的效果，使子孫們戰戰兢兢以承續得來不易的王業。武王則是位雄才大略的君王，能先營建鎬京，以安子孫；而牧野之戰，弔民伐罪，具有威武形象，並完成自太王以來的「翦商之志」；在戰後能敬告祖先，撫恤人民，並採取偃武修文的策略，是位能承文王之緒，又開百世之功的明君。成王則因自幼即位，剛開始懷疑周公的忠誠度，不欲迎之，但經誤會冰釋後，頗能虛心受教，且成王認知天命之不易，敬天法祖，欲續緒文武之業，故夙夜匪懈，黽勉政事，恭敬戒慎，重視稼穡，祭祀合禮，威儀合度，諸侯臣民悅服，澤及四海，所以，成王之世，呈現政和年豐之氣象，也成就了中國歷史上的第一個治世。厲王則因親近榮夷公，與民爭利，又暴虐無道，師心自用，手段相當兇殘，狂妄無知，是位拒不納諫的暴君形象。至於宣王的部份，《詩經》中形塑宣王早年勤勉政事，能安定民心，攘除外患，任用賢能，南征北討，大展軍威，是位中興君主的形象；但因德之不純，在《國語》、《史記》等書中則記其晚年不籍千畝，立戲太子，料民於太原，誤殺杜伯等失德敗禮的形象，所以，綜觀宣王一生，是個毀譽參半的君主。而幽王則是位典型的昏君，不但對於天災示警視而不見，還昏庸淫逸到任用奸佞，聽信讒言，喜怒無常，敗壞禮法，以致諸侯不朝，又嬖褒姒，黜申后，

廢太子，實爲一失德無道的亡國之君。

四、諸侯形象

在諸侯的部份：有留寓於衛，仰人鼻息，不知奮起的黎侯，他在《詩經》中是一副失權落魄的模樣。還有貪色淫蕩，強納子妻，如鳥獸醜行，最後更不擇手段，令盜殺子，陰險凶狠，六親不認的衛宣公。也有淫欲昏心，淫行無忌，毫無禮義，不但淫乎其妹，還盛服與文姜相會的齊襄公。另有初期尚能整頓內政，開疆闢土，爲晉文公稱霸奠定了良好的基礎，但可惜晚年卻寵幸驪姬，廢嫡立庶，好聽讒言，最後弄得家毀人亡的晉獻公。更有視體統爲無物，宣淫無忌，與孔寧、儀行父皆通於夏姬，還公開四人行的關係，並以此相戲謔，毫不掩飾醜行的陳靈公。

五、典型人物形象

《詩經》中所描繪的典型人物是血肉豐滿，栩栩如生的，例如：獵者的形象常是體魄健美，而且才德兼備的，在射獵技術方面之高超，可以「壹發五豝」，「壹發五豵」，駕馭能力表現更是優秀，可以「執轡如組，兩驂如舞」，而且藝高人膽大，可以「襢裼暴虎」；另外內在品德方面，則更是表現出「美且仁」，「美且好」，「美且武」，「美且鬈」，「美且偲」，總之，不是空有技術的魯莽武夫，而是能相揖爲禮，具有由內而發的仁德，是內外兼美的獵人。

而讒佞之人的形象更是鮮活，在〈小雅・巧言〉詩中詩人稱讒人是「巧言如簧，顏之厚矣」，巧言就像是鼓簧那麼悅耳動聽，所以，讓人喜歡聽，易接受而難有防備，而讒佞之人臉皮之厚，簡直已到忝不知恥的地步。而〈小雅・巷伯〉一詩，則指出讒言可怕的地方在於：「萋兮斐兮，成是貝錦」，「哆兮侈兮，成是南箕」，讒言交織，能無中生有，還用巧言羅織人入罪，而他的嘴巴大得像南箕星一樣，一開口就是要害人，〈小雅・青蠅〉一詩，更以青蠅喻讒人，言讒言擴散之快，爲禍之大，詩中將讒佞之人的形象描摹得維妙維肖。

而有關《詩經》中隱逸詩的隱者，大約可分爲兩大類：其一、是欲隱居之人，如〈魏風・十畝之間〉，〈邶風・北風〉等即是；其二是已隱居之人，如〈衛風・考槃〉，〈陳風・衡門〉，〈小雅・鶴鳴〉等。《詩經》中的隱逸之人，又可分爲兩大類型，其一是積極樂觀型，對於隱逸生活甘之如飴，無怨無悔，如〈衛風・考槃〉，〈陳風・衡門〉，〈小雅・鶴鳴〉等詩篇；其二是消極被迫

型，因為外在環境所致，被迫歸隱，心中有些許的徬徨、苦悶及無奈，如〈魏風・十畝之間〉，〈邶風・北風〉等即是。因為隱居的目的不同，隱居的背景不一樣，所呈現出的隱逸形象及心情也大不相同。是以，在〈魏風・十畝之間〉篇中所呈現的是一位亟欲尋求心靈的解放，想過悠閒自在隱者生活的詩人；〈邶風・北風〉詩中所寫，則是位因姦邪當道，國是日非，徬徨無助，乃思與好友歸隱田園的隱者；〈衛風・考槃〉一詩，則是述一位隱居山水，隨遇而安，悠遊自得的快樂隱者，詩中從隱居之所，隱士之人格特質，隱者的生活型態，隱者之志等多方面來呈現；〈陳風・衡門〉一詩，則是描寫一位安貧樂道，無求無欲，自樂的隱者；至於〈小雅・鶴鳴〉一篇，則是位有令聞德誼，能成君之德業的隱者，所以，即使歸隱，仍聲聞于天。《詩經》中對隱士形象的刻畫頗能遺神取貌，除了對於隱居處所的描繪，隱者令聞的稱頌之外，最重要的是透過這些描摹，能深刻呈現出隱逸之人的內心世界。

而憂國憂民之人的形象，因為有感於國家的動亂不安，國君無道，而引發內心的憂慮或發出沉痛的呼籲，欲喚醒人心，以求有助於國家，而非為凸顯個人之憂，為「感時憂國」的意味，是一種動人的大我之愛。《詩經》中有多篇這類的作品，其時代背景大約在西周末年以後，有志之士見國家動亂，本著忠厚愛國之心，只能深自惕勵，不敢稍有安逸之心，除了〈王風・兔爰〉一詩，有積極奮起之意外，大多是承受著道德的焦慮，滿懷憂慼，欲救無從，欲振乏力，孤軍奮鬥，難敵大勢，只能眼睜睜見周室日漸衰微，或呼天訴之，或歌以遣憂，或期待救世主的出現，然周室衰亂至此，亦莫可奈何。

至於心有怨嘆之人的形象，相對於憂國憂民之人而言，憂國憂民之人是為了國家人民而憂，心有怨嘆之人則是為了個人不得意而怨，是以《詩經》中述心生怨嘆之原因甚多，或因仁而不遇，或因始終待遇不同，或因勞逸不均，或因積勞而怨，或因行役在外，不得侍奉父母，或因為公事繁忙，處境維艱，還不為家人所諒解等，皆使詩人心起怨懟而深嘆之，而怨嘆者的形象，多是為國家盡職盡忠，勞心勞力，卻反受陷害，不被賞識，不被諒解，或行役在外勞逸不均，同酬不同工，內心不能平衡，積勞成怨，而怨天、怨地、怨祖先。

六、「彼其之子」形象

「彼其之子」多為負面形象，例如：在〈王風・揚之水〉中是個權大勢大的形象，就連周室也差使不動他，拿他沒辦法；在〈鄭風・羔裘〉中是個

德不稱服的形象；在〈魏風・汾沮洳〉中是個過度打扮，只管個人，一點都不關心民間疾苦的貴族形象；在〈唐風・椒聊〉中是個勢力龐大足以威脅君王的貴族；在〈曹風・候人〉中則是個尸位素餐，德不稱服的形象。

七、「君子」形象

在有關「君子」的詩篇中則以讚美居多，詩人常以「有匪君子」、「淑人君子」、「豈弟君子」、「假樂君子」稱之，或以「樂只君子」、「君子樂胥」、「君子萬年」頌美之，或從君子服飾車馬之盛以稱其德，或從君子之善治國、能用人、能安邦來著筆，而其言談舉止是幽默風趣，得體但不過分，分寸拿捏得很好的，言談之間，流露出落落大方，和藹可親的樣子，和他相處非常自在舒暢，是個有威儀，言語有序的有德君子，其氣質、儀態、涵養更是和順、敬謹，不倨傲的。總之，《詩經》中的「君子」給人一種自在舒暢、快樂又和易的感受，凡事都能以禮爲依歸。除此之外，有德的君子是不忘本，能敬天、能法祖的，所以，能承受天命，受到上天的保佑及反覆眷顧，而神明也都願意受饗，因爲能敬天，天不怒，不降災，便能使國家長治久安，故詩人樂於稱頌之。

八、群體形象

在王會諸侯圖的部份，〈小雅・車攻〉所呈現出來的是軍隊的紀律嚴明，軍容整肅、聲勢浩大，以及高度戒備的行軍活動，詩人藉此來表現王者之師的氣象，詩中相當重視天子威嚴的形象，再加上鋪陳嚴肅的氣氛，而構成莊重雍容的畫面，其目的都是爲了表現出宣王中興的氣象來。

在田獵圖的部份，具有較高的娛樂性質，不管是〈秦風・駟驖〉，或是〈小雅・吉日〉詩中，詩人在描述射獵的場景時都集中在秦襄公、周宣王等二位君王身上，而參與者的態度都是愉悅而不是嚴肅的，所鋪排出來的氣氛是和樂而不是肅殺的，所以，當射獵活動結束之後，在〈秦風・駟驖〉詩中有輕鬆的遊園描述，而〈小雅・吉日〉篇中更是以君臣和樂共飲的畫面作結，充分展現君子之德。

在祭祀圖的部分，誠如王質所言：「大凡詩人言祭祀，必以農事起辭，言農事，必以祭祀續辭，言農事祭祀，必以福祿結辭，三者未有闕一者也。」〔註1〕

〔註1〕 王質：《詩總聞》，卷十三，頁254。

〈小雅・楚茨〉、〈信南山〉、〈甫田〉、〈大田〉四詩，都符合此一規律。雖皆以農事開頭，以祭祀續辭，以福祿結辭，但因祭祀目的不同，其所呈現的畫面也不盡相同，即使〈楚茨〉、〈信南山〉都是王者祭祀宗廟之詩，但二者之寫作風格並不相同，姚際恆曾說：「上篇（〈楚茨〉）鋪敘閎整，敘事詳密；此篇（〈信南山〉）則稍略而加以跌蕩，多閒情別致，格調又自不同。」〔註2〕從內容上來看，〈楚茨〉篇詳敘祭祀儀禮典制和祭祀活動的情形，而〈信南山〉對這些卻寫得極其簡略，詩人的重點似乎不在寫祭祀諸事來表明對先祖的崇拜和誠敬，而是更注重祭品之豐盛及「因祭祀而推原粢盛所自出。」〔註3〕故〈信南山〉一詩所呈現的祭祀風貌自與〈楚茨〉不同。而〈大田〉一詩，與〈甫田〉大同小異。此二詩，雖都為豐年而祭祀，但〈甫田〉是先祭祀而祈豐年，而〈大田〉則是因豐年而祭祀。〈甫田〉是君王祈豐年祭祀之詩，側重寫君王的省耕、祈年、大穫，故從王者一面盡力描摹，所以，〈甫田〉「詳於察與省，而略於耕；此篇（〈大田〉）詳於斂與耕，而略於省與察」。〔註4〕在人物形象的部份，參祭者方面，有大夫威儀有容，廚師的敬慎敏捷，君婦的敬謹，尸、祝、田官的各擅其職，在在呈現堅守禮儀法度的形象，表現對神的敬意。而在君主形象部份，〈楚茨〉一詩所呈現的君主（主祭者）形象是恭敬敏疾而又合法度的形象；〈信南山〉是謹慎守成又感恩的君主形象；〈甫田〉是親民愛民、受民愛戴，有德的君主形象；〈大田〉則是無私的、有仁愛之心的君主形象。形象雖稍有不同，但其對神的恭敬誠意之心卻是相同的，所以，都能享有神所賜予的大福。

在宴飲圖的部份，則將周代的禮樂文化發揮得淋漓盡致，詩中常有音樂的演奏，並藉此營造和樂的氣氛，在這十二首宴飲詩中，除了在〈小雅・頍弁〉詩中表現出比較灰色的思想，強調及時行樂的觀念，以及在〈小雅・賓之初筵〉詩中有醉酒失禮的描繪之外，大體而言，宴飲的氣氛是和樂的，過程是和諧有禮的，主人熱誠的招待，賓客熱情的回應，並透過音樂、舞蹈、美酒、佳餚、射箭，來呈現賓主盡歡的畫面，主客雙方在杯觥交錯中，感情互動交流，特別是因為主人熱忱的款待客人，客人發出了由衷的讚美，最後則在一片頌禱聲中結束，充份體現了周代諸侯與天子之間的和睦關係。此外，不管是君臣間的宴飲或兄弟間的聚會，都顯示出周人對於倫理觀念相當的重

〔註2〕　姚際恆：《詩經通論》，卷十一頁233。
〔註3〕　方玉潤：《詩經原始》，頁930。
〔註4〕　方玉潤：《詩經原始》，頁943。

視，詩中有祭而飲的尊老，燕而射的重德，或「先諸父而諸舅」、「先諸舅而後兄弟」，強調親疏、尊卑之分，這都反映了周代貴族相當重視倫理關係的文化內涵及其生活樣貌。

另外，《詩經》中對於男性人物形象的塑造，舉凡從男性人物的內、外在來描寫，或是從環境、氣氛來烘托，或是運用想像、比喻、側寫、反覆吟詠、對比等手法，這些形塑技巧對於後代小說、戲劇等文學作品的確產生了很深的影響，其生動的形象語言，充滿了表現力和感染力，這也是《詩經》能夠感動人心、引起共鳴的原因之一。

撰者考察其男性人物形象的描繪，更發現《詩經》男性人物形象充分反映周代獨特的政治、文化內涵。首先在政治上，周人崇尚天命的觀念，以及對人民非常的重視，周人還體認到一位優秀的領導者應以服務型或德式型的領導哲學來領導人民的，如此可使人民完全信服，並且強調領導者需具有敬天的思想，要有保民安民的作為，以及要能任用賢能等領導策略，這些都是周代政治的特色。然而，當周人政治統一後所帶來的卻是文化上的統一，而周民族的歷史價值，不僅是表現在政權上的統一，更是在政權統一的背後那股深層文化的力量，因為它在無形中影響著周民族的盛衰。是以，撰者考察周文化所呈現出的內涵是以「德」為貴族該有的風範，所著重的是修德以來遠人，強調從統治階層切實做起；而以「禮」作為規範貴族的行為，使禮成為周文化的核心價值；最後則結合個人的修德，而在貴族社會群體實踐的禮儀中，來呈現個人和樂的氣質、中和之道及群體和樂的氣氛。所以，「和」所代表的是個人與自己內在的和順，也是個人與群體之間的和諧，更是人與天之間的協調統一。「德」、「禮」、「和」三者，撰者將其視為周文化歷經點、線到面所擴散與整合出來的文化內涵。

除此之外，撰者在研究的過程中發現：《詩經》文本還具有文獻史料的價值，可以透過《詩經》人物形象的描繪來補史籍之不足處，另外，對於與《詩經》文本有關的史料則可作為研究《詩經》的本事。而有關史料接受與詮釋的課題，撰者認為此一課題相當值得學者重視，尤其對於「接受學」與「詮釋學」的認識與了解，除了有助於研究的過程中能夠對於史料有更深刻的探討外，也可藉此分析作者與史料的關係：當時為什麼選擇這些材料？又為什麼做了這樣的詮釋？此與作者本身有何相對密切的關係？同一時代，不同的作者為什麼會有不一樣的詮釋？不同的時代，面對相同的史料，為什麼也有

不一樣的詮釋？而讀者是不是又是另一個詮釋者？這些都是相當值得研究探討的議題。但本研究中礙於研究篇幅的限制，故僅提出個人小小的見解，或許可以用「《詩經》的接受與詮釋」爲題，作爲未來繼續研究的目標。

參考書目

（按朝代及作者姓氏筆劃順序）

一、古　籍

（一）詩經類

1. 〔東漢〕鄭玄：《毛詩鄭箋》，（台北：學海出版社，2001 年 9 月）

2. 〔唐〕孔穎達：《毛詩正義》，李學勤主編《十三經注疏・毛詩正義》標點本（北京：北京大學出版社，1999 年）

3. 〔宋〕王質：《詩總聞》，《文津閣四庫全書・詩總聞》經部・詩類 24，（北京：商務印書館，2005 年）

4. 〔宋〕朱熹：《詩經集註》，（台北：群玉堂出版社，1991 年 10 月）

5. 〔宋〕呂祖謙：《呂氏家塾讀詩記》，《文津閣四庫全書・呂氏家塾讀詩記》經部・詩類 24，（北京：商務印書館，2005 年）

6. 〔宋〕李樗・黃櫄：《毛詩集解》，《文津閣四庫全書・毛詩集解》經部詩類 24（北京：商務印書館，2005 年）

7. 〔元〕劉玉汝：《詩纘緒》，《文津閣四庫全書・詩纘緒》，（北京：商務印書館，2005 年）

8. 〔明〕何楷：《詩經世本古義》，《文津閣四庫全書・詩經世本古義》經部・詩類 27，（北京：商務印書館，2005 年）

9. 〔清〕方玉潤：《詩經原始》，（台北：藝文印書館，1960 年 6 月）

10. 〔清〕朱鶴齡：《詩經通義》，《文津閣四庫全書・詩經通義》經部・詩類 29，（北京：商務印書館，2005 年）

11. 〔清〕吳闓生：《詩義會通》，（台北：臺灣中華書局，1970 年 2 月）

12. 〔清〕李超孫：《詩氏族考》，（台北：台灣商務印書館，1966 年）

13. 〔清〕姚際恆：《詩經通論》，（台北：廣文書局，1997 年 10 月）

14. 〔清〕胡承珙：《毛詩後箋》，《續修四庫全書・毛詩後箋》經部詩類 67（上海：上海古籍出版社，2002 年影印清道光十七年求是堂刻本）

15. 〔清〕翁方綱：《詩附紀》，《叢書集成・詩附紀》（上海：商務印書館，1936 年 12 月）

16. 〔清〕馬瑞辰：《毛詩傳箋通釋》，（台北：廣文書局，1999 年 5 月）

17. 〔清〕崔述：《讀風偶識》，《續修四庫全書・讀風偶識》經部詩類 64（上海：上海古籍出版社，2002 年據清道光四年陳履和刻崔東壁遺書本影印原書版）

18. 〔清〕陳奐：《詩毛氏傳疏》，（台北：臺灣學生書局，1967 年）

19. 〔清〕陳啓源《毛詩稽古編》，《文津閣四庫全書・毛詩稽古編》經部詩類，（北京：商務印書館，2005 年）

20. 〔清〕黃中松：《詩疑辨證》，《文津閣四庫全書・詩疑辨證》30，（北京：商務印書館，2005 年）

21. 〔清〕戴震：《毛鄭詩攷正》，《續修四庫全書・毛鄭詩攷正》（上海：古籍出版社，2002 年）

22. 〔清〕嚴粲：《詩緝》，《文津閣四庫全書・詩緝》經部・詩類 25，（北京：商務印書館，2005 年）

（二）經　類

1. 《四庫全書存目叢書・周宣王石鼓文定本》經類 200，（臺南：莊嚴出版社，1997 年 2 月）

2. 〔春秋〕左丘明著／〔晉〕杜預集解／竹添光鴻會箋：《左傳會箋》，（台北：明達出版社，1986 年 10 月）

3. 〔漢〕孔安國傳／〔唐〕孔穎達疏：《尚書正義》，《十三經注疏・尚書正義》，（台北：臺灣古籍出版社，2001 年 9 月）

4. 〔漢〕伏勝撰／〔東漢〕鄭玄注：《尚書大傳》，《文津閣四庫全書・尚書大傳》經部書類，（北京：商務印書館，2005 年）

5. 〔漢〕董仲舒：《春秋繁露》，《文津閣四庫全書・春秋繁露》經部春秋類 62，（北京：商務印書館，2005 年）

6. 〔清〕阮元校勘：《十三經注疏・周禮》，（台北：藝文印書館，1956 年）

7. 〔清〕阮元校勘：《十三經注疏・儀禮》，（台北：藝文印書館，1956 年）

8. 〔清〕阮元校勘：《十三經注疏・禮記》，（台北：藝文印書館，1956 年）

（三）史　類

1. 〔春秋〕左丘明撰／（三國）韋昭注：《國語》，（台北：里仁書局，1981

年 12 月）

2. 〔東漢〕皇甫謐：《帝王世紀》，《續修四庫全書‧帝王世紀》301，（上海：古籍出版社，2002 年）

3. 〔東漢〕趙曄著／黃永堂譯注：《吳越春秋》，（台北：臺灣古籍出版社，1996 年 8 月）

4. 〔三國蜀〕譙周：《古史考》，（板橋市：藝文印書館影印，1967 年）據嘉慶孫星衍校刊平津館叢書本影印。

5. 〔劉宋〕范曄撰／〔唐〕李賢等注：《後漢書》，（台北：宏業書局，1972 年 6 月）

6. 〔後晉〕劉昫等撰：《舊唐書》，《文津閣四庫全書‧舊唐書》史部‧正史類 93，（北京：商務印書館，2005 年）

7. 〔宋〕胡宏：《皇王大紀》，《文津閣四庫全書‧皇王大紀》史部編年類 108，（北京：商務印書館，2005 年）

8. 〔清〕王照圓：《列女傳補注》，《續修四庫全書‧列女傳補注》，（上海：上海古籍出版社，1995 年，影印清嘉慶刻後印本）

9. 〔清〕朱右曾：《逸周書集訓校釋》，（台北：世界書局，1956 年）

10. 〔清〕陳逢衡：《竹書紀年集證》，《續修四庫全書‧竹書紀年集證》史部編年類 335（上海：上海古籍出版社，2002 年影印清嘉慶十八年裛露軒刻本）

（四）子　類

1. 〔周〕呂望：《六韜》，《文津閣四庫全書‧六韜》，（北京：商務印書館，2005 年）

2. 〔春秋〕墨翟：《墨子》，《文津閣四庫全書‧墨子》子部類 280（北京：商務印書館，2005 年）

3. 〔漢〕賈誼：《新書》，《文津閣四庫全書‧新書》子部儒家類 231（北京：商務印書館，2005 年）

4. 〔漢〕劉向著／王鍈‧王天海譯注：《說苑》，（台北：台灣古籍出版社，1996 年 7 月）

5. 〔東漢〕王符：《潛夫論》，（上海：上海古籍出版社，1978 年 4 月）

6. 〔晉〕郭象：《莊子註》，《文津閣四庫全書‧莊子註》子部釋家類道家類 351（北京：商務印書館，2005 年）

7. 〔宋〕王應麟：《困學紀聞》，《文津閣四庫全書‧困學紀聞》子部雜家類，（北京：商務印書館，2005 年）

8. 〔宋〕朱熹：《四書集註》，（台北：學海出版社，1991 年 3 月）

9. 〔清〕王先謙：《荀子集解》，（台北：藝文印書館，2000 年 5 月）

（五）文學類

1. 〔戰國〕屈原等著：《楚辭》，（台北：臺灣古籍出版社，1996 年 11 月）

2. 〔漢〕韓嬰：《韓詩外傳》，《筆記小說大觀・韓詩外傳》，（台北：新興書局，1978 年）

3. 〔唐〕韓愈：《韓愈全集》，（上海：上海古籍出版社，1997 年 10 月）

4. 〔元〕施耐菴撰／〔清〕金聖嘆評：《水滸傳》，（台北：三民書局，1970 年 4 月）

二、近代專書

（一）詩經類

1. 王靜芝：《詩經通釋》，（台北：輔仁大學文學院，1968 年 7 月）

2. 王禮卿：《四家詩恉會歸》，（台中：青蓮出版社，1995 年 10 月）

3. 任自斌・和進健主編：《詩經鑑賞辭典》，（北京：河海大學出版社，1989 年 12 月）

4. 朱守亮：《詩經評釋》，（台北：台灣學生書局，1994 年 9 月）

5. 余培林：《詩經正詁》，（台北：三民書局，1995 年 10 月）

6. 季旭昇：《詩經古義新證》，（台北：文史哲出版社，1995 年 3 月）

7. 屈萬里：《詩經詮釋》，（台北：聯經出版事業股份有限公司，2004 年 10 月）

8. 洪湛侯：《詩經學史》，（北京：中華書局，2004 年 9 月）

9. 高亨：《詩經今注》，（台北：漢京文化事業有限公司，1984 年 2 月）

10. 張西堂：《詩經六論》，（上海：上海商務印書館，1957 年 9 月）

11. 張建軍：《詩經與周文化考論》，（濟南：齊魯書社，2004 年）

12. 許志剛：《詩經勝境及其文化品格》，（台北：文津出版社，1993 年 12 月）

13. 陳子展：《詩三百解題》，（上海：復旦大學出版社，2001 年 10 月）

14. 陳桐生：《史記與詩經》，（北京：人民文學出版社，2000 年 2 月）

15. 潘秀玲：《詩經存古史考辨——詩經與史記所載史事之比較》，（台北：花木蘭出版社，2006 年 9 月）

16. 潘富俊著／呂勝由攝影：《詩經植物圖鑑》，（臺北：貓頭鷹出版社出版，城邦文化發行，2001 年 6 月）

17. 劉毓慶：《詩經圖注》，（高雄：麗文文化事業股份有限公司，2000 年 8 月）

18. 龍宇純：《絲竹軒詩說》，（台北：五四書店，2002 年 11 月）

（二）史類專書

1. 楊寬：《西周史》，（台北：臺灣商務印書館，1999 年）
2. 瀧川龜太郎：《史記會注考證》，（台北：洪氏出版社，1986 年 9 月）

（三）子類專書

1. 袁珂：《山海經校注》，（台北：里仁書局，1981 年 11 月）
2. 陳奇猷：《呂氏春秋校釋》，（台北：華正書局，2004 年 6 月）
3. 劉文典：《淮南鴻烈集解》，（台北：文史哲出版社，1985 年 9 月）
4. 劉起釪：《續古史辨》，（北京：中國社會科學出版社，1991 年 8 月）

（四）文學理論類專書

1. 王先霈主編：《小說理論》，（武昌：長江文藝出版社，1991 年 8 月）
2. 哈羅德・布魯姆（Harold Bloom）原著／徐文博譯：《影響的焦慮・詩歌理論》，（台北：久大文化股份有限公司，1990 年 12 月）
3. 龍協濤：《文學閱讀學》，（北京：北京大學出版社，2005 年 6 月）

（五）宗教類專書

1. 張樹國：《樂舞與儀式——宗教倫理與中國上古祭歌型態研究》，（天津：天津古籍出版社，2003 年）
2. 劉曄原・鄭惠堅：《中國古代祭祀》，（台北：台灣商務印書館，1998 年 9 月）

（六）其　他

1. 謝文全：《教育行政學》，（台北：高等教育文化事業有限公司，2004 年 9 月）
2. 謝哲夫・遲嘯川：《新編古文觀止》，（台北：台芝文化事業有限公司，1996 年）

三、單篇論文

1. 大野圭介：〈論詩經中的禹〉，《詩經研究叢刊》，（北京：學苑出版社，2002 年 7 月）
2. 王澤民：〈「君子」考釋〉，《文史知識》，（1996 年 12 月）
3. 任曉鋒：〈太伯、仲雍事迹述說〉，《柳州師專學報》第 22 卷第二期，（2007 年 6 月）
4. 朱東潤：〈國風出於民間質疑〉，《詩三百篇探故》，（台北：漢京文化事業有限公司，1984 年 2 月）
5. 余培林：〈詩經成語試釋〉，《慶祝莆田黃天成先生七秩誕辰論文集》，（台北：文史哲出版社，1991 年 6 月）

6. 呂珍玉：〈史料的解釋與接受——以吳公子季札生平事蹟相關史料為考察〉，《東海大學文學院學報》四十八卷，（2007 年 7 月）

7. 李衛軍・李齊鑫：〈從詩經中的君子形象看周人的人格追求〉，《商丘職業技術學院學報》，（2005 年第一期第四卷）

8. 孟慶茹：〈試論詩經中的隱逸詩〉，《詩經研究叢刊》第八輯，（北京：學苑出版社，2005 年 1 月）

9. 林葉連：〈詩經中的「君子」身分〉，《輔仁國文學報》，（2006 年 1 月）

10. 林慶彰：〈釋詩彼其之子〉，《詩經研究論集》（二），（台北：臺灣學生書局，1987 年 9 月）

11. 姜韞霞：〈從性別角度看始祖誕生的感生神話〉，《江淮論壇》，（2004 年，第四期）

12. 茅盾：〈神話的意義與類別〉，《二十世紀中國文學史論文精粹・神話卷》，（石家莊：河北教育出版社，2000 年 5 月）

13. 夏傳才：〈周人的開國史詩和古史問題〉，《思無邪齋詩經論稿》，（北京：學苑出版社，2000 年 9 月）

14. 殷光熹：〈詩經中的田獵詩〉，《詩經研究叢刊》第七輯，（北京：學苑出版社，2004 年 7 月）

15. 馬玉梅：〈詩經中宴飲詩及其宗教、政治意味〉，《人文雜誌》，（2001 年第 2 期）

16. 陳素貞：〈論風詩中男性審美形象及其身體文化〉，《中臺學報》第十六卷，第二期，（2004 年 12 月）

17. 陳榮照：〈詩經中有關周代政治史料之探討〉，《新社學報》，（1968 年 12 月）

18. 陳器文：〈論詩經的憂患意識〉，《詩經研究論集》（一），（台北：臺灣學生書局，1987 年 9 月）

19. 趙沛霖：〈中國神話的民族性特徵〉，《古典文學知識》，（2000 年 5 月）

20. 趙沛霖：〈詩經宴飲詩與禮樂文化精神〉，《天津師大學報》第 6 期，（1989 年）

21. 趙沛霖：〈論詩經的神話學價值〉，《第二屆詩經國際學術研討會論文集》，（北京：語文出版社，1994 年）

22. 劉生良：〈頌詩二題〉，《第二屆詩經國際學術研討會論文集》，（北京：語文出版社，1994 年）

23. 鄭海濤：〈從君子探詩經中彰顯的貴族人格精神〉，《詩經的接受與影響》，（上海：上海古籍出版社，2006 年 7 月）

24. 盧燕麗：〈詩經人物形象的文化史意義〉，《詩經研究叢刊》，（北京：學苑

出版社，2004 年 7 月）

25. 蕭東海：〈大雅生民前三章神話解讀〉，《詩經研究叢刊》，（北京：學苑出版社，2004 年 7 月）

26. 顧頡剛：〈禹的來歷在何處〉，《二十世紀中國文學史論文精粹‧神話卷》，（石家莊：河北教育出版社，2000 年 5 月）

四、學位論文

1. 孔德凌：《詩經宴飲詩與周代禮樂文化》，（曲阜：曲阜師範大學碩士論文，2004 年 4 月）

2. 李小平：《左傳五霸形象之研究》，（台北：政治大學中文研究所碩士論文，1984 年 5 月）

3. 李孟君：《唐詩中的女性形象研究》，（台北：輔仁大學中文研究所碩士論文，1992 年 6 月）

4. 徐靜嫻：《小說評點中的人物塑造論》，（台北：輔仁大學中文研究所碩士論文，1991 年 7 月）

5. 陳靜俐：《詩經草木意象》，（台北：臺灣師範大學國文研究所碩士論文，1998 年 6 月）

6. 陸景琳：《詩經服飾研究》，（台北：臺灣師範大學國文研究所碩士論文，2000 年 7 月）

7. 葉達雄《詩經史料分析》，（台北：臺灣大學歷史學研究所碩士論文，1971 年 6 月）

8. 劉逸文：《詩經與西周史關係之研究》，（台中：中興大學中文研究所碩士論文，1997 年 1 月）

9. 劉耀娥：《詩經宴飲詩研究》，（台中：中興大學中文研究所碩士論文，2006 年 6 月）

10. 盧紹芬：《詩經中古代生活的反映》，（香港：珠海大學文學研究所碩士論文，1986 年 6 月）

11. 簡怡美：《詩經三頌與楚辭九歌比較研究》，（台北：臺灣師範大學國文研究所碩士論文，2006 年）

12. 譚國洪：《詩經中關於西周開國史詩之研究》，（香港：香港大學新亞研究所碩士論文，1980 年 6 月）

五、網路資源

1. 景元祥‧薛延平：《華夏霸主晉文公》今日候馬 http://www.jrhm.com/index.php3?file=detail.php3&kdir=103590&nowdir=103590&id=58621&detail=1

附　表

附表一　《詩經》出現「彼其之子」一詞有關篇名及其詩句一覽表

序號	篇　　名	詩　　　　句	出現次數
1	〈王風・揚之水〉	「彼其之子，不與我戍申。」 「彼其之子，不與我戍甫。」 「彼其之子，不與我戍許。」	3
2	〈鄭風・羔裘〉	「彼其之子，舍命不渝。」 「彼其之子，邦之司直。」 「彼其之子，邦之彥兮。」	3
3	〈魏風・汾沮洳〉	「彼其之子，美無度。」 「彼其之子，美如英。」 「彼其之子，美如玉。」	3
4	〈唐風・椒聊〉	「彼其之子，碩大無朋。」 「彼其之子，碩大且篤。」	2
5	〈曹風・候人〉	「彼其之子，三百赤市。」 「彼其之子，不稱其服。」 「彼其之子，不遂其媾。」	3

附表二 《詩經》出現「君子」詩篇各家說詩旨一覽表

注家 書名 篇名	毛 亨 《詩序》	朱 熹 《詩經集註》	屈萬里 《詩經詮釋》	朱守亮 《詩經評釋》	余培林 《詩經正詁》
1. 〈周南・關雎〉	后妃之德也。（頁1）	周之文王，生有聖德，又得聖女姒氏以爲之配，宮中之人於其始至，見其有幽閒貞靜之德，故作是詩。（頁1）	此祝賀新婚之詩。（頁4）	此爲詠君子求淑女，終成婚姻之詩。（上冊，頁39）	此詠君子求淑女之詩。（上冊，頁7）
2. 〈周南・樛木〉	后妃逮下也。言能逮下而無嫉妬之心焉。（頁3）	后妃能逮下而無嫉妒之心，故眾妾樂其德而稱願之。（頁3）	此祝福之詩。（頁10）	此婦人祝福丈夫之詩。（上冊，頁47）	此祝君子多福祿之詩。（上冊，頁17）
3. 〈周南・汝墳〉	道化行也。文王之化，行乎汝墳之國，婦人能閔其君子，猶勉之以正也。（頁5）	汝旁之國亦先被文王之化者，故婦人喜其君子行役而歸，因記其未歸之時，思望之情如此，而追賦之也。（頁5）	此蓋婦人喜其夫于役歸來之作。（頁17）	此汝水近旁婦人喜其夫行役而歸，不欲夫再離己遠去，應以父母爲念爲藉口之詩。（上冊，頁60）	《詩經詮釋》：「此蓋婦人喜其夫于役歸來之作。」是也。（上冊，頁32）
4. 〈召南・草蟲〉	大夫妻能以禮自防也。（頁6）	南國被文王之化，諸侯大夫行役在外，其妻獨居，感時物之變而思其君子。（頁7）	此婦人懷念征夫之詩。（頁24）	此乃係思婦喜勞人歸來之詩。（上冊，頁71）	此喜見君子于役之詩也。（上冊，頁42）
5. 〈召南・殷其靁〉	勸以義也。召南之大夫，遠行從政，不遑寧處，其室家能閔其勤勞，勸以義也。（頁9）	婦人以其君子從役在外，而思念之，故作是詩。（頁9）	此婦人懷念征夫之詩。（頁32）	此婦人懷念征夫之詩。（上冊，頁82）	《集傳》曰：「婦人以其君子從役在外而思念之，故作是詩也。」是矣。（上冊，頁56）

6. 〈邶風‧雄雉〉	刺衛宣公也。淫亂不恤國事，軍旅數起，大夫久役，男女怨曠，國人患之而作是詩。（頁14）	婦人以其君子從役于外，故言雄雉之飛舒緩自得如此，而我之所思者，乃從役于外而自遺阻隔也。（頁16）	此疑官吏被放逐，其妻念之，而作是詩。（頁58）	此夫行役于外，其妻勸以善，期其全身遠害之詩。（上冊，頁118）	此君子久役於外，婦人冀其早歸而作之詩。（上冊，頁98）
7. 〈鄘風‧君子偕老〉	刺衛夫人也。夫人淫亂，失事君子之道，故陳人君之德，服飾之盛，宜與君子偕老也。（頁21）	言夫人當與君子偕老，故其服飾之盛如此，而雍容自得，安重寬廣，又有以宜其象服，今宣姜之不善乃如此，雖有是服，亦將如之何哉，言不稱也。（頁23～24）	《詩序》謂此為刺宣姜之詩。（頁85）	此刺衛夫人宣姜之詩。（上冊，頁153）	此美宣姜之詩。（上冊，頁137）
8. 〈鄘風‧載馳〉	許穆夫人作也。閔其宗國顛覆，自傷不能救也。衛懿公為狄人所滅，國人分散，露於漕邑，許穆夫人閔衛之亡，傷許之小，力不能救，思歸唁其兄，又義不得，故賦是詩也。（頁24）	宣姜之女為許穆夫人閔衛之亡，馳驅而歸，將以唁衛侯於漕邑。未至，而許之大夫有奔走跋涉而來者。夫人知其必將以不可歸之義來告，故心以為憂也。既而終不果歸，乃作此詩以自言其意爾。（頁27）	《詩序》：「〈載馳〉，許穆夫人作也。閔其宗國顛覆，自傷不能救也。」按：《序》說本閔公二年《左傳》。「宗國顛覆」，謂狄人侵衛事也。（頁97）	此許穆夫人作也，閔其宗廟顛覆，自傷不能救之詩。（上冊，頁171）	贊成《詩序》之說法。（上冊，頁156）
9. 〈衛風‧淇奧〉	美武公之德也。有文章，又能聽其規諫，以禮自防，故能入相于周，美而作是詩也。（頁25）	衛人美武公之德，而以綠竹始生之美盛，興其學問自脩之進益也。（頁28）	《詩序》：「〈淇奧〉，美武公之德也。」徐幹《中論》云：「昔衛武公年過九十，猶夙夜不怠，思聞訓道。……，衛人誦其德，為賦〈淇奧〉。」（頁100）	此美武公之德之詩。（上冊，頁176）	贊成《詩序》之說法。（上冊，頁161）

10. 〈王風・君子于役〉	刺平王也。君子行役無期，度大夫思其危難以風焉。（頁31）	大夫久役于外，其室家思而賦之。（頁34）	朱子《詩序辨說》，以此爲國人行役而室家念之之詩。（上冊，頁207）	贊成《集傳》之說。（上冊，頁195）
11. 〈王風・君子陽陽〉	閔周也。君子遭亂，相招爲祿仕，全身遠害而已。（頁31）	此詩疑亦前篇婦人所作，蓋其夫既歸，不以行役爲勞，而安於貧賤以自樂，其家人又識其意而深歎美之，皆可謂賢矣。豈非先王之澤哉？或曰《序》說亦通，宜更詳之。（頁34）	此蓋夫婦和樂之詩。（頁122）	此詠樂舞之人和樂之詩。（上冊，頁209）	採傅斯年《詩經講義》：「家室和樂之詩。」（上冊，頁196）
12. 〈鄭風・風雨〉	思君子也。亂世則思君子不改其度焉。（頁38）	淫奔之女言當此之時，見其所期之人而心悅也。（頁44）	此男女幽會之詩。（頁154）	此風雨雞鳴之夜，喜見久別之夫，平安歸來之詩。（上冊，頁258）	此詩爲寫男女相會固可，然《詩序》之說，亦未必即誤也。（上冊，頁249）
13. 〈魏風・伐檀〉	刺貪也。在位貪鄙，無功而受祿，君子不得進仕爾。（頁45～46）	詩人言有人於此用力伐檀，將以爲車而行陸也，今乃寘之河干，則河水清漣而無所用，雖欲是自食其力而不可得矣。然其志則以爲不耕則不可以得禾，不獵則不可以得獸，是以甘心窮餓而不悔也。詩人述其事而歎之。（頁52）	《詩序》：「〈伐檀〉，刺貪也。」（頁189）	此刺執政者重斂貪鄙，尸位素餐之詩。（上冊，頁310）	此刺在位君子（貴族）不勞而食之詩。（上冊，頁304）
14. 〈唐風・揚之水〉	刺晉昭公也。昭公分國以封沃，沃盛彊，	晉昭侯封其叔父成師于曲沃，是爲桓	《詩序》：「〈揚之水〉，刺晉昭公也。昭公分	諷昭公以備曲沃之詩。（上冊，頁321）	此乃詩人既見君子後告其友人之詩。（上

	昭公微弱，國人將叛而歸沃焉。（頁47）	叔，其後沃盛強而晉微弱，國人將叛而歸之，故作此詩。（頁54）	國以封沃，沃盛彊，昭公微弱，國人將叛而歸沃焉。」《鄭箋》：「封沃者，封叔公桓叔于沃也。」事見桓公二年《左傳》。（頁198）		冊，頁316）
15.〈唐風·有杕之杜〉	刺晉武公也。武公寡特，兼其宗族，而不求賢以自輔焉。（頁49）	此人好賢而恐不足以致之。（頁57）	此懷人之詩。（頁207）	此自感孤特，切盼友人來過訪之詩。（上冊，頁335）	此心好君子而冀其來遊來助之詩。（上冊，頁332）
16.〈秦風·車鄰〉	美秦仲也。秦風仲始大，有車馬禮樂侍御之好焉。（頁50）	是時秦風君始有車馬及此寺人之官，將見者，必先使寺人通之，故國人創見而誇美之也。（頁58）	此蓋詩人喜得見於其君，即事之作。（頁214）	此美秦風之富強，君臣和樂之詩。（上冊，頁345）	此當是秦大夫述其與君共樂之詩。（上冊，頁340）
17.〈秦風·小戎〉	美襄公也。備其兵甲，以討西戎，西戎方彊，而征伐不休，國人則矜其車甲，婦人能閔其君子焉。（頁51）	西戎者，秦之臣子所與不共戴天之讎也。襄公上承天子之命，率其國人往而征之，故其從役者之家人，先誇車甲之盛如此，而後及其私情，蓋以義興師，則雖婦人亦知勇於赴敵而無所怨矣。（頁59）	此武人出征，其婦念之之詩。（頁217）	此夫出征，其婦念之之詩。（上冊，頁350）	此秦大夫遠征西戎，其婦念之之詩。（上冊，頁350）
18.〈秦風·終南〉	戒襄公也。能取周地，始爲諸侯，受顯服，大夫美之，故作是詩以戒勸之。（頁52）	此秦人美其君之辭。（頁61）	《朱傳》：「此秦人美其君之辭。」（頁223）	此秦風人美其君之詩。（上冊，頁357）	美秦襄公也。（上冊，頁356）

19. 〈秦風・晨風〉	刺康公也。忘穆公之業，始棄其賢臣焉。（頁53）	此與屢屢之歌同意，蓋秦風俗也。（頁62）	《朱傳》以爲婦人念其君子之詩。（頁226）	此夫有負於婦，婦愛而責之，望其重歸舊好之詩。（上冊，頁362）	贊成《詩序》之說法。（上冊，頁361）
20. 〈曹風・鳲鳩〉	刺不壹也。在位無君子，用心之不壹也。（頁59）	詩人美君子之用心均平專一。（頁69）	此蓋曹人美其某在位者之詩。（頁257）	此曹人美在位者之詩。（上冊，頁410）	此詩當是曹人頌美天子之公卿之詩。（上冊，頁415）
21. 〈小雅・鹿鳴〉	燕群臣嘉賓也。既飲食之，又實幣帛筐篚，以將其厚意，然後忠臣嘉賓得盡其心矣。（頁67）	此燕飲賓客之詩也。（頁78）	《詩序》：「〈鹿鳴〉，燕群臣嘉賓也。」（頁282）	此燕饗群臣嘉賓之詩。（下冊，頁443）	此天子燕群臣之詩。（下冊，頁7）
22. 〈小雅・采薇〉	遣戍役也。文王之時，西有昆夷之患，北有玁狁之難，以天子之命，命將率，遣戍役以守中國，故歌〈采薇〉以遣之，〈出車〉以勞還，〈杕杜〉以勤歸也。（頁70）	此遣戍役之詩。（頁83）	《詩序》：「〈采薇〉，遣戍役也。」按：此當是戍役者所自作。（頁295）	此戍守之人還歸自咏之詩。（下冊，頁464）	屈氏《詩經詮釋》：「此當是戍役者所自作。」是矣。（下冊，頁34）
23. 〈小雅・出車〉	勞還率也。（頁71）	此勞還率之詩。（頁84）	此蓋征伐玁狁之將佐，歸來後自敘之詩（略本王質說）。《漢書・匈奴傳》，以此爲宣王時詩（其說當本三家詩），是也。（頁298）	此征玁狁將佐，還歸後自敘之詩。（下冊，頁468）	王質《詩總聞》曰：「其詩以王命爲辭，此亦是將佐敘離家之狀，與〈采薇〉同。」是矣。（下冊，頁39）
24. 〈小雅・魚麗〉	美萬物盛多能備禮也。文武以〈天保〉以上治內，〈采薇〉以下治外	此燕饗通用之樂歌。（頁86）	《朱傳》：「此燕饗通用之樂歌。」（頁302）	此主人宴客，客人美之之詩。（下冊，頁476）	姚際恆曰：「此王者燕享臣工之樂歌。」其說是也。（下冊，頁45）

	，始於憂勤，終於逸樂。故美萬物盛多，可以告於神明矣。（頁72）				
25.〈小雅・南有嘉魚〉	樂與賢也。大平之君子至誠樂與賢者共之也。（頁73）	此亦燕饗通用之樂。（頁87）	《朱傳》：「此亦燕饗通用之樂。」（頁305）	此燕饗賓客之詩。（下冊，頁480）	君燕臣工，君臣偕樂之詩。（下冊，頁48）
26.〈小雅・南山有臺〉	樂得賢也。得賢則能爲邦家立大平之基矣。（頁73）	此亦燕饗通用之樂。（頁87）	《朱傳》：「此亦燕饗通用之樂。」（頁307）	此頌德祝壽之詩。（下冊，頁482）	《詩說解頤》：「此人臣頌美其君之辭。」其說是也。（下冊，頁52）
27.〈小雅・蓼蕭〉	澤及四海也。（頁73）	諸侯朝於天子，天子與之燕，以示慈惠，故歌此詩。（頁88）	《朱傳》以爲天子燕諸侯之詩。（頁310）	此天子燕諸侯而美之之詩。（下冊，頁485）	此當是諸侯朝見天子，歌以美之之詩。（下冊，頁56）
28.〈小雅・湛露〉	天子燕諸侯也。（頁73）	此亦天子燕諸侯之詩。（頁88）	文公四年《左傳》記甯武子云：「昔諸侯朝正於王，王宴樂之，於是乎賦〈湛露〉。」《詩序》：「〈湛露〉，天子燕諸侯也。」蓋本《左傳》爲說。（頁312）	此天子燕饗諸侯之詩。（下冊，頁488）	《詩序》：「〈湛露〉，天子燕諸侯也。」其說是也。（下冊，頁58）
29.〈小雅・菁菁者莪〉	樂育材也。君子能長育人材，則天下喜樂之矣。（頁74）	此亦燕飲賓客之詩。（頁90）	《詩序》：「〈菁菁者莪〉，樂育才也。」《朱傳》：「此亦燕飲賓客之詩。」（頁315）	此人君喜見賢者之詩。（下冊，頁493）	王質《詩總聞》曰：「諸侯喜見王者之詩。」其說是也。（下冊，頁64）
30.〈小雅・車攻〉	宣王復古也。宣王能內脩政事，外攘夷狄，復文武之竟土，脩車馬，備器械，	宣王內脩政事，外攘夷狄，復文武之竟土，脩車馬，備器械，復會諸侯於東	《詩序》：「〈車攻〉，宣王復古也。宣王能內脩政事，外攘夷狄，復文武之竟土；脩車	此宣王會諸侯田獵於東都之詩。（下冊，頁504）	此詩明言狩獵，實則會諸侯以申君威而固王室也。（下冊，頁82）

	復會諸侯於東都，因田獵而選車徒焉。(頁76～77)	都，因田獵而選車徒焉，故詩人作此以美之。(頁93)	馬，備器械，復會諸侯於東都，因田獵而選車焉。」按：《墨子·明鬼篇》：「周宣王合諸侯而田於圃田，車數百乘。」《詩序》蓋本此為說。(頁322)		
31.〈小雅·庭燎〉	美宣王也。因以箴之。(頁79)	王將起視朝，不安於寢，而問夜之早晚，曰夜如何哉？夜雖未央，而庭燎光矣，朝者至而聞其鸞聲矣。(頁95)	此咏早期之詩。(頁329)	此美君王能早朝勤政之詩。(下冊，頁515)	採方玉潤《詩經原始》：「考之宣王前後，幽、厲皆無道主，豈尚有勤於視朝事哉？又況《列女傳》云：『宣王嘗晏起，姜后脫簪珥待罪於永巷。宣王感悟，於是勤於政事，早朝晏退，卒成中興之名。』以此證之，即以為宣王詩也，亦奚不宜？唯《序》既以為美宣王也，又以為箴之。詩無箴意。」之說法。(下冊，頁92～93)
32.〈小雅·斯干〉	宣王考室也。(頁81)	此築室既成而燕飲以落之，因歌其事。(頁98)	此當是築室既成而頌禱之之詩。(頁340)	此王侯公族築室初成，頌禱祈吉之詩。(下冊，頁531)	贊成《詩序》之說法。(下冊，頁114)
33.〈小雅·節南山〉	家父刺幽王也。(頁85)	此詩家父所作，刺王用尹氏以致亂。(頁101)	此家父刺大師及尹氏之詩。詩中有國既卒斬之語，蓋作於東周初年也。(頁348)	此賢臣家父所作，以刺執政者任用姻小而敗政之詩。(下冊，頁541)	此家父責尹氏之詩。(下冊，頁127)

34.〈小雅・雨無正〉	大夫刺幽王也。雨自上下者也，眾多如雨，而非所以為政也。（頁88）	此時饑饉之後，群臣離散，其不去者作詩以責去者。（頁106）	此當是東遷之際，詩人傷時之作。（頁362）	此東遷之際，傷群臣離散，匡國無人之詩。（下冊，頁560）	贊成《集傳》：「此詩時正大夫離居之後，贄御之臣所作」之說法。（下冊，頁151）
35.〈小雅・小弁〉	刺幽王也。大子之傅作焉。（頁91）	舊說幽王太子宜臼被廢而作此詩（頁110）	舊謂幽王寵褒姒而廢太子宜臼，太子之傅作此詩；《朱傳》以為宜臼自作，然皆無確據，孟子論此詩，大意謂人子不得於其父母者所作，而未坐實其人。茲從之。（頁372）	此人子不得於父母，而憂讒畏禍所作之詩。（下冊，頁574）	此詩乃宜臼為刺幽王而作也。（下冊，頁172）
36.〈小雅・巧言〉	刺幽王也。大夫傷於讒故作是詩也。（頁92）	大夫傷於讒，無所控告，而訴之於天。（頁111）	此刺讒人之詩。（頁376）	此傷讒致亂之詩。（下冊，頁580）	贊成《詩序》之說法。（下冊，頁178）
37.〈小雅・巷伯〉	刺幽王也。寺人傷於讒，故作是詩也。（頁93）	時有遭讒而被宮刑為巷伯者作此詩。（頁114）	此寺人孟子刺讒人之詩。（頁382）	此寺人孟子刺讒人之詩。（下冊，頁588）	當是傷於讒言之寺人，作此詩以刺讒人，並警朝中之卿大夫也。（下冊，頁189）
38.〈小雅・大東〉	刺亂也。東國困於役，而傷於財，譚大夫作是詩，以告病焉。（頁95）	《序》以為東國困於役，而傷於財，譚大夫作是詩，以告病。（頁116）	此是東國人士傷亂之詩無疑；謂為譚大夫所作，則未詳所據。（頁389）	此係東國人民傷役頻賦重，而怨西人驕奢之詩。（下冊，頁600）	《詩序》云「東國困於役，而傷於財」，自無可疑，然謂譚大夫所作，則不知何據。（下冊，頁198）
39.〈小雅・四月〉	大夫刺幽王也。在位貪殘，下國構禍，怨亂並興焉。（頁96）	此亦遭亂自傷之詩（頁117）	《朱傳》：「此亦遭亂自傷之詩。」（頁393）	此仕者遭亂，遠適江漢，思歸不得，有感而作之詩。（下冊，頁606）	季本《詩說解頤》：「仕者……為小人構禍，無所容身，故作是詩。」是矣。（下冊，頁209）

40.〈小雅・小明〉	大夫悔仕於亂世也。(頁98)	大夫以二月西征,至於歲暮而未得歸,故呼天而訴之。(頁119)	《朱傳》:「大夫以二月西征,至於歲莫而不得歸,故呼天而訴之。」按:朱說是;惟是否大夫所作,則難定。(頁398)	此行役者久不得歸,咏其憂思以寄僚友之詩。(下冊,頁616)	此詩乃詩人藉寫出征之苦,以勸誡朝中僚友戮力朝政,靖共其職也。(下冊,頁219)
41.〈小雅・鼓鐘〉	刺幽王也。(頁98)	此詩之義未詳(頁120)	此疑悼南國某君之詩。(頁401)	此作樂淮上,懷思古之淑人君子而悲傷之詩。(下冊,頁620)	未下定論。(下冊,頁222～223)
42.〈小雅・瞻彼洛矣〉	刺幽王也。思古明王能爵命諸侯,賞善罰惡焉。(頁104)	此天子會諸侯於東都以講武事,而諸侯美天子之詩。(頁125)	此頌美周王之詩。(頁414)	此祝頌周王之詩。(下冊,頁639)	《鄭箋》:「時有征伐之事。」是矣。(下冊,頁247)
43.〈小雅・裳裳者華〉	刺幽王也。古之仕者世祿,小人在位,則讒諂並進,棄賢者之類,絕功臣之世焉。(頁104)	此天子美諸侯之辭。(頁125)	此美某在位者之詩。(頁415)	此天子美某在位賢良之詩。(下冊,頁642)	此詩乃美某君子允文允武,故能嗣續組考之詩。(下冊,頁250)
44.〈小雅・桑扈〉	刺幽王也。君臣上下動無禮文焉。(頁105)	此亦天子燕諸侯之詩。(頁126)	此頌美天子之詩。(頁417)	此天子燕諸侯之詩。(下冊,頁645)	此詩當是天子燕諸侯,諸侯頌美天子之詩。(下冊,頁253)
45.〈小雅・鴛鴦〉	刺幽王也。思古明王,交於萬物有道,自奉養有節焉。(頁105)	此諸侯所以答〈桑扈〉也。(頁126)	此蓋頌禱天子之詩。(頁419)	此頌禱天子之詩。(下冊,頁647)	《詩經詮釋》:「此蓋頌禱天子之詩。」其說是矣。(下冊,頁255)
46.〈小雅・頍弁〉	諸公刺幽王也。暴戾無親,不能宴樂同姓,親睦九族,孤危將亡,故作是詩也。(頁106)	此亦燕兄弟親戚之詩(頁126～127)	《朱傳》:「此亦燕兄弟親戚之詩。」(頁420)	此燕飲兄弟親戚之詩。(下冊,頁649)	《集傳》曰:「此亦燕兄弟親戚之詩。」其說是也。(下冊,頁258)

47. 〈小雅·青蠅〉	大夫刺幽王也。（頁107）	詩人以王好聽讒言，故以青蠅飛聲比之，而戒王以勿聽也。（頁128）	此刺讒人之詩。（頁424）	此遭讒者戒人勿信讒言之詩。（下冊，頁656）	《詩序》「刺幽王」之說，未可輕疑。（下冊，頁263～264）
48. 〈小雅·采菽〉	刺幽王也。侮慢諸侯，諸侯來朝，不能錫命以禮，數徵會之，而無信義君子見微而思古焉。（頁109）	此天子所以答〈魚藻〉也。（頁130）	諸侯朝見天子，詩人作此以頌美之。（頁430）	此美諸侯朝見天子之詩。（下冊，頁666）	方玉潤《詩經原始》：「此美諸侯來朝。」是也。（下冊，頁279）
49. 〈小雅·角弓〉	父兄刺幽王也。不親九族，而好讒佞，骨肉相怨，故作是詩也。（頁110）	此刺王不親九族，而好讒佞，使宗族相怨之詩。（頁131）	舊以此爲刺王不親九族而好讒佞，致使宗族相怨之詩。（頁432）	此勸王勿疏遠應親近之兄弟，以免遭不善之教，使下民效之，多危亡可憂之詩。（下冊，頁670）	贊成《詩序》之說法，且認爲詩人尙有勸王推行善政、潛化小人之意。（下冊，頁283）
50. 〈小雅·隰桑〉	刺幽王也。小人在位，君子在野，思見君子，盡心以事之。（頁112）	此喜見君子之詩，…辭意大概與〈菁莪〉相類。（頁133）	此詩與〈鄭風·風雨〉相似，疑亦男女相悅之辭。（頁441）	此男女相悅期會之詩。（下冊，頁685）	贊成《集傳》謂：「與〈菁莪〉相類」之說法。（下冊，頁298）
51. 〈小雅·瓠葉〉	大夫刺幽王也。上棄禮而不能行，雖有牲牢饔餼不肯用也，故思古之人不以微薄廢禮焉。（頁114）	此亦燕飲之詩。（頁135）	《朱傳》：「此亦燕飲之詩。」（頁445）	此燕飲之詩。（下冊，頁694）	贊成《集傳》曰：「此亦燕飲之詩」之說法。（下冊，頁306）
52. 〈大雅·旱麓〉	受祖也。周之先祖，世脩后稷、公劉之業，大王、王季申以百福干祿焉。（頁120）	此亦以詠歌文王之德。（頁142）	此亦頌美周王之詩。（頁466）	此祝周王祭祀得福之詩。（下冊，頁724）	贊成《詩序》之說法。（下冊，頁342）
53. 〈大雅·既醉〉	大平也。醉酒飽德人有士君子之行焉。（頁	此父兄所以答〈行葦〉之詩，言享其飲	《朱傳》此父兄所以答〈行葦〉之詩。（頁	此周王祭畢燕群臣，群臣祝嘏之詩。（下	范家相《詩瀋》曰：「此正是王與群臣宴畢，

129）	食恩意之厚，而願其受福如此也。（頁151）	490）	冊，頁761）		飲燕於寢，而群臣頌君之詞」其說得之。（下冊，頁388）
54.〈大雅·假樂〉	嘉成王也。（頁130）	疑此即公尸之所以答〈鳧鷖〉者也。（頁152）	《朱傳》疑此即公尸之所以答〈鳧鷖〉也。（頁494）	此祝頌周王，規戒百辟卿士之詩。（下冊，頁769）	贊成《詩序》、《正義》之說法。（下冊，頁395）
55.〈大雅·泂酌〉	召康公戒成王也。言皇天親有德，饗有道也。（頁132）	舊說以爲召康公戒成王也。（頁154）	此頌美天子之詩。（頁500）	此勸戒君王慈祥愛民，民親附來歸之詩。（下冊，頁777）	此詩亦如〈假樂〉，頌美天子之作也。（下冊，頁406）
56.〈大雅·卷阿〉	召康公戒成王也。言求賢用吉士也。（頁132）	此詩舊說亦召康公作，疑公從成王游歌於卷阿之上，因王之歌而作此以爲戒。（頁155）	此詩蓋頌美來朝之諸侯也。（頁501）	此臣從王遊，作歌獻於王，以爲頌美之詩。（下冊，頁779）	此詩乃頌美來朝之諸侯（即「來游來歌」）之諸侯，其作者當是來游諸侯之一，觀乎《竹書》所記，或是召康公所作也。（下冊，頁411）
57.〈大雅·抑〉	衛武公刺厲王，亦以自警也。（頁138）	衛武公作此詩，使人日誦於其側，以自警。（頁160）	《詩序》：「〈抑〉，衛武公刺厲王，亦以自警也。」歷來承用此說。按：衛武公立於宣王十六年，卒於平王十三年。厲王之世，武公未立；知《序》說非是。（頁516）	此衛武公自儆之詩。（下冊，頁800）	未下定論。僅以「說《詩》者或從《序》，或從朱，或從姚。是非迄不能定，而紛爭至今不絕」作結。（下冊，頁441）
58.〈大雅·桑柔〉	芮伯刺厲王也。（頁139）	舊說此爲芮伯刺厲王而作（頁162）	詩中有「天降喪亂，滅我立王」之語，則此詩作於東周之初，乃傷時之詩。（頁522）	此哀君之不順，國亂民困，而責佞臣之惡之詩。（下冊，頁809）	贊成《詩序》之說法。（下冊，頁454～455）

59. 〈大雅・雲漢〉	仍叔美宣王也。宣王承厲王之烈，內有撥亂之志，遇裁而懼，側身脩行，欲銷去之，天下喜於王化復行，百姓見憂，故作是詩也。（頁141）	舊說以爲宣王承厲王之烈，內有撥亂之志，遇裁而懼，側身脩行，欲銷去之，天下喜於王化復行，百姓見憂，故仍叔作此詩以美之。（頁165）	此憂旱之詩。 （頁528）	此周王爲民禳除旱災，祈禱求雨之詩。（下冊，頁819）	採方玉潤《詩經原始》：「此一篇禳旱文也。而篇中所言，乃王自禱詞耳」之說法。（下冊，頁462～463）
60. 〈大雅・瞻卬〉	凡伯刺幽王大壞也。（頁148）	此刺幽王嬖褒姒，任奄人，以致亂之詩。（頁172）	此刺幽王寵褒姒以致亂之詩。（頁546）	此刺褒姒之亂邦，而望幽王知所警悟之詩。（下冊，頁851）	贊成《集傳》之說法。（下冊，頁503）
61. 〈魯頌・有駜〉	頌僖公君臣之有道也。（頁161）	此燕飲而頌禱之辭也。（頁187）	《朱傳》：「此燕飲而頌禱之詞。」（頁603）	此慶豐年，燕飲而頌禱僖公之詩。（下冊，頁926）	此豐年燕飲而頌僖公之詩。（下冊，頁604）

附表三 《詩經》出現「君子」一詞有關篇名及其詩句一覽表

序號	篇　名	詩　　　句	出現次數
1	〈周南・關雎〉	「窈窕淑女，君子好逑。」	1
2	〈周南・樛木〉	「樂只君子，福履綏之。」 「樂只君子，福履將之。」 「樂只君子，福履成之。」	3
3	〈周南・汝墳〉	「未見君子，惄如調飢。」 「既見君子，不我遐棄。」	2
4	〈召南・草蟲〉	「未見君子，憂心忡忡。」 「未見君子，憂心惙惙。」 「未見君子，我心傷悲。」	3
5	〈召南・殷其靁〉	「振振君子，歸哉！歸哉！」 「振振君子，歸哉！歸哉！」 「振振君子，歸哉！歸哉！」	3
6	〈邶風・雄雉〉	「展矣君子，實勞我心。」 「百爾君子，不知德行？」	2
7	〈鄘風・君子偕老〉	「君子偕老，副笄六珈。」	1
8	〈鄘風・載馳〉	「大夫君子，無我有尤，百爾所思，不如我所之。」	1
9	〈衛風・淇奧〉	「有匪君子，如切如磋，如琢如磨。瑟兮僩兮，赫兮咺兮。有匪君子，終不可諼兮。」 「有匪君子，充耳琇瑩，會弁如星。瑟兮僩兮，赫兮咺兮。有匪君子，終不可諼兮。」 「有匪君子，如金如錫，如圭如璧。寬兮綽兮，猗重較兮。善戲謔兮，不為虐兮。」	5
10	〈王風・君子于役〉	「君子于役，不知其期。」 「君子于役，如之何勿思。」 「君子于役，不日不月。」 「君子于役，苟無飢渴。」	4
11	〈王風・君子陽陽〉	「君子陽陽」 「君子陶陶」	2
12	〈鄭風・風雨〉	「既見君子，云胡不夷？」 「既見君子，云胡不瘳？」 「既見君子，云胡不喜？」	3

13	〈魏風・伐檀〉	「彼君子兮，不素餐兮。」 「彼君子兮，不素食兮。」 「彼君子兮，不素飧兮。」	3
14	〈唐風・揚之水〉	「既見君子，云何不樂？」 「既見君子，云何其憂？」	2
15	〈唐風・有杕之杜〉	「彼君子兮，噬肯適我。」 「彼君子兮，噬肯來遊。」	2
16	〈秦風・車鄰〉	「未見君子，寺人之令。」 「既見君子，並坐鼓瑟。」 「既見君子，並坐鼓簧。」	3
17	〈秦風・小戎〉	「言念君子，溫其如玉。」 「言念君子，溫其在邑。」 「言念君子，載寢載興。」	3
18	〈秦風・終南〉	「君子至止，錦衣狐裘。」 「君子至止，黻衣繡裳。」	2
19	〈秦風・晨風〉	「未見君子，憂心欽欽。」 「未見君子，憂心靡樂。」 「未見君子，憂心如醉。」	3
20	〈曹風・鳲鳩〉	「淑人君子，其儀一兮。」 「淑人君子，其帶伊絲。」 「淑人君子，其儀不忒。」 「淑人君子，正是國人。」	4
21	〈小雅・鹿鳴〉	「視民不恌，君子是則是傚。」	1
22	〈小雅・采薇〉	「彼路斯何？君子之車。」 「君子所依，小人所腓。」	2
23	〈小雅・出車〉	「未見君子，憂心忡忡。」 「既見君子，我心則降。」	2
24	〈小雅・魚麗〉	「君子有酒，旨且多。」 「君子有酒，多且旨。」 「君子有酒，旨且有。」	3
25	〈小雅・南有嘉魚〉	「君子有酒，嘉賓式燕以樂。」 「君子有酒，嘉賓式燕以衎。」 「君子有酒，嘉賓式燕綏之。」 「君子有酒，嘉賓式燕又思。」	4

26	〈小雅・南山有臺〉	「樂只君子，邦家之基；樂只君子，萬壽無期。」 「樂只君子，邦家之光；樂只君子，萬壽無疆。」 「樂只君子，民之父母；樂只君子，德音不已。」 「樂只君子，遐不眉壽；樂只君子，德音是茂。」 「樂只君子，遐不黃耈；樂只君子，保艾爾後。」	10
27	〈小雅・蓼蕭〉	「既見君子，我心寫兮。」 「既見君子，為龍為光。」 「既見君子，孔燕豈弟。」 「既見君子，鞗革忡忡。」	4
28	〈小雅・湛露〉	「顯允君子，莫不令德。」 「豈弟君子，莫不令儀。」	2
29	〈小雅・菁菁者莪〉	「既見君子，樂且有儀。」 「既見君子，我心則喜。」 「既見君子，錫我百朋。」 「既見君子，我心則休。」	4
30	〈小雅・車攻〉	「允矣君子，展也大成。」	1
31	〈小雅・庭燎〉	「君子至止，鸞聲將將。」 「君子至止，鸞聲噦噦。」 「君子至止，言觀其旂。」	3
32	〈小雅・斯干〉	「君子攸芋」 「君子攸躋」 「君子攸寧」	3
33	〈小雅・節南山〉	「君子如屆，俾民心闋。」 「君子如夷，惡怒是違。」 「弗問弗仕，勿罔君子。」	3
34	〈小雅・雨無正〉	「凡百君子，各敬爾身。」 「凡百君子，莫肯用訊。」	2
35	〈小雅・小弁〉	「君子秉心，維其忍之。」 「君子信讒，如或酬之。」 「君子不惠，不舒究之。」 「君子無易由言，耳屬于垣。」	4
36	〈小雅・巧言〉	「亂之又生，君子信讒。」 「君子如怒，亂庶遄沮。」 「君子如祉，亂庶遄已。」 「君子屢盟，亂是用長。」 「君子信盜，亂是用暴。」 「奕奕寢朝，君子作之。」 「荏染柔木，君子樹之。」	7

37	〈小雅・巷伯〉	「凡百君子，敬而聽之。」	1
38	〈小雅・大東〉	「君子所履，小人所視。」	1
39	〈小雅・四月〉	「君子作歌，維告以哀。」	1
40	〈小雅・小明〉	「嗟爾君子，無恆安處。」 「嗟爾君子，無恆安息。」	2
41	〈小雅・鼓鐘〉	「淑人君子，懷允不忘。」 「淑人君子，其德不回。」 「淑人君子，其德不猶。」	3
42	〈小雅・瞻彼洛矣〉	「君子至止，福祿如茨。」 「君子至止，鞞琫有珌。」 「君子萬年，保其家室。」 「君子至止，福祿既同。」 「君子萬年，保其家邦。」	5
43	〈小雅・裳裳者華〉	「左之左之，君子宜之。」 「右之右之，君子有之。」	2
44	〈小雅・桑扈〉	「君子樂胥，受天之祜。」 「君子樂胥，萬邦之屏。」	2
45	〈小雅・鴛鴦〉	「君子萬年，福祿宜之。」 「君子萬年，宜其遐福。」 「君子萬年，福祿艾之。」 「君子萬年，福祿綏之。」	4
46	〈小雅・頍弁〉	「未見君子，憂心奕奕。」 「既見君子，庶幾悅懌。」 「未見君子，憂心怲怲。」 「既見君子，庶幾有臧。」 「樂酒今夕，君子維宴。」	5
47	〈小雅・青蠅〉	「豈弟君子，無信讒言。」	1
48	〈小雅・采菽〉	「君子來朝，何錫予之？」 「君子來朝，言觀其旂。」 「載驂載駟，君子所屆。」 「樂只君子，天子命之；樂只君子，福祿申之。」 「樂只君子，殿天子之邦；樂只君子，萬福攸同。」 「樂只君子，天子葵之；樂只君子，福祿膍之。」	9
49	〈小雅・角弓〉	「君子有徽猷，小人與屬。」	1

50	〈小雅・隰桑〉	「既見君子,其樂如何!」 「既見君子,云何不樂?」 「既見君子,德音孔膠。」	3
51	〈小雅・瓠葉〉	「君子有酒,酌言嘗之。」 「君子有酒,酌言獻之。」 「君子有酒,酌言酢之。」 「君子有酒,酌言醻之。」	4
52	〈大雅・旱麓〉	「豈弟君子,干祿豈弟。」 「豈弟君子,福祿攸降。」 「豈弟君子,遐不作人。」 「豈弟君子,神所勞矣。」 「豈弟君子,求福不回。」	5
53	〈大雅・既醉〉	「君子萬年,介爾景福。」 「君子萬年,介爾昭明。」 「威儀孔時,君子有孝子。」 「君子萬年,永錫祚胤。」 「君子萬年,景命有僕。」	5
54	〈大雅・假樂〉	「假樂君子,顯顯令德。」	1
55	〈大雅・泂酌〉	「豈弟君子,民之父母。」 「豈弟君子,民之攸歸。」 「豈弟君子,民之攸墍。」	3
56	〈大雅・卷阿〉	「豈弟君子,來游來歌,以矢其音。」 「豈弟君子,俾爾彌爾性,似先公酋矣。」 「豈弟君子,俾爾彌爾性,百神爾主矣。」 「豈弟君子,俾爾彌爾性,純嘏爾常矣。」 「豈弟君子,四方為則。」 「豈弟君子,四方為綱。」 「維君子使。」 「維君子命。」 「君子之車,既庶且多。 　君子之馬,既閑且馳。」	10
57	〈大雅・抑〉	「視爾友君子,輯柔爾顏,不遐有愆。」	1
58	〈大雅・桑柔〉	「君子實維,秉心無競。」	1
59	〈大雅・雲漢〉	「大夫君子,昭假無贏。」	1
60	〈大雅・瞻卬〉	「如賈三倍,君子是識。」	1
61	〈魯頌・有駜〉	「君子有穀,詒孫子。于胥樂兮。」	1

附表四　田獵群像圖表

序號	篇　名	學　者			附　註
		張西堂	盧紹芬	殷光熹	
1	〈周南‧兔罝〉	○	○	○	此頌美武士之詩
2	〈召南‧騶虞〉	○	○	○	典型獵人人物形象
3	〈鄭風‧叔于田〉	○	○	○	典型獵人人物形象
4	〈鄭風‧大叔于田〉	○	○	○	典型獵人人物形象
5	〈齊風‧盧令〉	○	○	○	典型獵人人物形象
6	〈齊風‧還〉	○	○	○	典型獵人人物形象
7	〈秦風‧駟鐵〉			○	○
8	〈小雅‧車攻〉		○	○	王會諸侯圖
9	〈小雅‧吉日〉		○	○	○
	總計篇數	6	8	9	2

資料來源：

1. 張西堂：《詩經六論》，（上海：上海商務印書館，1957 年 9 月），頁 20。

2. 盧紹芬：《詩經中古代生活的反映》，（香港：珠海大學文學研究所碩士論文，1986 年 6 月），頁 38～43。

3. 殷光熹：〈詩經中的田獵詩〉，《詩經研究叢刊》第七輯，（北京：學苑出版社，2004 年 7 月），頁 127。

附註：

1. ○代表該學者認定為田獵詩之篇目，附註○則為撰者認定本研究田獵群像圖的標註。

附表五　宴飲群像圖表

序號	篇　　名	學　　者			附　　註
		趙沛霖	江乾益	劉耀娥	
1	〈小雅・鹿鳴〉	○	○	○	○
2	〈小雅・常棣〉		○	○	○
3	〈小雅・伐木〉	○		○	○
4	〈小雅・天保〉		○	○	有宴飲之名物，但缺乏群像。純爲頌美之詞。
5	〈小雅・魚麗〉	○	○	○	有宴飲之名物，但缺乏群像。
6	〈小雅・南有嘉魚〉	○	○	○	有宴飲之名物，但群像薄弱。
7	〈小雅・蓼蕭〉	○	○	○	有群像，但缺乏宴飲之名物，是諸侯朝天子，而頌美天子之詩。
8	〈小雅・湛露〉	○	○	○	有提及宴飲，但缺乏群像。
9	〈小雅・彤弓〉	○	○	○	○
10	〈小雅・菁菁者莪〉	○	○	○	有群像，但缺乏宴飲之名物，是諸侯見天子，而頌美天子之詩。
11	〈小雅・楚茨〉		○	○	有提及宴飲，亦有群像，但詩以祭祀爲主。
12	〈小雅・桑扈〉		○	○	○
13	〈小雅・鴛鴦〉		○	○	無宴飲之名物，亦乏群像，是頌美天子之詩。
14	〈小雅・頍弁〉	○	○	○	○
15	〈小雅・賓之初筵〉	○	○	○	○
16	〈小雅・魚藻〉	○		○	有提及宴飲，但乏群像，是頌美天子之詩。
17	〈小雅・瓠葉〉	○		○	○
18	〈大雅・行葦〉	○		○	○
19	〈大雅・既醉〉		○	○	○

20	〈大雅・鳧鷖〉			○	○
21	〈魯頌・有駜〉			○	○
總計篇數		13	15	21	12

資料來源：

1. 趙沛霖：〈詩經宴飲詩與禮樂文化精神〉，《天津師大學報》第 6 期（1989 年），頁 60。

2. 江乾益：〈詩經小雅燕饗詩析論〉，《第一屆經學研討會論文集》，（國立臺灣師範大學主辦，1994 年 4 月），頁 431。

3. 劉耀娥：《詩經宴飲詩研究》，（台中：中興大學中文研究所碩士論文，2006 年 6 月），頁 3～4。

附註：

1. ○代表該學者認定是宴飲詩的篇目，附註○則爲撰者認定本研究宴飲詩的標註。

2. 劉耀娥另將〈豳風・七月〉、〈小雅・吉日〉、〈小雅・車舝〉、〈小雅・六月〉、〈大雅・公劉〉、〈大雅・韓奕〉、〈周頌・絲衣〉等七篇，其部分內容與宴飲主題有關，亦納入研究的範圍，但因本研究是以宴飲詩爲主，並將其具有豐富宴飲群像者，才予以採納，是以此七篇不列入研究範圍。